Buch

Mit diesem Buch können Sie Ihr Kind liebevoll durch die Zeit zwischen dem ersten und fünften Lebensjahr begleiten. Der bekannte Kinderarzt Dr. Harvey Karp stellt einfache Methoden vor, die Eltern helfen, Kinder aufzuziehen, die aus Liebe und Respekt gehorchen *wollen*, nicht Kinder, die durch Angst und Drohungen zum Gehorsam *gezwungen* werden. Durch Kombination seiner bekannten Methoden (Kleinkindsprache und Fastfood-Regel) mit der sehr effektiven neuen Ampelmethode zur Verhaltenslenkung offeriert dieses Buch schnell wirksame Lösungen für viel beschäftigte Eltern von heute. Indem Sie lernen, Ihr Kind in wünschenswertem Verhalten zu bestärken, störendes Verhalten einzuschränken und inakzeptables Verhalten zu stoppen, werden Sie in der Lage sein, Trotzanfälle mit erstaunlichem Erfolg zu beenden – und sogar zu verhindern! Das Ergebnis: weniger Geschrei, mehr Kooperation, Respekt und liebevolles Miteinander.

Autor

Dr. Harvey Karp beschäftigt sich seit 25 Jahren als Kinderarzt und Experte für frühkindliche Entwicklung mit Babys und Kleinkindern. Er ist Assistenz-Professor für Kinderheilkunde an der UCLA School of Medicine und hat eine Praxis in Santa Monica. Karp lebt zusammen mit seiner Frau und seiner Tochter in Kalifornien.

Von Harvey Karp außerdem im Programm

Das glücklichste Baby der Welt (16562)
Das glücklichste Baby der Welt – Schlafbuch (17389)

Harvey Karp

Das glücklichste Kleinkind der Welt

Wie Sie Ihr Kind liebevoll
durch die Trotzphase begleiten

Aus dem amerikanischen Englisch
von Karin Wirth

GOLDMANN

Alle Ratschläge in diesem Buch wurden vom Autor und vom Verlag sorgfältig erwogen und geprüft. Eine Garantie kann dennoch nicht übernommen werden. Eine Haftung des Autors beziehungsweise des Verlags und seiner Beauftragten für Personen-, Sach- und Vermögensschäden ist daher ausgeschlossen.

Dieses Buch enthält Ratschläge und Informationen zur Erziehung von Kleinkindern. Es soll nicht ärztlichen Rat ersetzen, sondern lediglich eine Ergänzung zur regelmäßigen Beratung und Betreuung durch den Kinderarzt darstellen. Da jedes Kind anders ist, sollten Sie Fragen, die ganz individuell Ihr Kind betreffen, mit Ihrem Kinderarzt besprechen.

Verlagsgruppe Random House FSC® N001967
Das für dieses Buch verwendete FSC®-zertifizierte Papier *Classic 95*
liefert Stora Enso, Finnland.

8. Auflage
Deutsche Erstausgabe März 2010
Wilhelm Goldmann Verlag, München,
in der Verlagsgruppe Random House GmbH
Copyright © 2004, 2008 by The Happiest Baby, Inc.
All rights reserved.
This translation is published by arrangement with Bantam Books,
an imprint of The Random House Publishing Group,
a division of Random House, Inc.
Originaltitel: The Happiest Toddler on the Block
Originalverlag: Bantam Books, New York
Umschlaggestaltung: Uno Werbeagentur, München
Umschlagfoto: Getty Images/Elke Van de Velde
Redaktion: Birgit Gehring
Satz: Barbara Rabus
Druck und Bindung: GGP Media GmbH, Pößneck
FK · Herstellung: IH
Printed in Germany
ISBN 978-3-442-17125-5

www.goldmann-verlag.de

*All meinen kleinen Patienten gewidmet,
die mich Tag für Tag in ihre exotische Welt einladen!*

Inhalt

Einleitung
Wie ich das Geheimnis der erfolgreichen
Kommunikation mit Kleinkindern entdeckte 11

TEIL EINS
Das glücklichste Kleinkind: Wissenswertes über Kleinkinder und Eltern

1 Wissenswertes über Kleinkinder:
Die sanfte Kunst, Kleinkindern die Spielregeln
unserer Gesellschaft beizubringen 23

2 Wissenswertes über Eltern:
Die Fakten der Kleinkinderziehung 46

TEIL ZWEI
Respektvolle Beziehungen: Die Grundlagen der Kommunikation mit Kleinkindern

3 Die »Fastfood-Regel«:
Die goldene Regel der Kommunikation 69

4 Die »Kleinkindsprache«:
Eine Sprechweise, die wirklich funktioniert! 101

TEIL DREI
Verhaltensgrundlagen: Nach der Ampelmethode ein tolles Kind erziehen

5 Grünes Licht: Wie man Kinder in erwünschtem
Verhalten bestärkt 133

6 Gelbes Licht: Wie man störendes Verhalten
einschränkt 199

7 Rotes Licht: Wie man inakzeptablem Verhalten
einen Riegel vorschiebt 245

TEIL VIER
Wie gehe ich damit um?

8 Trotzanfälle in den Griff bekommen ...
wie durch Zauberei! 277

9 Echte Antworten auf alltägliche Probleme 302

Nachwort
Willkommen in der Zivilisation: Ihr zufriedenes,
selbstsicheres Kind wird fünf! 357

Anhang A
Die zehn Grundregeln der Kleinkinderziehung 360

Anhang B
Dr. Karps wichtigste Begriffe und Erziehungstipps 366

Danksagungen 374

Register 377

EINLEITUNG
Wie ich das Geheimnis der erfolgreichen Kommunikation mit Kleinkindern entdeckte

Die wahre Entdeckungsreise besteht nicht darin, neue Landstriche zu suchen, sondern darin, mit neuen Augen zu sehen. Marcel Proust

Was ist nur aus Ihrem Baby geworden? Eben noch wiegten Sie ein winziges Neugeborenes im Arm, und das gesamte Elterndasein lag vor Ihnen. Und nun, ehe Sie wissen, wie Ihnen geschieht, ist Ihr Nachwuchs auf einmal ein ganz Anderer – süßer denn je, aber plötzlich eigenwillig, trotzig und schnell wie ein Wiesel. Willkommen im Kleinkindalter!

Das Kleinkindalter ist einer der fröhlichen Höhepunkte des Elterndaseins. Niemand kann Ihnen die Welt auf eine so wunderbare neue Weise nahebringen wie ein Ein-, Zwei- oder Dreijähriges: die Käfer im Gras, die Form der Wolken, die Burgen in einem Sandhaufen... Kleinkinder quellen über vor Neugier, Begeisterung und unwiderstehlichem Charme.

Aber, wie alle Eltern wissen, ist diese Zeit nicht nur ein Zuckerschlecken. Das Kleinkindalter ist wie drei Teile Fiesta gemischt mit zwei Teilen Ringkampf und einem Teil Dschungelexpedition. Deshalb erleben viele Eltern um den ersten Geburtstag ihres Kindes herum einen kleinen »Zusammenprall der Kulturen«, da Verhalten und Wünsche ihres Kleinkindes es unweigerlich auf Kollisionskurs mit den Regeln und Erwartungen der Familie bringen.

Ein wichtiger Grund für das »wilde« Verhalten von Kleinkindern ist die explosive Gehirnentwicklung, die sich in diesen ersten Jahren vollzieht und durch die sie oft aus dem Gleichgewicht geraten. Zwischen seinem ersten und vierten Geburtstag geht Ihr Kind auf eine spannende Reise, vergleichbar mit einem Ritt auf einem galoppierenden Pferd, durch die es sich – direkt vor Ihren Augen – auf magische Weise von einem tapsigen, gurgelnden (und liebenswerten) kleinen Geschöpf zu einer singenden, scherzenden, gedankenvollen kleinen Persönlichkeit wandelt.

Aber für diesen Fortschritt ist ein Preis zu zahlen – hauptsächlich durch Beanspruchung Ihres Rückens, Ihrer Geduld und Ihrer geistigen Gesundheit. Jeder, der mit einem Kleinkind zusammenlebt, weiß, wie schnell sich das emotionale Klima verändern kann. In einem Augenblick herrscht eitel Sonnenschein. Und im nächsten – peng! – weint und schreit das Kind und hat einen Trotzanfall (oft an den unpassendsten Orten). Trotz bester Absichten haben Sie möglicherweise das Gefühl, dass die einzigen Wörter, die aus Ihrem Mund kommen, »Nein!«, »Halt!« und »Nicht anfassen!« sind. Und das ist kein Vergnügen.

Kein Wunder, dass Fragen in Bezug auf Geduld, Bereitschaft zum Teilen und ungestümes Benehmen ganz oben auf der Liste der Dinge stehen, mit denen Eltern zum Kinderarzt kommen. Hunderte von Büchern und Tausende von Artikeln, die zu diesem Thema geschrieben wurden, beweisen, dass Sie nicht allein sind, wenn es Ihnen schwerfällt, mit dem Verhalten Ihres Kleinkindes umzugehen.

Seit Menschengedenken haben sich zahllose Generationen von Eltern bemüht, ihren Kleinkindern gutes Benehmen beizubringen. Allzu oft wurden Schläge und Drohungen eingesetzt, um sie zu disziplinieren. Eltern, die ihre stürmischen Kleinkinder nicht schlugen, wurden davor gewarnt, dass ihre Kinder zu verwöhnten und aufsässigen Jugendlichen heranwachsen würden.

Glücklicherweise verloren körperliche Züchtigungen vielerorts schon vor mehr als 50 Jahren als Erziehungsmittel an Bedeutung. Allerdings wurden sie nur zu oft gegen einen weiteren sehr negativen Ansatz eingetauscht – verbale Aggression. Eltern reagierten auf unerwünschtes Verhalten von Kleinkindern oft mit verbalen Angriffen wie »Du bist dumm!« oder »Halt den Mund, oder ich geb dir einen Grund zum Weinen!«.

In den letzten 30 Jahren haben wir die destruktive Wirkung von Zurückweisungen und verletzenden Worten erkannt. Wir haben allmählich begonnen, Eltern dazu zu ermutigen, auf die Gefühlsausbrüche ihrer Kinder liebevoll und vernünftig zu reagieren. Leider bewirkt man mit geduldigen Erklärungen und respektvoller Ansprache zwar viel bei größeren Kindern, aber wenn es darum geht, aufgebrachte Kleinkinder zu beruhigen, scheitert dieser Ansatz oft.

Wenn aber die für ältere Kinder geeignete Form der Kommunikation nicht die Antwort ist, was können Eltern dann tun,

Einleitung

um ein freundliches, kooperatives Kleinkind aufzuziehen? Sehr viel! Aber bevor Sie mehr darüber erfahren, eine merkwürdige, aber *äußerst* wichtige Tatsache vorab:

Kleinkinder sind nicht einfach Miniaturversionen von älteren Kindern. Ihr Gehirn ist viel unreifer, was dazu führt, dass ihr Denken viel rigider und schlichter und ihr Verhalten ziemlich... »unzivilisiert« ist. Während der nächsten Jahre wird Ihre Aufgabe als Eltern darin bestehen, Ihr Kind zu »zivilisieren«: ihm beizubringen, »Bitte« und »Danke« zu sagen, zu warten, bis es an die Reihe kommt, und auf das Töpfchen zu gehen.

Dass Kleinkinder anders »ticken« als ältere Kinder, wurde mir als junger Kinderarzt bewusst. Zu Beginn meiner beruflichen Laufbahn folgte ich dem Rat der Lehrbücher und sprach geduldig mit den weinenden Kleinen, die ich untersuchte. Aber meine freundlichen Worte stießen oft auf taube Ohren, und die Kinder schrien noch mehr! Also probierte ich andere Vorgehensweisen aus.

Ich versuchte es mit Ablenkung (»Schau mal, das lustige Spielzeug!«), Beruhigung (»Siehst du, es kitzelt nur.«), Mitgefühl (»Ich weiß, dass du Spritzen nicht magst, aber...«) und Respekt (»Darf ich mal nachsehen, ob deine Ohren innen drin gesund sind?«). Aber meine liebevollen Worte prallten einfach an ihnen ab. Was den praktischen Nutzen anging, hätte ich ebenso gut Suaheli sprechen können. Trotz meiner besten Absichten endeten viele Vorsorgeuntersuchungen damit, dass eine *frustrierte* Mutter ein *panisch schreiendes* Kind hielt, das von einem *verlegenen, nervösen* Arzt untersucht wurde.

Dann hatte ich eines Tages eine Eingebung: Kleinkinder denken nicht wie ältere Kinder – warum also mit ihnen reden wie mit älteren Kindern?

Im Vergleich zu älteren Kindern haben Kleinkinder ein unreifes Gehirn (was kaum überrascht), und wenn sie aufgeregt sind, wird das Zentrum im Gehirn, das für Sprache, Logik und Geduld zuständig ist, buchstäblich *ausgeschaltet*. Kein Wunder, dass sie impulsiv reagieren und gewissermaßen »primitives Verhalten« zeigen. (Zu Ihrer Information: Dieselbe Veränderung geschieht im Gehirn eines Erwachsenen, wenn er sich aufregt. Deshalb toben und schimpfen wütende Erwachsene – und werden ungeduldig, irrational und mitunter ziemlich »primitiv«!)

Heureka! Plötzlich fügte sich alles sinnvoll zusammen. Es war kein Zufall, dass es bei *Familie Feuerstein* ein Kleinkind namens Bamm-Bamm gab. Aufgeregte Kleinkinder spucken, kratzen und schreien, weil ihr gestresstes Gehirn die Kontrolle aufgibt. Innerhalb von Sekunden wird aus einem kleinen *Kind* eine Art Conan, der Barbar. Und je mehr sie sich aufregen, desto wilder verhalten sie sich.

Ich testete meine neue Theorie, indem ich gegenüber meinen ungehaltenen kleinen Patienten eine sehr schlichte, sehr einfache Sprache anwandte (etwa wie Tarzan), und stellte erstaunt fest, dass ich oft in weniger als einer Minute ihre Tränen zum Versiegen bringen und ihnen sogar hin und wieder ein Lächeln entlocken konnte! Es war ein enormer Durchbruch.

Einleitung

In meinem ersten Buch, *Das glücklichste Baby der Welt*, habe ich eine radikal neue Idee präsentiert, die im Kern lautet: Unsere winzigen Babys werden drei Monate zu früh geboren; sie kommen zur Welt, bevor sie für diese wirklich bereit sind. Damit wandte ich mich gegen die bislang gängige Meinung, dass die meisten Babys wegen Blähungen weinen, und forderte stattdessen, dass wir für unsere Babys das fehlende »vierte Trimester« erschaffen. Indem wir die Sinneseindrücke simulieren, die sie im Mutterleib hatten – die behagliche Enge, die Geräusche und die rhythmischen Bewegungen –, beruhigen sie sich viel schneller und schlafen viel länger.

Eltern (und Großeltern), die sich mit dieser neuen Idee aus *Das glücklichste Baby der Welt* angefreundet hatten und sie umsetzten, konnten ihre Babys rasch beruhigen *und* deren Schlaf verlängern!

Ebenso erfolgreich kann das Beruhigen und Erziehen von Kleinkindern sein, wenn Sie sich mit der anfangs möglicherweise irritierenden Idee von *Das glücklichste Kleinkind der Welt* anfreunden:

> Kleinkinder haben sehr viel mit kleinen Höhlenmenschen gemeinsam.

Einleitung

Hier einige Beispiele:

- Kleinkinder vergessen »Bitte« und »Danke« zu sagen, weil sie ungeduldig und impulsiv sind. Sie haben noch keinen Sinn für diese kulturellen Feinheiten.
- Kleinkinder treten uns mutig entgegen, wie Höhlenmenschen, die Mammuts oder Büffel jagen, obwohl wir viel größer und stärker sind als sie!
- Selbst an guten Tagen fällt es Kleinkindern schwer, vernünftig und rational zu sein, weil – wie bei den frühen Menschen – die Steuerung von Sprache, Logik und Geduld in ihrem Gehirn noch unreif ist.

Wenn Sie die Vorstellung, dass Kleinkinder viel mit Höhlenmenschen gemeinsam haben, merkwürdig finden, gehen Sie auf einen beliebigen Spielplatz und beobachten Sie die Kinder »bei der Arbeit«. Die Fünfjährigen benehmen sich schon wie wir Großen, indem sie sich abwechseln und versuchen, Streitigkeiten verbal beizulegen, während sich die Einjährigen wie kleine »Höhlenmenschen« benehmen. Sie stoßen andere beiseite, um zuerst an der Reihe zu sein, und schreien, wenn sie sich über etwas aufregen.

Natürlich ist selbst das wildeste Kleinkind nicht *wirklich* ein Höhlenmensch! Aber Sie können mithilfe dieses »Bildes« wie durch ein magisches Fenster das Verhalten Ihres Kindes mit ganz neuen Augen sehen.

Und sobald Sie sich mit dieser merkwürdigen neuen Idee angefreundet und die einfachen Techniken in diesem Buch erlernt haben, werden Sie staunen, wie viel harmonischer sich das Zusammenleben mit Ihrem Kleinkind entwickelt! Sie werden 50 Prozent aller Trotzanfälle innerhalb von Sekunden beenden *und* 50 bis 90 Prozent aller Ausbrüche verhindern können.

Was ist, wenn Ihr Kleinkind die große Ausnahme ist, immer lieb ist und nie Trotz- und Wutanfälle hat? Sie werden feststellen, dass der hier vorgestellte Ansatz *trotzdem* eine großartige Methode ist, um Folgendes zu erreichen:

- Geduld, Respekt und Kooperation bei Ihrem Kind zu fördern,

- Ihr Kind zu lehren, ein guter Freund und Zuhörer zu sein,

- Selbstvertrauen und Selbstwertgefühl Ihres Kindes zu steigern,

- Ihrem Kind zu helfen, emotional ausgeglichen und zufrieden heranzuwachsen.

Ein kurzer Überblick, was dieses Buch für Sie bereithält

- *Teil eins:* Wissenswertes über Kleinkinder und Eltern. Im ersten Teil des Buches wird beschrieben, weshalb sich Kleinkinder so verhalten, wie sie es tun, und weshalb das für uns den Umgang mit ihnen manchmal so schwierig macht. Ich werde aufzeigen, weshalb es nicht Ihre Aufgabe ist, der *Boss* oder *Kumpel* Ihres Kleinkindes zu sein, sondern eine Art *Botschafter*. (Botschafter sind Diplomaten, sie bauen geschickt großartige Beziehungen auf, indem sie eine respektvolle Sprache verwenden und klare Grenzen setzen.)

- *Teil zwei:* Die Grundlagen der Kommunikation mit Kleinkindern. Hier erwerben Sie die beiden grundlegenden Fähigkeiten, die Sie benötigen, um die besten Botschafter/Eltern der Welt zu werden: die Fastfood-Regel (die wichtigste Empfehlung für die Kommunikation mit *allen* Menschen, die außer sich sind) und die Kleinkindsprache (die einfache Möglichkeit, alles, was Sie ausdrücken wollen, in die natürliche Sprache Ihres Kleinkindes zu übersetzen).

- *Teil drei:* Verhaltensgrundlagen. Sie erlernen mehrere sehr wirkungsvolle Methoden, die wünschenswerten Verhaltensweisen Ihres Kindes zu fördern (»Grünes Licht«), störendes Verhalten einzuschränken (»Gelbes Licht«) und inakzeptables Verhalten sofort zu stoppen (»Rotes Licht«).

- *Teil vier:* Wie gehe ich damit um? Und schließlich zeige ich Ihnen, wie Sie mithilfe von *Das glücklichste Kleinkind* rasch alltägliche Herausforderungen wie Wutanfälle, Ängste, Trotz, Herumtrödeln, Beißen, Mäkeln beim Essen und vieles mehr meistern.

Sie finden im Folgenden zahlreiche wirkungsvolle Erziehungstipps. Wählen Sie einige davon aus, die Ihnen am sinnvollsten erscheinen, und – das ist besonders wichtig – probieren Sie sie eine oder zwei Wochen lang mehrmals täglich aus. Üben ist wichtig. Durch Übung stärken Sie Ihr Selbstvertrauen (und das Ihres Kindes) und erzielen den gewünschten Erfolg. Und nach und nach, wenn Sie sich kompetenter und effektiver fühlen, werden Sie und Ihr Kind eine Beziehung aufbauen, die voller Spaß, Respekt und Liebe ist.

Jetzt freue ich mich, Sie einzuladen, weiterzulesen und zu lernen, wie Sie Ihrem wunderbaren Kind helfen können, *das glücklichste Kleinkind der Welt* zu werden.

Hinweis: Ich empfehle Ihnen, den vorgestellten Ansatz ab einem Kindesalter von neun Monaten umzusetzen. Damit anzufangen, solange Ihr Kind noch sehr klein ist, hilft, viele Probleme gar nicht erst entstehen zu lassen. Aber auch wenn Sie mit der Umsetzung erst ein Jahr später beginnen, wird Ihnen das Beschriebene jeden Tag – bis über den vierten Geburtstag Ihres Kindes hinaus – von Nutzen sein. Eltern haben mir oft berichtet, dass sie mithilfe dieses Ansatzes auch ihre Beziehungen zu ihren älteren Kindern, ihren Vorgesetzten, ihren Nachbarn ... und sogar zu ihren *eigenen* Eltern verbessert haben.

TEIL EINS

*Das glücklichste Kleinkind:
Wissenswertes über
Kleinkinder und Eltern*

Was geht in Ihrem Kleinkind vor? Und wie kommt es, dass das Verhalten Ihres Kleinkindes Sie abwechselnd zum Lachen bringt und an Ihren Nerven zehrt?

- **Kapitel 1** ist ein Schnellkurs in Bezug auf die täglichen Herausforderungen, mit denen Kleinkinder zu kämpfen haben. Die Informationen sollen Ihnen helfen, besser zu verstehen, weshalb Kleinkinder manche dieser verrückten Dinge tun, die Sie auf die Palme bringen.

- In **Kapitel 2** wird die Kleinkinderziehung von *Ihrer* Seite des Hochstuhls aus betrachtet. Es gibt gute Gründe dafür, dass die Erziehung von Kleinkindern so anstrengend ist. Außerdem werden Sie erfahren, weshalb Sie sich im Umgang mit Ihrem Kleinkind als *Botschafter* betrachten sollten.

KAPITEL 1
Wissenswertes über Kleinkinder: Die sanfte Kunst, Kleinkindern die Spielregeln unserer Gesellschaft beizubringen

> *Ein Zweijähriger ist wie ein Küchenmixer, zu dem man keinen Deckel hat.*
> Jerry Seinfeld

Wichtige Punkte:

- Kleinkinder sind keine Mini-Erwachsenen, nicht einmal Mini-Jugendliche. Sie sind eher ungestüme kleine *Höhlenkinder*.

- Unser Zuhause ist für Kleinkinder meistens zu langweilig oder zu anregend.

- Das Gehirn Ihres Kleinkindes kämpft mit Sprache und Logik – besonders wenn es aufgeregt ist.

- Die normalen Entwicklungsimpulse Ihres Kleinkindes bringen es oft auf direkten Kollisionskurs mit Ihnen.

- Sie werden feststellen, dass Erziehung wesentlich besser funktioniert, wenn Sie sich über das individuelle Temperament Ihres Kindes klar werden.

Kleinkinder sind ... anders

Würden Sie Ihrem Kind gern helfen, das tollste, kooperativste Kleinkind weit und breit zu werden? Ihre Erfolgschancen steigen erheblich, wenn Sie sich eine Tatsache bewusst machen: Kleinkinder verhalten sich nicht wie kleine Schulkinder, sondern eher wie kleine ... Höhlenmenschen.

Moment mal, denken Sie vielleicht, *hat er gerade mein Kind mit einem Neandertaler verglichen?* Ja, genau das habe ich getan.

Natürlich sind Kleinkinder keine echten Höhlenmenschen, aber sie zeigen viele Verhaltensweisen wie Grunzen und mit dem Finger zeigen, die Nase am eigenen (oder an Ihrem) Ärmel abwischen, im Zorn kratzen, spucken und beißen und überall hinpinkeln, die wir – wenn es nicht um Kleinkinder ginge – als unzivilisiert oder primitiv bezeichnen würden. Kein Wunder, dass die Mutter eines eigensinnigen 18 Monate alten Kindes einmal im Scherz zu mir sagte: »Es ist, als ob bei mir Zuhause ein winziger *Neandertaler* lebt!«

Betrachtet man die menschliche Evolution, eröffnet sich da in der Tat eine interessante Perspektive.

Kleinkindentwicklung als Menschheitsentwicklung im Zeitraffer

Tatsächlich ähnelt die rasche Reifung eines Kindes zwischen seinem ersten und vierten Geburtstag einer Wiederholung der Menschheitsentwicklung im Schnelldurchlauf. Es ist faszinie-

Kleinkinder sind ... anders

rend zu beobachten, wie unsere Kinder dieselben Fortschritte, die unsere urzeitlichen Vorfahren unendlich viel Zeit gekostet haben, im Laufe von nur drei Jahren erzielen:

♦ aufrechter Gang,

♦ geschickter Gebrauch von Händen und Fingern,

♦ Sprache,

♦ abstraktes Denken (Vergleiche/Gegensätze),

♦ erste Leseversuche.

Eine der größten Herausforderungen während dieser Zeit besteht darin, Ihrem Kind die Spielregeln unserer Gesellschaft wie beispielsweise gutes Benehmen, Geduld und Rücksichtnahme beizubringen. Aber ich verspreche Ihnen, dass Sie viel weniger frustriert und viel erfolgreicher dabei sein werden, wenn Sie sich bewusst machen, dass Ihr impulsiver kleiner Freund weit davon entfernt ist, rational und logisch zu denken.

Die Kleine-Erwachsene-Hypothese

Vielen Eltern wird vermittelt, dass Sie, um ein aufgeregtes Kleinkind zu beruhigen, die Gefühle des Kindes anerkennen und sanft korrigieren sollten. Etwa in der Art: »Schatz, ich weiß, dass du den Ball willst, aber jetzt ist erst das andere Kind dran. Weißt du noch, dass wir über das Teilen gesprochen haben? Also gib dem Kind den Ball bitte zurück. Du kommst dann als Nächstes an die Reihe. Okay?«

Klingt vernünftig, aber sachliche Kommentare wie dieser haben oft die gegenteilige Wirkung und können dazu führen, dass aufgebrachte Kleinkinder noch lauter schreien! Das liegt daran, dass Kleinkinder keine Mini-Erwachsenen sind. Ihr unreifes Gehirn kämpft damit, lange Sätze zu verstehen und starke Gefühlsausbrüche unter Kontrolle zu bekommen.

Der Psychologe Thomas Phelan, Autor von *Die 1-2-3 Methode für Eltern. Konsequent fördern und zum Lernen motivieren*, bezeichnet unseren Versuch, aufgebrachte Kleinkinder mithilfe sachlicher Logik zu beruhigen, als die »Kleine-Erwachsene-Hypothese«. Damit meint er, dass wir von gestressten Kleinkin-

Kleinkinder sind ... anders

dern erwarten, aufgrund unserer Erklärungen und höflichen Appelle an die Vernunft zur Ruhe zu kommen – was schlicht unrealistisch ist. Allzu viele Eltern glauben, dass ihre Kleinkinder in der Lage sein sollten, mitten im Trotzanfall ihre Gefühle abzuschalten und vernünftig zu antworten: »Danke, Mutti, dass du es mir erklärt hast. Ich tue gern, was du willst.« Nun, das wird wohl kaum der Fall sein.

Es wird Ihnen viel besser gelingen, Ihren kleinen Rabauken zu beruhigen und zur Kooperation zu bewegen, wenn Sie erwachsene Aussagen durch die einfachen, grundlegenden Formulierungen ersetzen, die Sie in Kapitel 3 und 4 kennenlernen werden. Und glauben Sie mir, Sie werden viel Gelegenheit haben, diesen speziellen Ansatz während der nächsten Jahre zu üben, da selbst liebe, zufriedene Kleinkinder mehrmals am Tag emotionale Verstimmungen haben.

Weshalb neigen Kleinkinder so sehr zu Ausbrüchen? Es gibt viele Gründe dafür, aber das sind die vier wichtigsten...

Die vier großen Herausforderungen Ihres Kleinkindes

Wir wissen alle, wie schwierig es ist, ein Kleinkind aufzuziehen und ihm unsere gesellschaftlichen Spielregeln beizubringen, aber haben Sie je darüber nachgedacht, wie schwierig es ist, ein Kleinkind zu SEIN?

Ihr Kleinkind hat den Eindruck, *den ganzen Tag lang* den Kürzeren zu ziehen! Es ist schwächer, langsamer und kleiner als alle anderen, und das ist nur der Anfang. Kleinkinder sind jeden Tag mit vier großen Herausforderungen konfrontiert, die es ihnen besonders schwer machen, sich wie kleine Engel zu benehmen:

- Unsere moderne Welt ist für sie sehr befremdlich.
- Ihr Gehirn ist nicht im Gleichgewicht.
- Ihre normale Entwicklung kann zu schlechtem Benehmen führen.
- Ihr Temperament kann Überreaktionen auslösen.

Kleinkindherausforderung 1:
Unsere moderne Welt ist für sie sehr befremdlich

Wir halten das Leben in einem Haus oder einer Wohnung für normal, aber für Kleinkinder ist das eigentlich eine sehr befremdliche Umgebung; 99,9 Prozent der Menschheitsgeschichte verbrachten Kinder den größten Teil des Tages damit, draußen herumzutollen, *im Freien*.

Im Vergleich zum Spielen im Freien sind unsere Wohnungen für Kleinkinder äußerst langweilig *und* überreizend zugleich. Sie sind deshalb langweilig, weil sie die vielen interessanten Eindrücke der Natur (leuchtende Farben, das Gefühl des Windes auf der Haut, die helle Sonne, das weiche Gras usw.) durch eine enorme Stille ersetzen (ebene Wände, ebene Böden, kein Wind, keine tanzenden Schatten, keine zwitschernden Vögel). Außerdem sind viele typische Kleinkinderfreuden (hinter Kindern und Hunden herlaufen, mit Dreckklumpen werfen, Käfer fangen, auf Bäume klettern) buchstäblich außer Reichweite.

Wenn man es von dieser Seite betrachtet, ist es nicht verwunderlich, dass viele Kinder am späten Vormittag die glatten Wände hochgehen.

Gleichzeitig kann unsere moderne Welt für Kleinkinder zu viele Reize bieten. Sie bombardiert sie mit aufregenden Erfahrungen, mit denen Kinder in der Vergangenheit nicht umgehen mussten: verrückte Zeichentrickfilme, schrille Videos, dröhnende Computerspiele, laute Spielsachen und grelle Farben. Wir mögen an all das gewöhnt sein, aber für viele Kleinkinder bedeutet es Stress.

Im Lauf des Tages kann diese Über- und Unterstimulation bei vielen Kleinkindern Müdigkeit, Reizbarkeit und schlechtes Benehmen hervorrufen – bis zum Koller.

Kleinkindherausforderung 2:
Ihr Gehirn ist nicht im Gleichgewicht

Das Gehirn Ihres Kleinkindes ist wie ein summender Bienenstock mit 20 Milliarden Zellen und 50 Prozent mehr Nervenverbindungen, als wir sie in unseren großen Köpfen haben! Alle diese Verbindungen bedeuten Millionen – oder Milliarden – von Signalen, die hin- und herzischen. »Geh hierhin!«, »Geh dorthin!«, »Fass es an!«, »Nein, tu's nicht!« Kein Wunder, dass Kleinkinder außer Kontrolle geraten.

Um diesen Wirbelsturm geistiger Aktivitäten in den Griff zu bekommen, ist unser Gehirn in eine rechte und eine linke Hälfte unterteilt. Die zwei Gehirnhälften sehen gleich aus, sind aber für sehr unterschiedliche Dinge zuständig. Die linke Hälfte ist sozusagen der *Korinthenkacker* des Nervensystems. Sie liebt Details: das richtige Wort auswählen, Spielsachen zählen und Probleme lösen – alles schön Schritt für Schritt. Sie hilft uns, aufmerksam zuzuhören, logisch zu denken und ruhig zu bleiben.

Die rechte Hälfte dagegen ist der *Speedy Gonzales* des Nervensystems. Sie ist gut darin, schnelle Entscheidungen zu treffen, Gesichter sofort zu erkennen und im Rhythmus irgendeiner Musik auf und ab zu hüpfen. Im Gegensatz zur nachdenklichen linken Seite ist die rechte Seite leicht abzulenken, impulsiv und emotional.

Bei älteren Kindern und Erwachsenen sind die beiden Gehirnhälften mehr oder weniger im Gleichgewicht, aber die linke Hälfte übt meistens etwas mehr Kontrolle aus. Raten Sie mal, welche Hälfte bei Kleinkindern den Laden schmeißt. Richtig: die rechte. Tatsächlich ist die emotionale rechte Hälfte bei Kleinkindern so aktiv und dominant, dass sie die geduldige Stimme der linken Hälfte, von der sie zur Vernunft gerufen wird, oft ignoriert.

Und als ob all das nicht schon schwierig genug wäre, gerät das Gehirn Ihres Kleinkindes noch mehr aus dem Gleichgewicht, wenn Ihr Kind durch irgendetwas aus der Fassung gebracht wird. Dadurch wird die linke Gehirnhälfte sofort *ausgeschaltet* und die rechte *übernimmt das Kommando*.

Ehrlich gesagt, tritt dieses Ungleichgewicht auch bei Erwachsenen auf (deshalb rasten wir aus, wenn wir uns aufregen). Da aber Kleinkinder an sich schon viel impulsiver sind, schreien und spucken unsere kleinen Freunde, laufen gegen den Tisch oder auf die Straße und benehmen sich wie toll, wenn sie sich über irgendetwas aufregen.

Trotz dieser Schwierigkeiten besitzt die rechte Gehirnhälfte Ihres Kleinkindes eine absolut spektakuläre Fähigkeit, die Sie hervorragend nutzen können, um mit Ihrem Kind in Kontakt zu treten, es zu erziehen und zu beruhigen: die Fähigkeit, auf nonverbale Kommunikation zu reagieren. Auch wenn seine unreife linke Gehirnhälfte von Ihren *Worten* hoffnungslos überfordert ist, fällt es seiner rechten Gehirnhälfte leicht, Ihren Tonfall, Ihren Gesichtsausdruck und Ihre Gesten zu verstehen – selbst dann, wenn es sehr aufgebracht ist.

NORMALER ERWACHSENER
(ruhig, logisch)

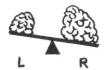

NORMALES KLEINKIND
(impulsiv, ablenkbar)

AUFGEWÜHLTES KLEINKIND
(ungezügelt, grob)

Sie müssen kein Gehirnexperte werden, aber die naturwissenschaftlichen Hintergründe zu kennen, hilft Ihnen, einen sehr wichtigen Punkt zu verstehen: Wenn Ihr Kind aufgeregt ist und Sie direkt seine rechte Gehirnhälfte ansprechen, indem Sie mithilfe Ihrer Stimme, Körpersprache und Ihren Gesten seine Gefühle widerspiegeln, können Sie ihm helfen, sich zu beruhigen. Sie werden zum Experten auf diesem Gebiet, wenn Sie die Fastfood-Regel und die Kleinkindsprache in Kapitel 3 (Seite 69) kennenlernen.

Am Ende der Kleinkindzeit werden Sie leicht erkennen können, dass die linke Gehirnhälfte Ihres Kindes mehr Kontrolle übernimmt. Dadurch wächst seine Fähigkeit, sich verbal auszudrücken und sich zu konzentrieren, und es explodiert nicht

Zeichensprache: Kleinkinder wissen mehr, als sie sagen können

Wenn man es genau nimmt, ist sprechen gar nicht so einfach. Wie bei einer Marschkapelle müssen Lippen, Zunge und Kehlkopf perfekt synchronisiert zusammenarbeiten.

Die meisten Kinder brauchen zwei bis drei Jahre, um richtig gut sprechen zu können, aber es macht Spaß, Einjährigen auf die Sprünge zu helfen, indem man ihnen eine Zeichensprache beibringt. Denken Sie daran – die rechte Gehirnhälfte Ihres Kleinkindes ist ein Experte im Interpretieren von Gesten. Deshalb können schon sehr kleine Kinder Zeichensprache erlernen.

Jane bemerkte, dass ihr 15 Monate alter Sohn jedes Mal, wenn er gehen wollte, die Hände hob. Also begann sie, dieses Zeichen zu verwenden, um ihm zu sagen, wann er gehen sollte.

Es gibt viele gute Bücher, die Eltern helfen, ihre Kinder die Zeichensprache zu lehren. Sie können aber auch Ihre eigenen Zeichen erfinden.

Die folgende Liste enthält ein paar einfache Zeichen, mit denen Sie Spaß haben werden. Sprechen Sie das zugehörige Wort aus, während Sie Ihrem Kind die Geste zeigen:

Wissenswertes über Kleinkinder

- essen — mit der Hand den Mund berühren,
- trinken — an der Faust saugen,
- Hund — den Handrücken streicheln,
- Wurm — mit dem Finger wackeln,
- Blume — schnüffeln,
- Mütze — die Hand auf den Kopf legen,
- stillen — die Hand öffnen und schließen.

mehr bei jeder kleinen Frustration wie ein Feuerwerkskörper. Vierjährige sind auf jeden Fall geduldiger, »vernünftiger« und ein ganzes Stück reifer.

(Wollen Sie mehr darüber lesen, wie das Gehirn Ihres Kindes funktioniert? Ich kann Ihnen die beiden folgenden Bücher sehr empfehlen: *Was geht da drinnen vor?* von Lise Eliot und *Forschergeist in Windeln* von Alison Gopnick, Andrew Meltzoff und Patricia Kuhl.)

Kleinkindherausforderung 3: Ihre normale Entwicklung kann zu schlechtem Benehmen führen

Ob Sie es glauben oder nicht, Kleinkinder werden oft von biologischen Trieben gesteuert, wenn sie Dinge tun, die uns rasend machen. Konzentrieren wir uns auf einige der entwicklungspsychologischen Merkmale von Kleinkindern, die sie auf Kollisionskurs mit ihren Eltern bringen:

- *Kleinkinder sind zwanghafte Wanderer und Kletterer.* Nach monatelangem Liegen, Sitzen und Krabbeln ist es absolut faszinierend für sie, plötzlich gehen und klettern zu können. Ihr kleiner Freund läuft von morgens bis abends mit dem Gefühl durch die Gegend: *Wow, das ist soooo cool.*

- *Kleinkinder sind sehr egozentrisch.* Die meisten Kleinkinder möchten im Mittelpunkt der Aufmerksamkeit stehen. Ihr Anliegen ist: *Sprecht über mich!*

- *Kleinkindern fällt es schwer, umzuschalten.* Kleine Kinder tun sich oft schwer damit, von einer Aktivität zur anderen zu wechseln. Sie kommen einem wie Maschinen ohne Aus-Schalter vor. Das kann man immer wieder sehen, wenn man sie beim Spielen beobachtet: *Es ist toll, auf die Trommel zu schlagen... am besten tausendmal hintereinander!*

- *Kleinkinder haben die Aufmerksamkeitsspanne einer Hummel.* Kleine Kinder hüpfen von einer Sache zur anderen. Wie stark sie ablenkbar sind, wird durch die Grafik aus dem wunderbaren Buch *Your One-Year-Old* von Louise Bates Ames und Francis Ilg auf Seite 36 illustriert. Wenn Kleinkinder reifer werden, können sie allmählich ihre Aufmerksamkeit längere Zeit auf eine bestimmte Sache richten.

- *Kleinkinder sind unflexibel.* Zweijährige sind nicht gerade für ihre Flexibilität bekannt. Das ist auch daran zu erkennen,

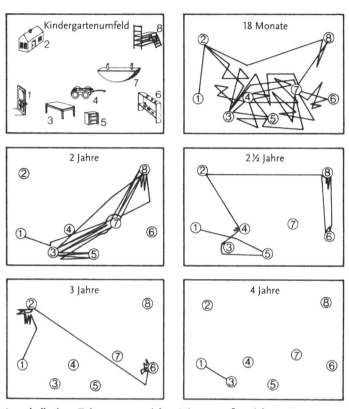

Innerhalb eines Zeitraums von sieben Minuten aufgezeichnete Bewegungsmuster von Kindergartenkindern unterschiedlicher Altersstufen

wie sie mit den Regeln der Sprache umgehen. Wenn sie beispielsweise gelernt haben, dass ein Verb durch die Vorsilbe »ge-« und die Endung »-t« in die Vergangenheit gesetzt wird, sagen sie möglicherweise »getrinkt« statt »getrunken« und behalten dies trotz aller Korrekturen zunächst bei. Das

Gleiche gilt für Änderungen in ihren alltäglichen Abläufen. Beispielsweise kann es Ihr Kleinkind ziemlich aus der Fassung bringen, wenn Sie eines Abends von der üblichen Routine abweichen und vergessen, seinen Stofftieren gute Nacht zu sagen. Und wie wir Erwachsenen werden auch Kleinkinder umso unflexibler, je gestresster und müder sie sind.

◆ *Kleinkinder müssen unablässig Grenzen überschreiten.* Es ist die Aufgabe der *Eltern*, wohlüberlegte Grenzen zu setzen, und die Aufgabe von *Kleinkindern*, diese Grenzen zu verschieben. Kleinkinder können es sich buchstäblich nicht verkneifen, alles zu untersuchen und anzufassen und daran zu ziehen. Auf diese Weise lernen sie die Welt und sich selbst kennen. Während Sie also das Gefühl haben, dass Ihr kleiner Freund Ihnen absichtlich trotzt, hat er vielleicht das Gefühl, dass Sie ihm unfairerweise sein größtes Vergnügen – die Entdeckung der Welt – verwehren.

Kleinkindherausforderung 4: Ihr Temperament kann Überreaktionen auslösen

Jedes Kleinkind ist ein absolut einzigartiger Mensch mit eigenem Gesicht und eigener Stimme – und einzigartiger Persönlichkeit. Jedes Kind wird mit einer Persönlichkeit geboren, die ebenso einmalig ist wie sein Fingerabdruck. Sie ist eine Mischung aus Intelligenz, Humor und einer faszinierenden Eigenschaft namens *Temperament*.

Das Temperament ist die Art und Weise des Kindes, mit der Welt zu interagieren: die Haltung, die es dabei an den Tag legt,

Wissenswertes über Kleinkinder

das Tempo, die Flexibilität und Grundstimmung. Ist es vorsichtig oder mutig? Starrsinnig oder umgänglich? Sanftmütig oder leidenschaftlich? Das Temperament liefert eine Erklärung dafür, dass manche von uns einschlafen können, wenn der Fernseher läuft, während andere das kleinste Geräusch verrückt macht, weshalb manche leicht verzeihen, während andere sich verbeißen und einfach nicht loslassen können. Wenn Sie das Temperament Ihres Kindes kennen, wissen Sie, wann Sie es verhätscheln müssen und wann Sie es ein bisschen anschubsen sollten.

Das Temperament wird meistens von Eltern an Kinder weitergegeben. Schüchterne Eltern haben meistens schüchterne Kinder, und »heißblütige« Eltern haben meistens kleine Temperamentsbündel. Aber manchmal erlaubt sich die Natur einen Ausrutscher, und zwei Bibliothekare bekommen einen Heavy-Metal-Rocker!

Wenn Sie die *Entwicklungsphase* Ihres Kindes kennen, wissen Sie, welchem Etappenziel es sich nähert. Aber wenn Sie sein *Temperament* kennen, können Sie voraussagen, ob es sich der nächsten Herausforderung vorsichtig oder beherzt nähern wird.

Im Allgemeinen lässt sich das Temperament einer von drei Kategorien zuordnen: ausgeglichen, schüchtern und lebhaft. Manche Kinder liegen irgendwo dazwischen, aber drei von vier Kindern sind leicht zuzuordnen.

Ausgeglichenes Temperament

Evan, 26 Monate alt, wacht gut gelaunt auf und geht in die Küche, um zu frühstücken. Eine mögliche Krisensituation tritt auf, als sein Lieblingsmüsli »all-all« ist, nachdem nur wenige Flocken in seine Schale geschüttet wurden. Sein Papa nimmt rasch eine andere Müslisorte aus dem Schrank und schüttet etwas davon in die Schale. »Mmm«, sagt er, »dein anderes Lieblingsmüsli! Es ist so lecker! Probier mal!«

Evan tunkt seinen Löffel in die Milch – und leert die ganze Schale!

Etwa die Hälfte aller Kinder ist ausgeglichen. Sie »stehen mit dem rechten Fuß auf« und gehen offen und gut gelaunt in den neuen Tag. Sie sind aktiv (aber nicht völlig außer Rand und Band), können sich auf Veränderungen einstellen und lassen sich gern auf neue Situationen und Menschen ein.

Schüchternes Temperament

Der 18 Monate alte Jesse ist ein vorsichtiger Junge.
Seine Mutter berichtet: »Er spricht nur vier Wörter, aber er ist ein Denker. Er übt Dinge im Geist, bevor er sie tut.« Auf dem Spielplatz beobachtete er zum Beispiel wochenlang Kinder, die durch einen kleinen Tunnel krochen. Dann probierte er es eines Tages selbst aus. Nachdem er es geschafft hatte, war er so außer sich vor Freude, dass er es zigmal wiederholte.

Etwa 15 Prozent aller Kinder sind schüchtern und vorsichtig und lassen sich nur zögernd auf neue Erfahrungen ein. Im Alter von neun Monaten lächeln die meisten Babys Fremden zu, die vorbeigehen, aber schüchterne Kinder runzeln die Stirn und klammern sich an uns – sie winken oft erst, *nachdem* der Gast gegangen ist. Vorsichtige Kinder sind oft überempfindlich. Sie mögen es nicht, wenn die Milch zu kalt oder eine Hose zu kratzig ist. Sie sind leicht frustriert, ängstlich und anhänglich; sie folgen uns von einem Zimmer ins andere und können schlecht mit Veränderungen umgehen. Vorsichtige Kinder sind auch sehr aufmerksam. Es sind die Kinder, die merken, wo man mit ihnen hingeht, und schon einen Block von der Arztpraxis entfernt anfangen zu weinen. Sie sprechen oft früh, aber laufen spät, und ihr Motto lautet: »Im Zweifel... nein!«

Schüchterne Kleinkinder sind oft schon früh (mit 15 bis 18 Monaten) große Trotzköpfe, aber wenn sie mit Geduld und Respekt behandelt werden, gehen sie zufrieden und selbstsicher aus dem Kleinkindalter hervor. (*Achtung:* Schüchterne, vorsichtige Kleinkinder sollten vor Druck und heftiger Kritik geschützt werden. Durch diese Art der Zurückweisung kann ein schüchternes Kind zu einem ängstlichen, unflexiblen Erwachsenen werden.)

Lebhaftes Temperament

Die 15 Monate alte Gina ist von morgens bis abends aktiv und wechselt von einer Aktivität zur nächsten. »Wenn sie eine Tür nicht öffnen kann, rennt sie sie ein!«, erklärt ihre Mutter. Wenn sie in Bewegung ist, ist sie zufrieden. Aber ihre ständige Aktivität bedeutet auch, dass ständig ihre »Auas« geküsst, Ausflüge in den Park unternommen und überall im Haus Kindersicherungen eingebaut werden müssen.

Eines von zehn Kleinkindern ist ein willensstarker, lebhafter kleiner Rabauke. Diese »Achterbahnkinder« haben ausgeprägte Hochs und Tiefs. Und wenn die Funken des normalen Alltagsstresses auf den Sprengstoff ihrer explosiven Persönlichkeit treffen, gibt es einen Riesenknall.

Eltern, die ein lebhaftes Kind haben, sind sich dessen meistens bewusst, denn das sind die Kinder, bei denen alles stärker ausgeprägt ist:

- Sie sind aktiver (rennen weiter, springen höher und drehen sich länger im Kreis).

- Sie sind ungeduldiger (sie hassen es zu teilen oder darauf warten zu müssen, dass sie an der Reihe sind).

- Sie sind aufsässiger (sie laufen zur Bordsteinkante, drehen sich nach Ihnen um – und rennen auf die Straße).

- Sie sind unflexibler (sie regen sich so sehr auf, dass sie sogar noch weiterweinen, *nachdem* sie bekommen haben, was sie wollten).

- Sie empfinden und reagieren intensiver (sie sind *sehr* wütend, *sehr* traurig und *sehr* glücklich).

- Sie sind sensibler (ihre Gefühle sind schnell verletzt).

Diese superaktiven Kinder können fröhlich oder launisch, eigensinnig oder trotzig sein. Glücklicherweise werden aus lebhaften Kleinkindern meistens zufriedene, enthusiastische Jugendliche, solange sie viel draußen spielen können, konsequente, aber flexible Grenzen gesetzt bekommen und viel Geduld und Liebe erfahren.

Welches Temperament hat Ihr Kind?

Sehen Sie sich die folgenden neun Merkmale an, und kreisen Sie die Beschreibungen ein, die am besten zu Ihrem Kind passen.

Die vier großen Herausforderungen Ihres Kleinkindes

	Ausgeglichen	Schüchtern	Lebhaft
Aktivität	Aktiv	Mag ruhiges Spiel	Zappelt viel herum und ist sehr aktiv
Regelmäßigkeit	Feste Essens- und Schlafenszeiten	Feste Essens- und Schlafenszeiten	Keine festen Gewohnheiten
Erste Reaktion auf Fremde	Interesse	Zurückhaltung	Freude oder Abwehr
Umgang mit unerwarteten Veränderungen	Problemlos	Widerwillig oder unglücklich	Problemlos oder ist sehr aufgebracht
Intensität der Gefühle	Gelinde	Gelinde oder sprühend	Sprühend/ungestüm
Vorherrschende Stimmung	Zufrieden/ausgeglichen	Zufrieden, aber leicht aus dem Gleichgewicht zu bringen	Große Stimmungsschwankungen
Hartnäckigkeit	Nimmt es hin, wenn es seinen Willen nicht bekommt	Gibt auf oder ist hartnäckig	Gibt nicht auf
Ablenkbarkeit	Konzentriert	Sehr konzentriert	Leicht ablenkbar
Geräusch-/Geruchsempfindlichkeit	Nicht sehr empfindlich	Hyperempfindlich	Nicht sehr oder sehr empfindlich

Wissenswertes über Kleinkinder

> **Vielfalt ist die Würze des Lebens
> (und die Grundlage der Gesellschaft)**
>
> Es wäre schrecklich, wenn es keine Ärzte auf der Welt gäbe, aber ebenso schrecklich, wenn jeder Arzt wäre. Wir brauchen Denker und Aktivisten, vorsichtige und risikofreudige Menschen, Anführer und Gefolgsleute. Unterschiedliche Temperamente tragen dazu bei, alle Nischen der Gesellschaft auszufüllen.
>
> Auch wenn Sie sich plötzlich mit der schwierigen Aufgabe konfrontiert sehen, einen Säbelzahntiger aufzuziehen, sollten Sie daher daran denken, dass Ihr kleiner Tiger im Gefüge der Gesellschaft eine wichtige Rolle spielen wird.

Sie sind sich noch nicht sicher, welchem der drei Temperamente Sie Ihr Kind zuordnen würden? Dieser kleine Test kann hilfreich sein: Gehen Sie in ein nicht allzu überfülltes Einkaufszentrum, lassen Sie die Hand Ihres Kindes los, und wenden Sie ihm zum Schein zwei Sekunden den Rücken zu. (Beobachten Sie es aus den Augenwinkeln.) Was tut es? Steht es einfach nur da? (Ausgeglichen.) Klammert es sich an Ihre Jacke und weint? (Schüchtern.) Läuft es weg, ohne sich nach Ihnen umzusehen? (Lebhaft.) Die Antwort gibt Ihnen einen sehr deutlichen Hinweis auf das Temperament Ihres Kindes.

Da Sie jetzt eine genauere Vorstellung davon haben, was in Ihrem Kind vor sich geht und was es daran hindert, sich immer so zu verhalten, wie Sie es sich wünschen, sehen wir uns nun die Herausforderungen an, die Eltern von Kleinkindern Tag für Tag zu bewältigen haben.

KAPITEL 2

Wissenswertes über Eltern: Die Fakten der Kleinkinderziehung

Es gibt Zeiten, in denen sich das Elternsein darauf zu beschränken scheint, den Mund zu füttern, der einen beißt.

Peter De Vries

Wichtige Punkte:

◆ Niemand ist dazu geboren, ohne viel Unterstützung ein Kleinkind zu erziehen.

◆ Kleinkinder sind selbst für erfahrene Eltern eine Herausforderung.

◆ Die Worte und Handlungen eines Kleinkindes können in der Vergangenheit erlittene Verletzungen und Demütigungen in uns hochkommen lassen.

◆ Der Umgang mit Kleinkindern ist besonders dann schwierig, wenn ihr Temperament im Widerspruch zu unserem eigenen steht.

Der Schlüssel zu einer gelungenen Erziehung lautet: Sei ein »Botschafter«, und erziehe mit aufrichtigem Respekt und klaren Grenzen.

Das Erziehen von Kindern macht viel Freude – und ist harte Arbeit. Sie lieben Ihr Kind und würden alles für es tun, aber manchmal raubt es Ihnen den letzten Nerv.

Alle Mütter und Väter, die ich traf, waren mit einigen (oder allen) der vier folgenden Herausforderungen konfrontiert, die die Kleinkindjahre noch schwieriger machen können:

Die vier großen Herausforderungen für Eltern

- Wir bekommen nicht genug Hilfe und Anleitung.

- Die täglichen Kämpfe können uns das Gefühl geben, totale Versager zu sein.

- Das Verhalten unserer Kleinkinder kann uns aus der Fassung bringen.

- Unser Temperament kann mit dem unserer Kinder kollidieren.

Elternherausforderung 1:
Wir bekommen nicht genug Hilfe und Anleitung

> *Man braucht ein ganzes Dorf,*
> *um ein Kind aufzuziehen.*
> Afrikanisches Sprichwort

Es ist ziemlich anstrengend, einen ganzen Tag lang ein Kleinkind zu beschäftigen. Wie haben unsere Großeltern das nur geschafft? Die Wahrheit ist: Sie haben es gar nicht geschafft.

Das Konzept der Kernfamilie (die nur aus Eltern und Kindern besteht) ist eine neue Erfindung. Genau genommen, ist es eines der größten Experimente der Menschheitsgeschichte. Unsere Vorfahren lebten immer in *Groß*familien (Großeltern, Tanten, Cousins etc.).

Jahrtausendelang wurden Eltern vom ganzen Dorf unterstützt. Wenn Menschen aus traditionelleren Kulturen von unseren weit verstreuten Familien hören, sind sie meistens überrascht. »Das kann doch nicht euer Ernst sein!«, ist oft ihr Kommentar. »Wie kann man ein Baby ohne Schwestern, Mutter, Tanten und Freunde aufziehen?«

In unserer Gesellschaft ist die Entwicklung die, den Heimatort zu verlassen, weniger ältere Kinder zu haben, die mithelfen könnten, die Nachbarn nicht zu kennen und in Ein-Eltern-Familien zu leben oder in Familien, in denen beide Elternteile ganztägig berufstätig sind.

Natürlich nutzen wir die moderne Technik (beispielsweise Autos und Waschmaschinen), die aber den Verlust der Großfamilie, der Nachbarn und der größeren sozialen Gruppe niemals ausgleichen kann. Kein Wunder, dass Eltern sich manchmal überlastet fühlen. Das sind sie auch! Wenn zu all dem noch moderne Trends wie Schnellrestaurants, Online-Shopping, E-Mails und Berufspendeln hinzukommen, wird offenkundig, dass wir in kleinen Welten leben, die zunehmend voneinander isoliert sind.

Welche Folgen haben diese Veränderungen? Überraschenderweise arbeiten Eltern heute oft mehr Stunden pro Tag als Eltern früherer Generationen. Das liegt daran, dass sie entwe-

Unser Dorf finden

Ganz gleich, ob Sie in der Großstadt oder auf dem Land leben, Sie können ein Kinderbetreuungsnetzwerk um sich herum finden oder aufbauen:

- Treffen Sie Spielverabredungen mit einer Freundin, die ein Kleinkind im selben Alter hat.
- Lernen Sie Ihre Nachbarn kennen.
- Melden Sie Ihr Kind im Kindergarten an, oder besuchen Sie mit ihm Krabbelgruppen oder »Miniclubs« (mit zwei Jahren ist Ihr Kind dafür nicht zu jung).
- Machen Sie mit bei einer Eltern-Kind-Gymnastik- oder -Musikgruppe.
- Werden Sie Mitglied einer Elterngruppe (oder gründen Sie eine) mit gegenseitigen Babysitterdiensten. (Vielleicht finden Sie entsprechende Informationen am Schwarzen Brett in Ihrer Kinderarztpraxis, in der Lokalzeitung oder auf der Website Ihrer Gemeinde.)
- Suchen Sie nach Online-Communitys für Mütter von Kleinkindern.
- Laden Sie eine ältere Nachbarin ein, Ihr Kind zu besuchen.
- Werden Sie Mitglied einer kirchlichen Gemeinde.
- Ziehen Sie in die Nähe Ihrer Eltern, oder fordern Sie Ihre Eltern auf, in Ihre Nähe zu ziehen.

der ihre Kinder ohne Hilfe rund um die Uhr beaufsichtigen müssen oder den ganzen Tag berufstätig sind und dann beim Nachhausekommen allerlei unerledigte Hausarbeiten vorfinden.

Kinder zu erziehen ist heute besonders schwierig, weil die meisten von uns – im Gegensatz zu Eltern früherer Generationen, die sich oft um jüngere Geschwister kümmern oder auf Nachbarskinder aufpassen mussten – wenig oder gar keine Erfahrung im Umgang mit Kindern haben. Wir machen eine Berufsausbildung und den Führerschein, aber wenn es um Kindererziehung geht, erwartet man von uns, dass wir alles allein herausfinden.

Also klopfen Sie sich erst einmal selbst auf die Schulter. Sie sind kein Versager, wenn Sie einen Babysitter oder eine Putzfrau beschäftigen. Sie sind nicht egoistisch, wenn Sie sich eine Auszeit für ein Mittagessen mit einer Freundin nehmen oder zu einem Fitnesskurs gehen. Zu viele Eltern quälen sich mit Schuldgefühlen. Geben Sie sich selbst Anerkennung für all die gute Arbeit, die Sie leisten – und suchen Sie sich Unterstützung.

Elternherausforderung 2: Die täglichen Kämpfe können uns das Gefühl geben, Versager zu sein

> *Perfektion findet man nur im Wörterbuch.* Alte Redensart

Lynne war in Tränen aufgelöst. An diesem Morgen hatte ihr 20 Monate alter Sohn Josh im Kindergarten ein Kind heftig gebissen. Es war in dieser Woche schon das dritte Mal passiert, und diesmal war es so schlimm gewesen, dass die Erzieherin Lynne gebeten hatte, Josh eine Weile zu Hause zu lassen. Lynne schluchzte: »Was mache ich falsch?«

Wir rechnen es uns hoch an, wenn unsere Kinder sich gut benehmen, und fühlen uns daher auch verantwortlich, wenn sie sich schlecht benehmen. Aber bevor Sie sich selbst verurteilen, sollten Sie sich daran erinnern, dass es völlig normal ist, dass Kleinkinder Grenzen austesten. Ob Sie Vorstandsvorsitzende oder Vier-Sterne-General sind – Ihr Kleinkind wird gegen die Regeln verstoßen.

Wir vermasseln alle manchmal etwas, aber nur weil wir hin und wieder versagen, heißt das nicht, dass wir generell Versager sind. Fehlschläge sind ein ganz normaler Teil des Elterndaseins und können uns sogar weiterbringen. Also entspannen Sie sich, und betrachten Sie Ihre Fehler mit Humor. Ob Sie es glauben oder nicht, das Kleinkindalter wird im Handumdrehen vorbei sein, und eines Tages werden Sie es schrecklich vermissen. Holen Sie tief Luft, und vertrauen Sie darauf, dass Sie

Einen schlechten Tag gehabt?
Dann sind Sie in guter Gesellschaft!

> *Wenn es beim ersten Versuch nicht klappt,*
> *liegen Sie gut im Durchschnitt.*
>
> M. H. Anderson

Selbst die größten Genies müssen Fehlschläge hinnehmen – und zwar immer wieder. Dr. Seuss, der beliebte amerikanische Kinderbuchautor, wurde 28 Mal abgewiesen, bevor er einen Verlag für *Der Kater mit Hut* fand. Barbra Streisands Off-Broadway-Debüt wurde schon am Premierenabend wieder abgesetzt. Walt Disney wurde einmal gefeuert, weil »es ihm an Fantasie fehlte« und er »keine originellen Ideen« hatte.

Glücklicherweise bietet das Elterndasein jede Menge zweite Chancen. Wenn Sie also einen schweren Tag hatten, halten Sie sich nicht zu lange damit auf! Um es mit den Worten von Scarlett O'Hara aus *Vom Winde verweht* zu sagen: Morgen ist wirklich ein neuer Tag.

---

am Ende dieser Zeit ein zufriedenes, selbstsicheres und liebenswertes Kind an Ihrer Seite haben werden, wenn Sie es mit Liebe und Respekt begleiten!

Hier noch ein tröstlicher Hinweis: Kleinkinder sparen ihre intensivsten Ausbrüche für ihre Eltern auf. Wir sind die Menschen, in deren Nähe sie sich am sichersten fühlen. Daher könnten Sie die Ausbrüche Ihres kleinen Freundes auch als schmeichelhaft interpretieren.

Elternherausforderung 3: Das Verhalten unserer Kleinkinder kann uns aus der Fassung bringen

> *Es gibt Tage, an denen mich alles, was mein Sohn tut, aus der Fassung bringt. Am Ende fühle ich mich wie ein großer »Roter Knopf«.*
>
> Peter, Vater des dreijährigen Andrew

Kleinkinder haben ein Talent dafür, uns in Rage zu bringen. Ihr Verhalten kann in uns starke, oft irrationale Überreaktionen auslösen. Manchmal werden wir so wütend, dass wir buchstäblich nicht mehr klar denken können und unsere Äußerungen nicht mehr unter Kontrolle haben. Und je gestresster wir sind, desto mehr verhalten wir uns selbst wild und ungestüm.

Was ist der wichtigste Grund dafür, dass wir unseren Kleinkindern gegenüber die Kontrolle verlieren? Ihr Verhalten lockt *Dämonen* aus unserer Vergangenheit hervor.

Das bedeutet Folgendes: Das Verhalten unserer Kinder kann plötzliche Erinnerungswellen bei uns auslösen. Manchmal sind sie wunderschön. Beispielsweise kann es Sie daran erinnern, wie Sie mit Ihrer Mutter Plätzchen gebacken haben, wenn Sie Ihrem Kind zusehen, wie es die Schüssel ausleckt. Diese Erinnerungen können aber auch sehr verstörend sein. Wir tragen alle Bruchstücke schmerzlicher Erfahrungen in uns, die darauf warten, durch einen Katalysator an die Oberfläche gebracht zu werden. Wenn Sie beispielsweise von Ihrem Zweijährigen geohrfeigt werden, kann Sie das an den Zorn erinnern, den Sie spürten, als Sie einmal von Ihrem Vater geohrfeigt wurden (oder als Sie kürzlich von einem Vorgesetzten gekränkt wurden). Wenn Ihr Kind darüber lacht, wenn Sie sich mit Suppe bekleckern, kann das in Ihnen die tiefe Verletztheit in Erinnerung rufen, die Sie fühlten, als Sie von Schulkameraden ausgelacht oder von einer sarkastischen Großmutter verspottet wurden.

Oft reagieren wir, ohne uns bewusst an eine bestimmte ähnliche Situation zu erinnern. Aber wenn plötzlich Wut, Verletztheit oder Ärger in Ihnen aufwallt, ist das ein sicheres Zeichen dafür, dass das Verhalten Ihres Kindes an eine verstörende frühere Erfahrung gerührt hat.

Mit der Vergangenheit Frieden schließen

Debby freute sich darauf, am Muttertag mit ihrem Mann Andy und ihren dreijährigen Zwillingen Sophie und Audrey essen zu gehen. Aber ihre gute Laune verwandelte sich in Kränkung, als die Mädchen anfingen, darüber zu streiten, wer neben Andy sitzen dürfe: »Ich will nicht neben Mama! Ich will zu Papa!« Sie fühlte unerwartet die Ablehnung, die sie als Kind erfahren hatte, als Kinder auf dem Spielplatz sie aus all ihren Spielen ausgeschlossen hatten.

Denken Sie daran: Wenn wir uns wütend oder verletzt fühlen, wird unsere rationale linke Gehirnhälfte ausgeschaltet, und die emotionale rechte Hälfte übernimmt die Kontrolle. Deshalb vergessen wir in der Hitze des Augenblicks, dass unser Kind uns nicht absichtlich zu verletzen oder zu demütigen versucht. Spucken, Kratzen und Trotzen sind lediglich die urtümlichen Verhaltensweisen eines unreifen, noch nicht mit unseren Spielregeln vertrauten kleinen Menschen, dem es schwerfällt, sich unter Kontrolle zu halten, und der noch nicht gelernt hat, sich in andere Menschen einzufühlen.

Eine bessere Reaktion bei provokantem Verhalten

Sarah Jane berichtet: »Neulich wurde ich so wütend, dass ich die Fernbedienung durch die Gegend warf und sie zerbrach. Ich hatte Eltern, die schnell wütend wurden, und ich habe solche Angst davor, meiner Tochter gegenüber die Beherrschung zu verlieren. Aber in mir wird einfach ein Schalter umgelegt, wenn sie mir direkt in die Augen sieht und ungehorsam ist. Es ist, als ob sie mich herausfordern will, etwas zu tun!«

Eltern *wollen* ihre Kleinkinder nicht anbrüllen, aber manchmal bricht der Zorn völlig unerwartet aus uns heraus. Ich will nicht, dass Sie Ihre Gefühle ignorieren, aber es ist schlicht nicht in Ordnung, vor seinem Kind zu explodieren. Ihr Kleinkind hat keine andere Wahl, als sich impulsiv zu verhalten, aber Sie haben eine Wahl. Es liegt in Ihrer Verantwortung, Ihr *Möglichstes* zu tun, um Ihr Kind niemals mit körperlicher Gewalt oder verletzenden Worten anzugreifen.

Holen Sie tief Luft ... verzeihen Sie sich (wir alle tragen

schmerzliche Erinnerungen in uns, die zu Überreaktionen führen) ... und versuchen Sie, zu verstehen, weshalb Sie sich so aufgeregt haben. Gehen Sie den Ausbruch noch einmal in Gedanken durch, oder schreiben Sie ihn in einem Tagebuch auf. Wut ist vielleicht die erste Reaktion auf das Benehmen Ihres Kindes, aber Wut ist meist nur eine Schale, hinter der sich tiefere Gefühle wie Angst, Kränkung, Scham oder Enttäuschung verbergen.

Versuchen Sie, die Kränkung zu finden, die *hinter* Ihrer Wut steckt. Die Worte oder Handlungen Ihres Kindes haben Sie vielleicht wütend gemacht, aber Ihr Kind ist nicht die Person, die Sie in der Vergangenheit verletzt hat. Können Sie sich an ein frühes Erlebnis erinnern, das ähnliche Gefühle ausgelöst hat? Die Erinnerung daran versetzt Sie in die Lage, diese Gefühle mit den Fähigkeiten eines Erwachsenen zu analysieren und im richtigen Kontext zu sehen.

Sobald Sie erkannt haben, welche Gefühle hinter der Wut stecken, nehmen Sie sich einen Augenblick Zeit, um sich klarzumachen, wie unfair es war, als Kind so behandelt worden zu sein. Aber Sie werden zufriedener sein und eine bessere Mutter oder ein besserer Vater, wenn Sie den Menschen, die den Schmerz ursprünglich verursacht haben, verzeihen können. Schließen Sie Frieden. Lassen Sie los. Genießen Sie die Gegenwart.

Das sind die ersten gesunden Schritte zu einer gedankenvollen statt einer reaktiven Erziehung.

Wie sollten Sie sich also verhalten, wenn Ihr Kind etwas tut, das Ihr Blut in Wallung bringt? Hier einige Empfehlungen:

- Runzeln Sie die Stirn, klatschen Sie ein paarmal laut in die Hände, und knurren Sie. Dann sagen Sie mit fester Stimme: »Nein!« (Auf Seite 234 finden Sie mehr zu dieser außerordentlich wirkungsvollen Taktik.)
- Wenden Sie sich 30 Sekunden ab, und holen Sie ein paarmal tief Luft (siehe *Zauberatem* auf Seite 172).
- Bringen Sie Ihr Kind in Sicherheit, und schlagen Sie dann auf eine Matratze, oder schreien Sie in ein Kissen.

Sollten Sie immer wieder drohen vor Wut überzukochen, können Ihnen folgende Strategien helfen, einen kühlen Kopf zu bewahren:

- Sprechen Sie mit jemandem, dem Sie vertrauen, über Ihre schmerzlichen Gefühle und Erinnerungen.
- Sorgen Sie dafür, dass Sie zu Hause mehr Unterstützung haben, oder melden Sie Ihr Kind im Kindergarten an.
- Strapazieren Sie sich nicht zu sehr. Versuchen Sie, sich zu entlasten.
- Planen Sie jeden Tag etwas Angenehmes ein (und wenn es nur zehn Minuten für die Lektüre einer Zeitschrift sind).
- Schlafen Sie mehr.
- Fragen Sie Ihren Arzt oder andere Berater nach Unterstützungsangeboten und Selbsthilfegruppen.

Und wenn Sie Ihrem Kind gegenüber die Beherrschung verlieren, nutzen Sie es als Chance, »aus Zitronen Limonade zu machen«. Entschuldigen Sie sich, sobald Sie sich wieder beruhigt haben. Sprechen Sie dann später darüber, welches Verhalten Sie sich von sich selbst und von Ihrem Kind gewünscht hätten.

> **Bettgeflüster**
> Viele von uns betrachten das, was ihnen Tag für Tag gelingt, als eine Selbstverständlichkeit, reiten aber ständig auf ihren Fehlern herum. Dabei sollten wir ebenso, wie wir unsere Kinder für ihre kleinen Fortschritte loben, auch uns selbst dafür loben. Es gibt eine einfache Methode, Ihren Optimismus, Ihre Widerstandsfähigkeit und Ihre Zufriedenheit zu stärken, die an Gute-Nacht-Gebete erinnert: Ich nenne sie »Bettgeflüster«.
>
> Erinnern Sie sich jeden Abend an zwei oder drei kleine Erfolge oder schöne Erlebnisse des zurückliegenden Tages: »Mir ist heute viel Gutes passiert. Ich habe die neue Nachbarin kennengelernt, das Abendessen hat toll geschmeckt, und ich habe mein Kind kein einziges Mal angeschrien.«
>
> Nehmen Sie sich eine Minute Zeit, um diese Dinge in einem Notizbuch festzuhalten. Ich kann Ihnen garantieren, dass diese Einträge Ihnen noch viele Jahre später ein Lächeln entlocken werden.

> Das Erstaunliche am Bettgeflüster ist, dass Sie bald feststellen werden, wie viel mehr in Ihrem Leben *gut* läuft, als Sie dachten. (Auf Seite 179 finden Sie mehr dazu, wie Sie das Bettgeflüster gemeinsam mit Ihrem Kind anwenden können.)

Elternherausforderung 4: Unser Temperament kann mit dem unserer Kinder kollidieren

Ist Ihr Kind der Apfel, der nicht weit vom Stamm fällt – oder ein Wesen vom Mars? Gleichen Sie beide sich wie ein Ei dem anderen, oder sind Sie und Ihr Kind wie Feuer und Wasser?

Im letzten Kapitel war davon die Rede, welche wichtige Rolle das angeborene Temperament Ihres Kindes in Bezug auf sein Verhalten hat. Drehen wir jetzt den Spieß um und befassen uns mit *Ihrem* Temperament. (Ja, auch Sie haben eins!)

Judy lebte auf der Überholspur, aber ihre Kinder bewegten sich im Schneckentempo. Judy gab Emily und Ted die Spitznamen »Bremsklotz eins« und »Bremsklotz zwei«, weil die beiden sie zwangen, ihr gewohntes Tempo enorm zu drosseln.

Die wenigsten von uns passen perfekt mit ihren Kindern zusammen. Und im Gegensatz zu Liebesbeziehungen gilt zwischen Eltern und Kindern nicht immer die Regel »Gegensätze ziehen sich an«.

Wissenswertes über Eltern

Trifft eine der folgenden Aussagen auf Sie und Ihr Kind zu?

Ich bin ordentlich und diszipliniert.	Meine Tochter ist ein kleines Ferkel.
Ich kuschle gern.	Mein Sohn stößt mich weg, wenn ich ihn in den Arm nehme.
Ich bin sportlich.	Mein Sohn hat wenig Energie und liest lieber.
Ich bin gesellig und stehe gern im Mittelpunkt.	Mein Sohn ist schüchtern und weint in Gesellschaft von Fremden.
Ich bin nachgiebig.	Meine Tochter ist eigensinnig, trotzig und aufsässig.

Meistens fällt es uns sehr leicht, mit Kindern umzugehen, die uns ähnlich sind. Aber nicht immer. Starrköpfige Eltern und starrköpfige Kinder können eine explosive Mischung sein.

Wie passen Sie mit Ihrem Kind zusammen? Sehen Sie sich die Liste der Merkmale zu den einzelnen Temperamenten auf Seite 43 an. Ordnen Sie sich in Bezug auf Eigenschaften wie Intensität, Stimmung und so weiter ein. Welches Temperament haben Sie im Vergleich zu Ihrem Kind? Wo ergänzen Sie sich, und in welchen Bereichen gibt es Konfliktstoff? Die Herausforderungen bei der Kindererziehung (und in allen engen persönlichen Beziehungen) bestehen zur Hälfte darin, die Persönlichkeitsunterschiede auszugleichen.

Richtiges Auftreten: Kleinkindern angemessen und respektvoll gegenübertreten

Solange sie im Babyalter sind, geben wir unseren Kindern bereitwillig alles, was sie brauchen: Milch, eine saubere Windel, Wärme und Nähe. Wir strengen uns wirklich an und genießen die Belohnung in Form ihres Lachens und ihrer Zärtlichkeit.

Um den ersten Geburtstag unseres Kindes herum ändert sich etwas. Es fängt an zu krabbeln, zu gehen und seine Wünsche hinauszuschreien (»Haben!«). Wir versuchen immer noch, vernünftig zu sein und 90 Prozent seiner Wünsche zu erfüllen, aber in 10 Prozent der Fälle können oder wollen wir uns seinen Forderungen einfach nicht beugen. Und raten Sie mal, was passiert? Das gefällt unserem Kind überhaupt nicht.

- Wir erkennen liebevoll seine Gefühle an. Es bekommt einen Wutanfall!

- Wir versuchen es auf die vernünftige Tour. Es bekommt einen Wutanfall!

- Wir lenken ab... wir erklären... wir warnen. Es bekommt einen Wutanfall!

- Ziemlich schnell bekommen auch *wir* einen Wutanfall. Und dann gehen wir beide aufeinander los wie zwei Profi-Ringer.

Aber wie *sollen* wir uns denn verhalten?

Wissenswertes über Eltern

Boss oder Kumpel: Die kursierenden widersprüchlichen Ratschläge

Bei meinen Vorträgen fragen ratlose Eltern oft, wie sie das Verhalten ihrer Kinder beeinflussen können: »Sollte ich nachsichtiger sein? Strenger? Breche ich ihren Willen? Gebe ich zu oft nach?« Sie wissen nicht, wie sie Gehorsam erreichen können, weil sie über wenig eigene Erfahrung verfügen und mit einander widersprechenden Ratschlägen bombardiert werden: Sei nachgiebig! Sei streng! Sei der Freund deines Kindes! Sei der Boss!

Die meisten von uns wollen auf die Forderungen unserer Kinder freundlich und großzügig reagieren – in der Hoffnung, dass sie unserem Vorbild folgen und ihrerseits freundlich und großzügig sein werden. Aber leider funktioniert es so nicht: Wenn Sie versuchen, ein Kumpel zu sein, und den Forderungen Ihres kleinen ungestümen Freundes immer wieder nachgeben, lehren Sie ihn am Ende, dass Quengeln Erfolg hat, und machen aus ihm ein verwöhntes Gör.

Andererseits werden alle Eltern ermahnt, Regeln durch rasche, vorhersehbare Konsequenzen zu untermauern, wenn sie ein folgsames Kind aufziehen und die Ordnung aufrechterhalten wollen. Aber wenn das wirklich funktionieren würde, wäre Erziehung kinderleicht. Sie würden Ihrem Kind einfach befehlen, aufzuhören, und es würde gehorchen. Leider verlassen sich Eltern, die der Boss ihres Kindes sein wollen, oft zu sehr auf Drohungen und lösen am Ende (besonders bei willensstarken, hartnäckigen Kleinkindern) Konfrontationen aus, statt sie einzuschränken.

Wie *sollen* sich Eltern also verhalten?

Das beste Auftreten: Treten Sie gegenüber Ihrem Kleinkind als Botschafter auf

Die Wahrheit ist, dass wir nicht in einer Schwarz-Weiß-Welt leben. Manchmal verhalten Sie sich wie der Kumpel Ihres Kindes und manchmal wie sein Boss. Aber am besten ist es, wenn Sie sich selbst als *Botschafter* sehen. Als Botschafter des 21. Jahrhunderts gegenüber dem quirligen Zwerg, der bei Ihnen zu Hause lebt. Ich kann mir vorstellen, was Sie jetzt denken: *Botschafter? Was soll das denn heißen?*

Nun, Sie wissen doch, worin die Aufgabe eines Botschafters besteht: Er geht in ferne Länder und baut gute Beziehungen auf, indem er gibt, gibt und nochmals gibt. Er gibt Unterstützung, er gibt Partys, und er erweist Respekt. Aber er ist nicht rückgratlos. Wenn es zu einem ernsthaften Konflikt kommt, bezieht er Position: »*Mein Land wird das nicht tolerieren.*«

Als elterliche »Botschafter« tun wir genau das Gleiche. Wir bauen gute Beziehungen zu unseren Kindern auf, indem wir geben, geben, geben. Wir geben Nahrung, Liebe, Spielsachen, Umarmungen – wir geben endlos. Aber hin und wieder müssen wir auch Position beziehen, klare Grenzen setzen und dafür sorgen, dass sie respektiert werden.

Um gute Beziehungen zu Herzögen und Königen aufzubauen, müssen die besten Botschafter der Welt zwei Dinge beherrschen:

♦ respektvolle Kommunikation (um den Abbruch der Beziehungen aufgrund versehentlicher Kränkung des Gastgebers zu vermeiden),

- die Sprache des Gastlandes (selbst der beste Botschafter wird scheitern, wenn er nicht die Sprache der Menschen beherrscht, mit denen er zusammenarbeitet).

Um gute Beziehungen zu ihren Kleinkindern aufzubauen, müssen die besten Eltern der Welt die gleichen diplomatischen Fähigkeiten besitzen:

- respektvolle Kommunikation,
- Beherrschung der Sprache, die das unreife Gehirn eines Kleinkindes verstehen kann.

In Teil zwei dieses Buches werden Sie Ihren Spaß daran haben, diese beiden wirkungsvollen Erziehungskompetenzen zu erwerben.

TEIL ZWEI

Respektvolle Beziehungen: Die Grundlagen der Kommunikation mit Kleinkindern

Wie kommunizieren Sie erfolgreich mit Ihrem Kleinkind? Ich möchte Ihnen zwei der wichtigsten Techniken vermitteln, die Sie je kennenlernen werden.

- In **Kapitel 3** werden Sie mit einer außerordentlich einfachen Möglichkeit der respektvollen Kommunikation mit Menschen jeden Alters (insbesondere mit emotional aufgewühlten Menschen) vertraut: der Fastfood-Regel.

- In **Kapitel 4** erfahren Sie, wie Sie Ihre liebevollen, respektvollen Worte in die »Muttersprache« Ihres Kindes, die sehr einfache »Kleinkindsprache«, übersetzen können.

Beides, die Fastfood-Regel und die Kleinkindsprache, führt dazu, dass die Kooperationsbereitschaft Ihres Kindes deutlich steigt und die Zahl der Trotzanfälle erheblich abnimmt. Vor allem aber werden durch die Anwendung dieser beiden Techniken Gesundheit und Zufriedenheit Ihres Kindes gefördert und die Weichen für seine Weiterentwicklung zu einem freundlichen und selbstsicheren Erwachsenen gestellt.

KAPITEL 3
Die »Fastfood-Regel«: Die goldene Regel der Kommunikation

> *Wenn jemand redet, sollte man mit voller Aufmerksamkeit zuhören. Die meisten Menschen hören nie zu.*
> Ernest Hemingway

Wichtige Punkte:

- Der Schlüssel zur Kommunikation mit emotional aufgewühlten Menschen ist die Fastfood-Regel (FFR).

- FFR Teil eins: Der Aufgebrachtere spricht zuerst. Der andere hört zu, wiederholt, was ihm gesagt wurde, und bringt erst dann sich und seine Perspektive ein.

- FFR Teil zwei: Was man zu einem aufgeregten Menschen sagt, ist nicht so wichtig wie die Art und Weise, wie man es sagt (ich nenne das »den weichen Punkt finden«).

- Eltern tun gut daran, die FFR anstelle von verletzenden, vergleichenden, ablenkenden oder vorschnell Gefühle unterdrückenden Worten anzuwenden.

Sie lächeln, dann lächelt Ihr Baby, dann lächeln Sie zurück. Ihr Baby plappert, Sie plappern, dann gurgelt es entzückt. Dieser kleine »Tanz« ist die erste Unterhaltung Ihres Babys. Das einfache Hin und Her des aufmerksamen Zuhörens und anschließenden Antwortens ist das Grundmuster *jeder* menschlichen Kommunikation.

Dieser kleine Tanz ist einfach und läuft automatisch ab, wenn Ihr Kind zufrieden ist. Aber wenn es sich aufregt und zornig wird, kann es leicht passieren, dass Sie sich mit hineinziehen lassen, die Beherrschung verlieren und ebenfalls zornig werden (insbesondere wenn *Sie* der Gegenstand des Ausbruchs sind). Diese Dynamik kann zu einer explosiven Eskalation führen.

Aber keine Sorge! Genau in dieser Situation hilft die Fastfood-Regel.

Kommunikation nach der Fastfood-Regel

Diese etwas komisch klingende Regel ist die goldene Regel der Kommunikation mit *allen* Menschen, die von heftigen Gefühlen überwältigt sind. Sie werden staunen, wie gut sie bei jedem funktioniert – von Kleinkindern über Teenager bis hin zu temperamentvollen Ehepartnern.

Kurz zusammengefasst besagt die Fastfood-Regel Folgendes: Wenn du mit jemandem redest, der gerade emotional aufgewühlt ist, wiederhole immer zuerst, was *er* gerade empfindet, *bevor* du deine Sicht der Dinge oder Ratschläge formulierst.

Weshalb aber heißt es »Fastfood«-Regel? Nun, Fastfood-Restaurants mögen in mancher Hinsicht problematisch sein, aber in einem Punkt wird dort außerordentlich gute Arbeit geleistet: in der Kommunikation mit dem Kunden.

Stellen Sie sich vor, Sie sind hungrig. Sie fahren am Drive-In-Schalter vor, und über den Lautsprecher ertönt eine Stimme: »Kann ich Ihnen helfen?« Sie antworten: »Einen Hamburger und Pommes, bitte.«

Was wird die Restaurantmitarbeiterin als Nächstes sagen?

- »Was ist los, zu faul zum Kochen?«

- »Sie sollten zwei Burger nehmen, Sie sehen hungrig aus.«

- »Das macht fünf Euro, bitte fahren Sie vor.«

Die Antwort lautet: *nichts davon!*

Als Erstes wird die Mitarbeiterin Ihre Bestellung wiederholen. Das tut sie, um sicherzugehen, dass sie Ihr Anliegen richtig verstanden hat (»Okay, einen Hamburger und Pommes. Auch etwas zu trinken?«), bevor anschließend *sie* an die Reihe kommt: »Das macht fünf Euro, bitte fahren Sie vor.«

Am Anfang dieses Kapitels habe ich erwähnt, dass normale Gespräche ein einfaches Muster haben: Wir wechseln uns beim Sprechen ab (»Ich mag Schokolade.« »Ich auch! Ich liebe Schokolade!«). Aber dieses Muster verändert sich grundlegend, wenn ein Gesprächspartner emotional aufgewühlt ist.

Für Gespräche mit einem aufgebrachten Menschen gilt: Wer am aufgeregtesten ist, redet zuerst (und bekommt besonders viel Redezeit eingeräumt, um seine Gefühle zum Ausdruck zu bringen). Der Gesprächspartner hört aufmerksam zu und wiederholt dann das, was der andere zum Ausdruck gebracht hat,

Die »Fastfood-Regel«: Die goldene Regel der Kommunikation

mit Anteilnahme und Interesse (»Puh! Was sie getan hat, hat dich wirklich wütend gemacht!«). Erst dann ist er selbst an der Reihe, seine Meinung zu der Angelegenheit zu äußern.

In Fastfood-Restaurants redet derjenige zuerst, der hungrig ist. Und bei Gesprächen zwischen Eltern und Kind (oder in jedem anderen Dialog zwischen zwei Menschen) kommt nach der Fastfood-Regel derjenige zuerst an die Reihe, der gerade am aufgewühltesten – »hungrig« nach Aufmerksamkeit – ist. Das ist Teil eins der Fastfood-Regel.

Doch ist es wirklich so wichtig, sich nach diesem Muster abzuwechseln? Unbedingt. Und zwar aus folgendem Grund: Aufgewühlte Menschen sind furchtbar schlechte Zuhörer. Starke Emotionen (wie Wut oder Angst) bewirken, dass wir uns gegenüber allem anderen verschließen. Aber sobald wir unsere Gefühle zum Ausdruck gebracht haben (und sie zur Kenntnis genommen wurden), öffnen wir uns wieder den Ratschlägen der Menschen, die uns nahestehen.

Anschließend gilt es zu wiederholen, was Ihnen jemand über seine Gefühle mitgeteilt hat. Dabei ist das, *was Sie sagen* (Ihre Worte), nicht so wichtig wie die Art, *wie Sie es sagen* (Ihr Tonfall, Ihr Gesichtsausdruck und Ihre Gesten). Das ist Teil zwei der Fastfood-Regel.

FFR Teil 1: Die Gefühle des emotional aufgewühlten Gesprächspartners wiedergeben

Eine Frau ist völlig außer sich, weil sie einen Ordner mit wichtigen Arbeitsunterlagen verloren hat.
Sie ruft weinend ihre Mutter an: »Mama, ich komme mir so dumm vor! Ich habe ein paar sehr wichtige Unterlagen auf meinem Platz im Restaurant liegen lassen! Mein Chef bringt mich um!«
Die Mutter fällt ihr sofort ins Wort: »Das ist nicht so schlimm, Schatz. Er wird sicher Verständnis haben. Aber hör mal, was mir gestern passiert ist. Das findest du bestimmt zum Lachen...«
Frustriert ruft die Tochter: »Du verstehst mich einfach nicht!«

Diese Mutter hat es so eilig damit, ihre Tochter zu beruhigen, dass sie sie sofort abzulenken versucht und mit keiner Silbe auf ihre Gefühle eingeht. Das ist so, als ob der Mitarbeiter des Fastfood-Restaurants sagen würde: »Das macht fünf Euro, fahren Sie bitte vor«, ohne zuvor noch einmal Ihre Bestellung zu wiederholen, sodass Sie sie bestätigen können.

Natürlich wollen wir nicht, dass uns nahestehende Menschen unglücklich sind, aber wenn wir uns weigern, ihre Gefühle anzuerkennen, fühlen sie sich unverstanden, allein und noch unglücklicher!

Was wäre, wenn die Mutter anders mit der Situation umgegangen wäre? Wenn sie zuerst geduldig zugehört und die Gefühle ihrer Tochter widergespiegelt hätte, bevor sie eine Ablenkung angeboten hätte?

»Mama, ich komme mir so dumm vor! Ich habe ein paar sehr wichtige Unterlagen auf meinem Platz im Restaurant liegen lassen! Mein Chef bringt mich um!«
»Oh nein!«
»Mein Chef ist so grob, er wird mich sicher wieder anbrüllen!«
»Kein Wunder, dass du so aufgeregt bist!«
»Ja, ich habe zwei Wochen an diesem Bericht gearbeitet!«
»Oje, die ganze Mühe!«
»Danke für dein offenes Ohr, Mama. Ich werde es schon irgendwie durchstehen.«
»Du weißt, dass ich immer für dich da bin. Hör mal, was mir gestern passiert ist. Das findest du bestimmt zum Lachen...«

Wenn wir aufgewühlt sind, ist das Erste, was wir uns von unseren Freunden wünschen, dass sie uns zuhören – liebevoll und aufmerksam. Wie eine Kellnerin, die unsere Bestellung wiederholt (»Das wäre dann also ein Hamburger mit Pommes«), gibt uns die Aufmerksamkeit eines Freundes das Gefühl, verstanden und respektiert zu werden. Dann sind wir meistens viel offener für Ratschläge, Beruhigung und Ablenkung.

Wenn Sie das nächste Mal fernsehen, wählen Sie einmal einen Schauspieler aus und beobachten Sie ihn aufmerksam. Achten Sie darauf, wie sich die Personen in einem normalen Dialog abwechseln und wie die anderen reagieren, wenn eine Person sehr aufgewühlt ist. Ignorieren sie es? Kritisieren sie? Lenken sie ab? Versuchen sie, die aufgebrachte Person sofort zu beruhigen? Oder erkennen sie zuerst respektvoll ihre Gefühle an (gemäß der FFR)?

Achten Sie auch darauf, dass gute Zuhörer einen Menschen, der weint und offensichtlich aufgewühlt ist, niemals fragen: »Bist du traurig?« Sie beschreiben nur mitfühlend, was sie wahrnehmen: »Du scheinst ziemlich unglücklich zu sein!«

Beobachten Sie bei einer anderen Gelegenheit Kinder auf dem Spielplatz. Achten Sie darauf, wie die Eltern reagieren, wenn eines der Kinder weint. Ignorieren sie es? Kritisieren sie? Lenken sie es ab? Versuchen sie, es sofort zu beruhigen? Oder erkennen sie zuerst respektvoll seine Gefühle an (gemäß der FFR)?

Diese Übung hilft Ihnen, mehr auf die Wirkung der richtigen (oder falschen) Reaktion zu achten. Bald werden Sie der bevorzugte Gesprächspartner Ihrer Freunde sein!

Türöffner: Wie Sie jemandem zeigen, dass Sie aufmerksam zuhören

Eine gute Möglichkeit, einem aufgewühlten Menschen zu zeigen, dass Sie seine Gefühle ernst nehmen, ist die Verwendung eines *Türöffners*.

Türöffner sind kleine Gesten oder Kommentare, die Sie einfließen lassen, während jemand von seinen Problemen berichtet. Der andere wird dadurch ermutigt, über seine Gefühle zu sprechen.

Die folgende Liste enthält einige der kleinen Dinge, die Sie tun oder sagen können, um Ihren Freund zu ermutigen, sein Herz auszuschütten:

- Überrascht die Augenbrauen heben.

- Wiederholt nicken, während er spricht.

- Beim Zuhören folgende Wörter oder Sätze einschieben:
  »Hm.«
  »Na klar.«
  »Oje!«
  »Verstehe.«
  »Oh nein!«
  »Soll das ein Witz sein?«
  »Und was ist dann passiert?«
  »Erzähl weiter!«

FFR Teil 2: Was Sie sagen, ist nicht so wichtig wie die Art, wie Sie es sagen – den »weichen Punkt« finden

Die meisten Menschen glauben, dass das, *was* wir sagen, der Schlüssel zu guter Kommunikation ist. Natürlich sind Worte sehr wichtig, aber wenn Sie mit jemandem sprechen, der sehr aufgewühlt (wütend, traurig, ängstlich) ist, dann ist das, *was Sie sagen*, viel unwichtiger als die Art, *wie Sie es sagen*.

Starke Gefühle sind Stolpersteine für unser Gehirn. Sie bewirken, dass unsere logische linke Gehirnhälfte (die Hälfte, die *Worte* versteht) zu Fall kommt und liegen bleibt, während unsere impulsive rechte Gehirnhälfte (die Hälfte, die sich auf *Gesten* und *Tonfall* konzentriert) den Steuerknüppel an sich reißt.

Wenn wir aufgeregt sind, brauchen wir jemanden, der so reagiert, dass er zu unserer rechten Gehirnhälfte durchdringt. Deshalb fühlen Sie sich noch schlechter, wenn Sie einer Freundin Ihr Herz ausschütten und die mit leerem Gesichtsausdruck und in neutralem Tonfall einfach nur Ihre Worte nachplappert. Auch wenn Ihre Zuhörerin genau das Richtige sagt, werden Sie das Gefühl haben, nicht verstanden zu werden, wenn die Worte emotionslos ausgesprochen werden.

Da Sie inzwischen wissen, wie Sie auf die emotionalen Äußerungen eines anderen Menschen reagieren (FFR Teil eins), können Sie jetzt lernen, wie Sie Emotionen in Ihre Worte legen, damit Ihr Freund sich verstanden fühlt und Ihre Anteilnahme spürt. Es ist sehr wichtig, Gefühle im richtigen Maß widerzuspiegeln. Wenn Sie zu wenig Gefühl in Ihre Worte legen, fühlt sich Ihr Freund unverstanden. Reagieren Sie zu emotional, empfindet Ihr Freund Sie vielleicht als hysterisch oder hat den Eindruck, dass Sie sich über ihn lustig machen. Ich bezeichne das maßvolle Widerspiegeln von Emotionen als »den weichen Punkt treffen«.

Um den weichen Punkt Ihres Freundes zu treffen, sollten Sie versuchen, etwa ein Drittel seiner Gefühlsintensität in Ihrem Tonfall, Ihrer Stimme und Ihren Gesten widerzuspiegeln. Wenn er sich wieder etwas beruhigt hat, können Sie allmählich zu einer normaleren Sprechweise zurückkehren.

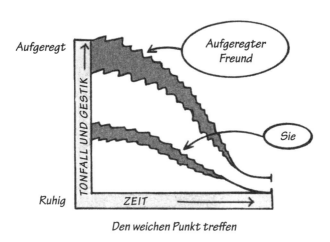

Den weichen Punkt treffen

Das folgende Beispiel zeigt, wie wichtig es ist, den weichen Punkt zu treffen.

Stellen Sie sich vor, sie wurden gefeuert und besuchen eine Freundin, um Ihr Herz auszuschütten. Bei welchem der folgenden Szenarien hätten Sie am ehesten das Gefühl, dass Ihre Freundin mit Ihnen fühlt und Ihnen Trost spendet?

- Ihre Freundin, die zufälligerweise ein Roboter ist, sitzt vollkommen unbeweglich da und gibt Ihnen mechanisch eine Rückmeldung: »Das-ist-schreck-lich... du-musst-sehr-traurig-sein.«

- Ihre Freundin, die zu theatralischen Auftritten neigt, fuchtelt wild mit den Armen, reißt die Augen weit auf und ruft aus: »Oh mein Gott, das ist ja schrecklich! Du wirst verhungern!«

Wahrscheinlich bei keinem von beiden! Die ausdruckslose Reaktion des Roboters wirkt kalt. Die Hysterikerin reagiert mit einer derartigen Flut von Emotionen, dass Sie sich möglicherweise noch einsamer und unverstandener fühlen. Die meisten Menschen ziehen es vor, wenn ihre Freunde mit Worten und Gesten in mittlerer Intensität reagieren.

- Ihre Freundin seufzt mit besorgtem Gesichtsausdruck und sagt aufrichtig: »Oh nein. Du Arme... oh nein.« Das mag nicht besonders eloquent klingen, ist aber sehr tröstlich, weil Sie am Tonfall und Ausdruck Ihrer Freundin ablesen können, dass sie mit Ihnen fühlt und Ihre Gefühle respektiert. Sie hat Ihren weichen Punkt getroffen.

Generell liegt der weiche Punkt eines Menschen ein paar Stufen *unterhalb* seines eigenen Erregungsniveaus. Aber das ist von Mensch zu Mensch unterschiedlich. Einige Beispiele:

- Kleinkinder haben starke Emotionen. Deshalb müssen wir mehr Gefühl zeigen, um ihren weichen Punkt zu treffen.

- Schüchterne Kinder und erwachsene Männer zeigen im Allgemeinen weniger Emotionen und fühlen sich möglicherweise sogar lächerlich gemacht, wenn ihre Gefühle zu genau widergespiegelt werden. Sie fühlen sich wohler, wenn wir eine etwas gedämpftere Reaktion zeigen und etwas tiefer ansetzen, um ihren weichen Punkt zu finden.

- Teenager können sehr emotional sein, mögen es aber nicht, wenn *wir* ihre Gefühle theatralisch widerspiegeln. Der beste Weg, ihren weichen Punkt zu treffen, besteht daher meist darin, »tief zu zielen«, indem wir fürsorglich, aber etwas abgeschwächt reagieren.

Sylvia sagte Carla, sie merke, dass Carla wirklich wütend sei, aber sie sagte es mit einer albernen Singsang-Stimme, die ihre dreijährige Tochter noch wütender machte. Als Sylvia darüber nachdachte, wurde ihr bewusst, dass sie etwas Wichtiges verhindert hatte: Ihr Versuch, Carla abzulenken, indem sie ihrer Tochter ihr eigenes Verhalten als etwas Lustiges widerspiegelte, hatte verhindert, dass Carla sich verstanden und respektiert fühlte. Erstaunlicherweise beruhigte sich Carla innerhalb von Sekunden und schaute zufrieden zu ihrer Mutter auf, als diese dieselben Worte in einem Tonfall wiederholte, in dem ein Teil der Emotionen ihrer Tochter zum Ausdruck kam.

Die FFR einüben

Die einfachste Möglichkeit, diese neue Reaktionsweise zu üben, ist die, sie bei einem Freund auszuprobieren, der nur *ein wenig* aufgebracht ist. Geben Sie die Gefühle Ihres Freundes mit einem mitfühlenden Gesichtsausdruck und Tonfall wieder. Wenn Sie sich an die Methode gewöhnt haben, versuchen Sie, sie bei jemandem anzuwenden, der sehr aufgewühlt ist.

Neues zur Gewohnheit werden zu lassen braucht Zeit. Machen Sie sich darum keine Gedanken, wenn Sie anfangs immer einmal wieder vergessen, *sofort* die FFR anzuwenden. Bald werden Sie überrascht sein, wie viele Komplimente Sie dafür bekommen, dass Sie eine gute Zuhörerin, eine gute Freundin und eine gute Mutter sind.

Häufig gestellte Fragen zur Anwendung der FFR bei Kindern

Frage: »Rede ich nicht zuerst? Ich bin ja schließlich der Elternteil.«

Antwort: Natürlich muss Ihr Kind Sie respektieren, und es gibt viele Gelegenheiten, ihm das zu vermitteln. Aber wenn Sie darauf bestehen, als Erster zu reden, wenn Ihr Kind sehr aufgewühlt ist, fühlt es sich ungeliebt. Wir erinnern Kinder ständig daran, dass sie warten sollen, bis sie an der Reihe sind. Nun, die beste Möglichkeit, ihnen das zu vermitteln, besteht darin, das zu praktizieren, was wir predigen.

Frage: »Ich finde die Fastfood-Regel ein wenig unnatürlich. Werde ich mich je daran gewöhnen?«

Antwort: Wie jede neue Verhaltensweise erfordert auch diese Übung. Aber die meisten Eltern stellen fest, dass die FFR schon nach ein oder zwei Wochen zu einem Automatismus wird.

Frage: »Muss ich die FFR anwenden, wenn mein Kind hinfällt und nicht weint?«

Antwort: Die FFR besagt, dass Sie die Gefühle Ihres Kindes in abgeschwächter Form widerspiegeln sollen. Wenn Ihr Kind wegen des Sturzes nicht weint, können Sie eine beiläufige Bemerkung machen: »Hey, das hat ja ganz schön gerumst!«

Frage: »Soll ich die FFR anwenden, wenn ich das Jammern meines Kindes für unangemessen halte?«

Antwort: Zunächst ja. Sie können es eher dazu bewegen, *Ihren*

Standpunkt zu respektieren, wenn Sie vorher zum Ausdruck bringen, dass Sie *seine* Sicht der Dinge zur Kenntnis nehmen.

Frage: »Gibt es Situationen, in denen ich meine Botschaft als Erster formulieren darf?«

Antwort: Natürlich. Die FFR besagt ja, dass derjenige zuerst spricht, der am stärksten aufgebracht ist. Normalerweise ist das Ihr Kind, aber Sie sprechen als Erster, wenn Ihr Kind in Gefahr ist, aggressiv ist oder gegen eine wichtige Familienregel verstößt (siehe Kapitel 7). Schließlich sind Sie in diesen Situationen derjenige, der sich am meisten aufregt. Wenn also Ihr Kind während eines Trotzanfalls auf die Straße läuft, *kommen Sie zuerst dran!* Laufen Sie zu ihm, halten Sie es fest, und sagen Sie: »Nein! Nicht auf die Straße! Gefährlich!« Wenn Sie dann wieder auf dem Bürgersteig stehen, können Sie sich einen Augenblick Zeit nehmen, um die Gefühle Ihres Kindes anzuerkennen.

Die FFR und Ihr Anliegen als Elternteil

Gefühle und Lernen sind wie Öl und Wasser: Sie mischen sich nicht! Deshalb ist der Augenblick, in dem sich Ihr Kind aus dem Kindersitz zu befreien versucht, nicht der günstigste Augenblick, um ihm einen Vortrag über die Unfallgefahr auf der Autobahn zu halten. Auch Erwachsene werden unvernünftig und unlogisch, wenn ihre Gefühle mit ihnen durchgehen. Daher überrascht es nicht, dass Ihr Kind Ihnen erst zuhören kann, wenn die Springflut seiner Emotionen abzuebben beginnt.

Nach Anwendung der FFR ... sind Sie an der Reihe!

Wenn Ihr Kleinkind sich aufregt, bringen Sie zunächst deutlich Ihr Verständnis für seine Gefühlslage zum Ausdruck. Wenn es sich dann etwas beruhigt hat, können Sie versuchen, es abzulenken oder das Problem zu lösen. Hier eine Liste weiterer Dinge, die Sie tun oder sagen können, wenn *Sie* an der Reihe sind:

- *Körperkontakt.* Umarmen Sie Ihr Kind, streichen Sie ihm über das Haar, legen Sie ihm eine Hand auf die Schulter, oder sitzen Sie einfach nur still bei ihm.

- *Flüstern.* Flüstern ist eine lustige Methode, das Thema zu wechseln und wieder Kontakt zueinander aufzunehmen.

- *Den eigenen Standpunkt (kurz) erklären.* Sparen Sie sich wichtige Lektionen für einen ruhigeren Zeitpunkt auf, wenn Ihr Kind besser zuhören kann.

- *Zeigen, wie man Gefühle ausdrücken kann.* »Zeig mir durch deinen Gesichtsausdruck, wie traurig du bist.« Oder: »Wenn ich wütend bin, stampfe ich mit den Füßen auf, so...«

- *Darüber sprechen, wie sich Emotionen anfühlen.* »Du warst so wütend, ich wette, du hast dich gefühlt, als ob dein Blut kocht!« Oder: »Wenn ich Angst habe, schlägt mein Herz *bumm-bumm* wie eine Trommel.«

Die FFR und Ihr Anliegen als Elternteil

- ♦ ***Den Wunsch Ihres Kindes in der Fantasie erfüllen.*** (Das mag ich besonders.) »Ich wünschte, ich könnte den ganzen Regen aufsaugen und wir könnten jetzt sofort rausgehen und spielen!«

- ♦ ***Eine Du-ich-Botschaft formulieren.*** Sobald sich die Aufregung gelegt hat und Sie an der Reihe sind, bringen Sie ganz kurz Ihre Gefühle zum Ausdruck, indem Sie einen Du-ich-Satz verwenden, um Ihrem Kleinkind zu helfen, sich in andere Menschen hineinzuversetzen. »Wenn du Mami trittst, werde ich wütend!« Oder: »Wenn du mich ›dumm‹ nennst, fühle ich mich sehr traurig.«

Das berühmte elterliche »Aber«

»Ich weiß, dass du gehen willst, aber ...« Eltern verwenden oft das Wort »aber«, um zu signalisieren, dass sie jetzt an der Reihe sind. Wenn sich Ihr Kind das nächste Mal weigert, vom Spielplatz nach Hause zu gehen, versuchen Sie *zuerst*, etwa zehn Sekunden lang, seine Gefühle widerzuspiegeln: »Du sagst: ›Nicht gehen, nicht gehen!‹ Du bist so gern auf dem Spielplatz.« Erst wenn Ihr Kind sich zu beruhigen beginnt, wechseln Sie zu Ihrer Warte: »... aber wir müssen gehen. Komm, wir beeilen uns, dann können wir zu Hause mit Papa spielen!«

Respektieren Sie als Erstes die Gefühle Ihres Kindes; und dann, anschließend, reißen Sie es mit Ihrer Begeisterung mit zur nächsten Aktivität.

Die Bedeutung der FFR für die Entwicklung Ihres Kindes

Die Fastfood-Regel ist nicht nur besonders wirksam, um mit aufgebrachten Menschen in Beziehung zu treten und sie zu beruhigen, ihre Anwendung nimmt auch Einfluss auf die Gesundheit Ihres Kindes und die Qualität Ihrer Eltern-Kind-Beziehung.

Gefühle sind etwas Tolles:
Sie helfen uns, gesund zu bleiben!

Wussten Sie schon, dass Gefühle uns helfen, gesund zu bleiben? Die Art, wie Sie auf Gefühlsäußerungen Ihres Kindes reagieren, trägt in hohem Maße zu seiner Gesundheit – und Zufriedenheit – in seinem weiteren Leben bei. Deshalb ist die Fastfood-Regel so wichtig.

Aber es gibt einen großen und wichtigen Unterschied zwischen *Gefühlen* und *Handeln*. Während viele Arten des Handelns inakzeptabel sind, sind die meisten Gefühle legitim und sollten anerkannt werden (mithilfe der FFR).

Natürlich müssen Sie inakzeptable Handlungen Ihres Kleinkindes (Schlagen, die Verwendung von Schimpfwörtern und so weiter) oft stoppen. Aber wenn starke Gefühle (Wut, Angst, Enttäuschung...) ignoriert oder unterdrückt werden, *verschwinden* sie nicht einfach. Sie schwelen weiter unter der Oberfläche – manchmal ein ganzes Leben lang.

Unterdrückte Emotionen können zu einem Gefühl tiefer Einsamkeit (»Niemand versteht mich«/»Ich bin allen egal«) oder sogar zu hysterischen Anfällen führen (man denke an Menschen, die zu theatralischen Auftritten neigen oder Kurse zur Aggressionsbewältigung besuchen).

Kinder, die immer wieder daran gehindert werden, Angst oder Enttäuschung zum Ausdruck zu bringen, können zu Menschen heranwachsen, die keine Verbindung zu ihren eigenen Gefühlen mehr haben (wie der Mann, der schnaubt: »Ich bin NICHT wütend!«, während die Adern an seinem Kopf beinahe platzen).

Und das ist noch nicht alles. Nicht ausgedrückte Gefühle können auch Kopfschmerzen, Darmentzündungen, Depressionen und möglicherweise sogar Arthritis und Krebs nach sich ziehen!

Andererseits fühlen wir uns besser und können besser nachdenken, wenn wir uns »richtig ausgeweint haben«. Wenn wir Wut herauslassen, indem wir schreien oder in ein Kissen boxen, kann dies unseren Blutdruck senken und uns helfen, uns zu erholen, zu verzeihen und Dinge hinter uns zu lassen. Es ist sogar erwiesen, dass Lachen und Weinen das Immunsystem stärken und zur Überwindung von Krankheiten beitragen.

Kinder, deren Gefühle während der Kleinkindzeit liebevoll anerkannt werden, wachsen zu emotional gesunden Erwachsenen heran. Sie wissen, wie man Freunde um Hilfe bittet und wie man andere unterstützt. Sie gehen gesunde Beziehungen ein, gehen aggressiven Menschen aus dem Weg und wählen rücksichtsvolle und freundliche Freunde und Lebenspartner aus.

Respekt – ebenso wichtig wie Liebe

Die Magie der Fastfood-Regel liegt darin, dass durch sie Ihr aufrichtiger Respekt zum Ausdruck kommt. Respekt ist kein versponnenes, modernes, politisch korrektes Konzept. Respekt ist vielmehr essenziell für gute Beziehungen. (Natürlich ist auch Liebe wichtig, aber Respektlosigkeit kann selbst liebevolle Beziehungen ruinieren.) Und um Respekt zu *bekommen*, müssen Sie Respekt *erweisen*. Deshalb lernen alle Botschafter während ihrer Ausbildung als Erstes, wie man respektvoll zuhört und spricht.

Respekt bedeutet nicht, dass Sie Ihrem Kleinkind keine Grenzen setzen. Sie werden oft Ihre elterliche Autorität anwenden müssen. Aber wenn Sie zugleich respektvoll und bestimmt auftreten, leben Sie Ihrem Kind genau das Verhalten vor, das Sie auch bei *ihm* fördern möchten.

Es macht nichts, wenn Sie ein wenig Zeit brauchen, um sich diese neue Art der Kommunikation anzueignen. Auch wenn Sie die FFR nur einmal pro Tag anwenden, ist das ein großartiger Einstieg. Und wie beim Fahrradfahren gilt auch hier: Je mehr Sie üben, desto sicherer werden Sie. Ich garantiere Ihnen, dass Sie bald das Gefühl haben werden, die FFR schon Ihr ganzes Leben lang eingesetzt zu haben.

Mithilfe der FFR ein paar schlechte alte Gewohnheiten ersetzen

Viele von uns hätten als Mitarbeiter eines Fastfood-Restaurants keine Chance. Schlicht deswegen, weil wir uns allzu oft *vordrängen* und *unsere* Botschaft vermitteln, ohne zuerst die Gefühle unseres Kindes anzuerkennen.

Vielleicht haben wir das Gefühl, dass unsere knappe Zeit – oder unser Wunsch, unser Kleinkind schnell zu beruhigen – es rechtfertigt, seine Gefühle beiseitezuschieben und als Erster zu reden. Wir *wollen* nicht grob sein. Aber für unser Kind fühlt es sich so an, wenn wir die FFR außer Acht lassen.

Die »Fastfood-Regel«: Die goldene Regel der Kommunikation

Schon immer haben Eltern die verschiedensten Methoden angewendet, um ihre Kinder zu unterbrechen, wenn eigentlich sie an der Reihe wären. Hier einige Beispiele:

- **Drohen:** »Hör auf zu quengeln oder wir gehen.«
- **Fragen:** »Wovor hast du denn Angst?«
- **Beschämen:** »Wie kannst du es wagen, Oma anzubrüllen?«
- **Ignorieren:** Sich abwenden und gehen.
- **Ablenken:** »Schau mal, das hübsche Kätzchen im Fenster.«
- **Argumentieren:** »Aber, Schatz, es gibt doch keine Kekse mehr.«

Haben Ihre Eltern solche Dinge gesagt, als Sie heranwuchsen? Wie haben Sie sich dabei gefühlt? Das sind die vier häufigsten schlechten Gewohnheiten, in die wir verfallen, wenn wir die Gefühle unseres Kleinkindes beiseiteschieben, damit wir als Erste an die Reihe kommen:

- mit verletzenden Worten kritisieren,
- unfaire Vergleiche anstellen,
- unhöflich ablenken,
- schnelle »Heilmittel« anbieten.

Wenn Sie mithilfe der FFR Ihre Kommunikationskompetenz erweitern, werden Sie diese Verhaltensweisen fallen lassen wie heiße Kartoffeln!

Verletzende Worte

»Du bist starrköpfig wie ein Esel!«

»Du bist vielleicht ein Angsthase!«

»Warum bist du denn so überdreht?«

»Sei nicht dumm.«

Eltern stehen nicht morgens auf und überlegen sich, wie sie das Selbstvertrauen ihres Kindes durch Spott und Sarkasmus untergraben könnten. Darum bin ich immer wieder überrascht, wenn ich erlebe, wie Eltern ihre Kinder mit Worten wie »Schwachkopf«, »Idiot« und »Heulsuse« angreifen – mit Worten, die *niemals* ein *Fremder* zu ihrem Kind sagen dürfte.

Schimpfwörter werden ab dem dritten Lebensjahr von Kleinkindern als zunehmend verletzend empfunden, weil sie in diesem Alter sehr auf Worte konzentriert sind und dem, was andere denken, große Bedeutung beimessen.

Wütende Worte entschlüpfen uns oft aus einem Impuls heraus, vielleicht als Echo der Schimpfwörter, mit denen wir vor langer Zeit selbst tituliert wurden. (Erinnern Sie sich daran, dass Sie als Kind beschimpft wurden? Welche Schimpfnamen wurden damals verwendet? Fühlen Sie sich immer noch wütend oder verletzt, wenn Sie sich daran erinnern?)

Verbale Angriffe können verletzen wie Messer. Beleidigungen können auf ein Kind ebenso brutal wirken wie Ohrfeigen. Ein paar grausame Bemerkungen können hundert Umarmungen auslöschen und brennenden Hass oder ein Gefühl der

> **Übertreibungen zerstören ... das Selbstwertgefühl**
>
> Verallgemeinernde Aussagen wie »Du bist die *Schlechteste/Schlimmste* von allen!«, »Du hilfst mir *nie!*«, »*Immer* musst du quengeln!« sind Übertreibungen, und als solche sind sie meistens unfair und *immer* unwahr. Sie kränken und entmutigen, wecken oft feindselige Gefühle und verringern die Kooperationsbereitschaft!
>
> Ich empfehle Ihnen, die Wörter »immer«, »nie«, »beste«, »schlechteste«/»schlimmste« komplett aus Ihrem Wortschatz zu streichen.

Wertlosigkeit hervorrufen. Noch empörender ist, dass diese Schimpfwörter immer *Lügen* sind! Wenn Sie Ihr Kind einen Dummkopf nennen, ist das eine Lüge, weil sie sich auf eine momentane Fehlleistung konzentrieren und all die anderen Gelegenheiten außer Acht lassen, bei denen es alles richtig gemacht hat.

Wenn Sie wütend sind, lassen Sie also bitte das Brüllen und die verletzenden Worte weg, und erklären Sie Ihrem Kleinkind, wie Sie sich wegen seines Verhaltens fühlen: »Du hast meinen Lieblingsbilderrahmen zerbrochen, und jetzt ist Mami sehr, sehr wütend!«

Denken Sie daran: Sie bauen wie ein Botschafter eine langfristige Beziehung auf. Können Sie sich vorstellen, dass ein Diplomat einen König »Dummkopf« nennt oder ihn anweist, den

Mund zu halten? Diplomaten bewahren auch dann einen kühlen Kopf und einen respektvollen Tonfall, wenn sie wütend sind, weil sie wissen, dass der Feind von heute der Freund von morgen ist.

Es netter sagen!

Glücklicherweise bleiben uns Komplimente und freundliche Bemerkungen ebenso lange in Erinnerung. Also ersetzen Sie Bezeichnungen, die Ihr Kind kränken, durch Beschreibungen, die es aufbauen. Das ist eines der besten Geschenke, die Sie ihm machen können.

Anstelle von:	Sagen Sie:
Rechthaberisch	Hat Führungsqualitäten
Trotzig	Mutig
Überdreht	Voller Energie, temperamentvoll
Vorlaut	Sagt seine Meinung
Mäkelig	Weiß, was sie will
Schüchtern	Vorsichtig, geht keine unnötigen Risiken ein
Langsam	Umsichtig, planvoll
Starrsinnig	Hartnäckig
Weinerlich	Sensibel

Unfaire Vergleiche

Wie fühlen Sie sich, wenn jemand sagt: »Das kann doch jeder, warum du nicht?« Die meisten von uns hassen es, mit anderen verglichen zu werden, besonders wenn es als Kritik gedacht ist:

- »Warum kannst du nicht wie deine Schwester sein?«
- »Hör auf damit! Kein anderes Kind macht so ein Theater!«

Das Anstellen solcher Vergleiche ist nicht nur unfair, Sie sollten es auch aus zwei anderen wichtigen Gründen vermeiden: Ehe Sie sich versehen, werden Sie versuchen, Ihr Kind daran zu *hindern*, das *schlechte* Benehmen anderer Kinder zu imitieren. Und es wird Ihnen sicher nicht gefallen, wenn Ihr Kind anfängt, nach Ihrem Muster Vergleiche zu ziehen, und Sie darauf hinweist, dass die Eltern eines seiner Freunde viel netter sind als Sie!

Unhöfliche Ablenkung

Ablenkung ist bei Babys ein sehr hilfreiches Mittel. Daher liegt es nahe, sie auch bei Kleinkindern sofort anwenden zu wollen. Aber Vorsicht! Auf ein aufgeregtes Kleinkind kann vorschnelle Ablenkung wie eine respektlose Unterbrechung wirken, oder es kann sich anfühlen, als ob Sie sagen würden: »*Hör auf*, diese Gefühle zu haben!«

Die 14 Monate alte Tara war von ihrer neuen Fähigkeit – Gehen – begeistert. Aber sie war gar nicht begeistert davon, in meinem Sprechzimmer bleiben zu müssen. Sie quengelte und

drückte gegen die verschlossene Tür. Dann fing sie an, dagegen zu schlagen. Sie wollte raus.
Taras Mutter Simone ging kurz auf Taras Gefühle ein und versuchte es dann direkt mit Ablenkung: »Nein, Schatz. Ich weiß, dass du raus willst, aber wir müssen noch ein bisschen bleiben. Komm, wir schauen das hübsche Buch an.« Die Re-

Die »Fastfood-Regel«: Die goldene Regel der Kommunikation

aktion auf Simones Versuch war ein puterrotes Gesicht und ein Schrei, der die Fenster klirren ließ.

Simone nahm sich zusammen und versuchte es mit einem fröhlichen Kinderlied. Aber wieder erntete sie heftigen Protest, und ihre Tochter schlug wild um sich.

Zunehmend frustriert sprach sie jetzt ein Machtwort: »Tara! Hör auf zu schreien! Schhh!«. Aber es war zu spät. Tara war hysterisch. Verlegen – und verärgert – entschuldigte sich Simone, warf ihr kleines Temperamentsbündel über die Schulter und eilte – die Blicke der anderen Eltern in meinem Wartezimmer meidend – Richtung Ausgang.

Um Taras Reaktion zu verstehen, müssen Sie sich vorstellen, Sie würden Ihrer besten Freundin von etwas erzählen, das Sie aus der Fassung gebracht hat, und Ihre Freundin würde darauf mit einem albernen Themenwechsel reagieren: »Schau mal, neue Schuhe!« Wahrscheinlich würden Sie sich bald eine neue beste Freundin suchen.

Auch Kleinkinder ärgern sich, wenn wir auf ihre Proteste und Gefühlsäußerungen mit Ablenkungen reagieren. Aber natürlich haben sie nicht die Möglichkeit, sich neue Eltern zu suchen. Also akzeptieren sie entweder Ihre Ablenkung, indem sie ihre verletzten Gefühle weit nach hinten schieben, oder sie schreien noch lauter, um Sie dazu zu *zwingen*, ihre Gefühle zur Kenntnis zu nehmen.

Ich erlebe diesen elterlichen Fauxpas jeden Tag in meiner Praxis. Ein Kleinkind weinte, als ich anfing, seine Ohren zu untersuchen, und seine Mutter begann sofort, direkt vor dem

Mithilfe der FFR schlechte Gewohnheiten ersetzen

Gesicht ihres Kindes eine kleine Puppe herumtanzen zu lassen. Dabei rief sie: »Schau mal! Schönes Püppchen!«

Die Reaktion? In den meisten Fällen wurden die Schreie eine Oktave höher, als ob das Kind sagen wollte: »*Püppchen? Soll das ein Witz sein? Merkst du nicht, dass ich Angst habe?*«

Schnelle »Heilmittel«

Wir unterbrechen das Jammern unserer Kinder oft mit positiven Äußerungen wie: »So schlimm ist es doch gar nicht« oder: »Es ist nichts passiert«.

Es ist ganz natürlich, ein aufgeregtes Kind beruhigen zu wollen. Wir wollen damit nur alles »wieder gutmachen«. Aber wenn Ihr Kleines von Gefühlen überwältigt ist, kann es die Sache sogar noch verschlimmern, wenn Sie sagen: »Ist doch gar nichts passiert!« Wenn Sie das wieder und wieder tun, vermitteln Sie Ihrem Kind, ohne es zu wollen, dass es seine Gefühle unterdrücken und *so tun* soll, als sei es zufrieden, selbst wenn es das nicht ist. Und das ist definitiv nicht wünschenswert.

Monica arrangierte als Snack für die kleine Suzette
oft ein lachendes Gesicht aus Trauben, Käsewürfeln und Crackern.
Eines Tages gestaltete Monica den Snack kreativer als sonst. Statt ganze Cracker für den Körper zu verwenden, zerbrach sie das Gebäck in schmale Stücke und gestaltete damit Arme und Beine. Aber als ihre 20 Monate alte Tochter die zerbrochenen Cracker sah, geriet sie außer sich.

97

Die »Fastfood-Regel«: Die goldene Regel der Kommunikation

Monica war so überrascht, dass sie die FFR vergaß und sofort versuchte, alles wieder gutzumachen. Sie wiederholte mehrmals: »Es ist ja gut... es ist ja gut.« Doch Suzette schrie noch lauter. Während die Situation immer chaotischer wurde, wiederholte Monica mit zunehmend frustrierter und wütender Stimme: »Es ist ja gut.« Aber Suzette schrie weiter, als ob sie sagen wolle: »Nein, Mami, es ist NICHT gut! Es ist NICHT gut!«

Bitte heben Sie sich Ihre beruhigenden Worte für den Zeitpunkt auf, *nachdem* Sie die Gefühle Ihres Kindes respektvoll anerkannt haben (FFR) und es angefangen hat, ruhiger zu werden. »Es ist ja gut« zu sagen ist erst dann sinnvoll, wenn das Kind wirklich anfängt, sich besser zu fühlen.

Natürlich sollten Sie Ihrem Kind sofort helfen, wenn es Schmerzen oder große Angst hat. Aber Kleinkinder sind keine zarten Blumen, die vor allen Frustrationen behütet werden müssen. Schwierige Situationen stärken Charakter und Widerstandsfähigkeit eines Kindes. Sie stärken seine Fähigkeit, mit den unvermeidlichen Frustrationen des Lebens umzugehen.

Verstehen Sie mich nicht falsch: Ablenkung und Beruhigung sind etwas Großartiges – *aber erst, wenn Sie an der Reihe sind und die Zeit dafür »reif« ist.* Bauern müssen den Boden umpflügen, bevor sie säen können, und Eltern müssen die Gefühle ihres Kindes widerspiegeln (und darauf warten, dass es sich zu beruhigen beginnt), bevor sie mit ihrer Botschaft an die Reihe kommen.

Helfen Sie Ihrem Kind, Gefühle auszudrücken

Kleinkinder zwischen 12 und 24 Monaten

Zeigen Sie Ihrem Kind, wie es seine Gefühle zum Ausdruck bringen kann. Wenn es wütend ist, stampfen Sie mit den Füßen, klatschen Sie in die Hände und schütteln Sie heftig den Kopf. Lehren Sie es, Nein zu sagen (»Du sagst: ›Nein, nein, nein! Meins, meins! Hör jetzt auf!‹«).

Kleinkinder zwischen zwei und vier Jahren

Lassen Sie Ihr Kind, wenn es guter Laune ist, verschiedene Gesichtsausdrücke üben: »Zeig mir dein fröhliches Gesicht... dein trauriges Gesicht... dein wütendes Gesicht.« Zeigen Sie auf Bilder in Büchern, und sagen Sie: »Schau dir das traurige Baby an. Wie siehst du aus, wenn du traurig bist?« Schneiden Sie Bilder von Menschen, die Gefühle zeigen, aus Zeitschriften aus, und kleben Sie die Bilder auf Kartonkarten oder in ein kleines »Gefühle-Buch«.

Demonstrieren Sie *Ihre* Gesichtsausdrücke, sodass Ihr Kind sehen kann, was Sie meinen: »Wenn ich wütend werde, werden meine Augen klein, und mein Mund wird ganz schmal (zeigen Sie Ihr wütendes Gesicht).«

Lehren Sie Ihr Kind die Worte, die es benutzen kann, wenn es aufgewühlt ist. Nutzen Sie die Bilder im »Gefühle-Buch« als Ausgangspunkt. Fragen Sie: »Wie fühlt sich dieser Junge? Warum ist dieses Mädchen traurig?« Erweitern Sie den Wortschatz Ihres Kindes, indem Sie unterschiedliche Wörter verwenden. Beispielsweise könnten Sie für »wütend« auch »zornig«, »ärgerlich« oder »böse« sagen.

Je öfter Sie diese einfachen Schritte üben, desto schneller wird Ihr Kind anfangen, seine Gefühlsausbrüche unter Kontrolle zu bekommen.

Da Sie allmählich mit der Fastfood-Regel vertraut werden, können Sie dazu übergehen, sich die zweite Kompetenz anzueignen, die Sie brauchen, um ein perfekter »Botschafter« zu werden und die FFR bei jedem Kleinkind anwenden zu können: die Kleinkindsprache.

KAPITEL 4

Die »Kleinkindsprache«: Eine Sprechweise, die wirklich funktioniert!

Achten Sie auf das, was Ihnen gefällt, und ignorieren oder unterbinden Sie den Rest.

Karps Gesetz der
erfolgreichen Erziehung

Wichtige Punkte:

- Die Kleinkindsprache ist die »Muttersprache« Ihres Kleinkindes.

- Sie können alles in drei Schritten in die Kleinkindsprache übersetzen. Die drei Schritte sind: kurze Sätze, Wiederholung und Widerspiegeln der Gefühle Ihres Kindes (mithilfe von Tonfall und Gesten).

- Je öfter Sie die Kleinkindsprache üben, desto besser beherrschen Sie sie.

- Erstaunlicherweise wenden wir alle automatisch die Kleinkindsprache bei unseren Kindern an ... wenn sie glücklich und zufrieden sind. Aber wir vergessen, sie anzuwenden, wenn unsere Kinder wütend oder traurig sind.

Die »Kleinkindsprache«: Eine Sprechweise, die wirklich funktioniert!

Wenn Sie Botschafter in China wären, aber nur Griechisch sprächen, hätten Sie Probleme, das können Sie mir glauben. Ebenso ist es hundertmal einfacher, mit Ihrem Kleinkind zu sprechen, wenn Sie gelernt haben, Ihre Worte in seine »Muttersprache«, die Kleinkindsprache, zu übersetzen.

Ich habe die Kleinkindsprache zufällig entdeckt. Wie die meisten Kinderärzte musste ich viele Male am Tag mit den Trotzanfällen von Kleinkindern umgehen, denen es überhaupt nicht gefiel, beim Arzt zu sein. Dann fiel mir auf, dass ich ihnen meistens innerhalb von Minuten (oder noch schneller) ein Lächeln entlocken oder zumindest Kooperationsbereitschaft erzielen konnte, wenn ich ihre Gefühle ein wenig widerspiegelte, indem ich eine sehr einfache Sprache anwendete.

Die Kleinkindsprache ist besser als Zauberei – sie ist echt, und sie funktioniert hervorragend. Sie gibt Ihrem Kind das Gefühl, dass Sie sich für seine Gefühle interessieren und sie verstehen. Und wenn Sie die Kleinkindsprache mit der Fastfood-Regel kombinieren, können Sie bis zu 90 Prozent der Trotzanfälle im Vorfeld verhindern und mehr als 50 Prozent der auftretenden Gefühlsausbrüche innerhalb von Sekunden zum Abklingen bringen. (Die anderen 50 Prozent bekommen Sie schnell in den Griff, wenn Sie die in Kapitel 8 ab Seite 294 vermittelten Fähigkeiten anwenden.)

Klingt das zu schön, um wahr zu sein? Glücklicherweise ist es wahr. Die meisten Eltern, die die Kleinkindsprache ausprobieren, stellen bereits innerhalb weniger Tage deutliche Verbesserungen im Verhalten ihres Kindes fest.

Weshalb liebevolle Worte bei aufgeregten Kleinkindern oft ihre Wirkung verfehlen

Zwei Zweijährige streiten sich um einen Ball. Die Mutter des einen Jungen kniet sich hin und sagt liebevoll: »Billy, Mama weiß, dass du den Ball willst und dass du wirklich wütend bist, aber jetzt ist gerade John an der Reihe, und du musst dich mit ihm abwechseln. Okay? Weißt du noch, wir haben doch gestern darüber geredet, dass man Spielsachen mit anderen teilen muss? Du kommst später auch an die Reihe. Versprochen! Aber jetzt ist John dran. Okay?«
Wären Sie schockiert, wenn ich Ihnen verraten würde, dass das aufgebrachte Kleinkind die sanften Worte seiner Mutter völlig ignorierte, nach dem Ball griff, seinen Freund kratzte und schrie: »Ball haben!«

Die meisten Eltern lernen, dass sie auf das Gebrüll ihrer Kleinkinder in sanftem, ruhigem Ton reagieren sollen. Das klingt freundlich und vernünftig. Das Problem ist, dass es in den meisten Fällen nicht besonders gut funktioniert.

Eine ruhige Stimme ist etwas Tolles, wenn Kinder zufrieden sind. Aber sie kommt oft nicht besonders gut an, wenn die Kleinen sich über etwas aufregen. Das hat folgende Gründe:

- ◆ *Sie können nicht gut »hören«.* Denken Sie daran, dass heftige Gefühle das Sprachzentrum des Gehirns lahmlegen. Weinende Kinder sehen zwar, dass sich unsere Lippen bewegen, aber unsere Worte klingen für sie wie unverständliches Kauderwelsch.

- *Sie fühlen sich missverstanden.* Wenn Sie Ihrem Kind mit ruhiger Stimme das verweigern, worum es bittet, hat es das Gefühl, dass Sie nicht verstehen, wie sehr es sich diese Sache wünscht! Was tut es also als Nächstes? Es brüllt seine Botschaft hinaus – um zu Ihnen durchzudringen! *Hmmm. Papi versteht es nicht. Ich brülle lieber mal, damit er genau weiß, wie ich mich fühle!*

Die Mutter des Jungen mit dem Ball scheiterte, weil ihre Sätze zu lang, zu kompliziert und zu emotionslos waren. Sie hätte viel mehr Erfolg gehabt, wenn sie ihre Botschaft in der Kleinkindsprache übermittelt hätte.

Die Kleinkindsprache – so einfach wie Bis-drei-Zählen

Durch die Übersetzung in die Kleinkindsprache werden aus Erwachsenensätzen einfache Botschaften, die unsere impulsiven Kleinkinder verstehen, selbst wenn sie völlig außer sich sind. Sie können alles, was Sie ausdrücken wollen, in die Kleinkindsprache übersetzen, indem Sie drei einfache Grundsätze beherzigen:

- kurze Sätze,
- Wiederholungen,
- Widerspiegeln der Gefühle des Kindes (mithilfe von Tonfall und Gesten) in abgemilderter Form.

Schritt 1 der Kleinkindsprache: Kurze Sätze

Kleinkinder wirken oft wie unzivilisierte kleine Neandertaler. Und primitive Menschen haben eine primitive Sprache. Erinnern Sie sich an die Tarzan-Filme? »Ich Tarzan, du Jane.« »Nein, Jane, nicht essen.«

Selbst Erwachsene werden »primitiv«, wenn sie die Fassung verlieren. Intensive Gefühle wie Angst und Wut führen dazu, dass wir mit dem Fahrstuhl der Emotionen nach unten fahren. Und je mehr wir uns aufregen, desto »primitiver« werden wir. Ab geht's in den Keller.

Kleinkindern geht es ebenso. Allerdings ist bei ihnen die linke Gehirnhälfte an sich noch unreif, das heißt, wenn sie sich über etwas aufregen, wird ihr Verhalten geradezu *prähistorisch!*

Deshalb lautet das erste Prinzip der Kleinkindsprache: sehr kurze Sätze verwenden. Je aufgewühlter Ihr Kleinkind ist, desto einfacher müssen Ihre Worte sein.

Bei den ganz Kleinen oder bei sehr wütenden älteren Kleinkindern sollten Sie mit Sätzen beginnen, die aus ein oder zwei Wörtern bestehen (indem Sie nur die wichtigsten Wörter verwenden). Bei einem aufgeregten Zweijährigen könnte das beispielsweise Folgendes sein:

Anstelle von:	*Sagen Sie:*
»Ich weiß, dass du deswegen wütend bist.«	»Du bist wütend! Wütend! Wütend!«
»Hat dir der Hund Angst gemacht?«	»Angst! Angst! Großer Hund!«

Anstelle von:	Sagen Sie:
»Du willst diesen Keks wirklich haben, nicht wahr?«	»Keks! Keks! Du willst ihn ... *jetzt!*«

Diese »mundgerechten« Bissen sind genau richtig für das gestresste Gehirn eines kleinen Kindes. (Natürlich verwenden Sie wieder Sätze in normaler Länge, sobald sich Ihr Kind beruhigt hat.)

Schritt 2 der Kleinkindsprache: Wiederholung

Wiederholungen sind genauso wichtig wie kurze Sätze. Das liegt daran, dass aufgeregte Kleinkinder oft unsere einleitenden Worte überhören. Sie kennen sicher den Ausdruck »*blind* vor Wut sein«? Nun, Kleinkinder sind *taub* vor Wut.

Wenn Ihr Kleinkind von Gefühlen überwältigt ist, rasen die Worte zu schnell an seinem Gehirn vorbei, als dass es etwas damit anfangen könnte. Und je mehr es sich aufregt, desto weniger scheint es Ihre Worte überhaupt wahrzunehmen. Deshalb müssen Sie dieselben kurzen Sätze drei- bis achtmal wiederholen, um die Aufmerksamkeit Ihres Kleinkindes auf sich zu lenken. Dann kann es hilfreich sein, sie noch einige weitere Male zu sagen, um Ihr Kind davon zu überzeugen, dass Sie es wirklich verstehen.

Klingt das übertrieben? Das ist es aber nicht. Vielen Eltern gelingt es nur deshalb nicht, ihr Kind zu beruhigen, weil sie glauben, es reiche aus, seine Gefühle einmal anzuerkennen. Aber wenn die Tür zum Verstand Ihres Kindes von Gefühlen

Die Kleinkindsprache – so einfach wie Bis-drei-Zählen

blockiert ist, müssen Sie viele Male »anklopfen«, um gehört und »hereingelassen« zu werden.

Und so funktioniert es: Stellen Sie sich vor, es regnet und Ihr Zweijähriges brennt darauf, draußen im Matsch herumzustapfen. Es weint an der Tür und versucht, die Klinke zu erreichen. Als Reaktion darauf tun Sie Folgendes:

- Beugen Sie sich zu ihm hinunter, und zeigen Sie zur Tür.

- Sagen Sie: »Du *willst*... du *willst*... du willst *raus! Jetzt!* Samuel sagt: ›Raus...raus...raus!‹«

Wenn Ihr Kind immer noch schreit, wiederholen Sie die Worte noch einige Male. Bald wird es sich Ihnen zuwenden, als ob es sagen wolle: »*Wie bitte? Redest du mit mir?*«

Während sein Weinen nachlässt, reden Sie wieder in normalen Sätzen: »Du sagst: ›Jetzt raus!‹ Du willst so gern rausgehen! Du sagst: ›Gehen wir raus und spielen, Mama!‹«

Wenn Sie die Gefühle Ihres Kindes richtig zum Ausdruck gebracht haben, wird es Ihnen direkt in die Augen sehen und bei sich denken: *Bingo! Genau das will ich! Mama versteht mich!*

Während es sich noch ein bisschen mehr beruhigt, kommen Sie mit *Ihrer* Botschaft (Erklärung, Ablenkung, siehe Seite 84) an die Reihe: »Aber nein, Schatz, neeiiin. Es regnet doch! Es *regnet! Nass... igitt!* Komm mit! Wir machen eine Kissenschlacht. *Komm schon!* Das macht Spaß!«

Schritt 3 der Kleinkindsprache: Die Gefühle des Kindes durch Tonfall und Gesten angemessen widerspiegeln

Die ersten beiden Schritte der Kleinkindsprache sind sehr hilfreich, aber der dritte ist der *magische Schlüssel!*

Möglicherweise versteht Ihr Kind nicht alle Ihre Worte, aber es hat überhaupt kein Problem damit, Ihre Stimme und Ihren Gesichtsausdruck zu verstehen. Deshalb können Sie eine perfekte Verbindung zu seinem weichen Punkt herstellen, indem Sie durch Tonfall, Gesichtsausdruck und Körpersprache die Gefühle Ihres Kindes *teilweise* widerspiegeln.

- *Stimme.* Sprechen Sie mit mehr Nachdruck als sonst, aber leiser als Ihr Kind. Bringen Sie etwas von der Angst, der Frustration oder den anderen Gefühlen zum Ausdruck, die Sie in seiner Stimme hören, aber nur mit etwa einem Drittel seiner Intensität. (Wenn Ihr Kind sehr schüchtern oder sensibel ist, darf die Intensität noch geringer sein.) Sprechen Sie allmählich wieder mit normaler Stimme, während sich Ihr Kind zu beruhigen beginnt.

- **Gesicht.** Seien Sie ausdrucksstark. Heben Sie die Augenbrauen, schütteln Sie den Kopf, reißen Sie die Augen auf, runzeln Sie die Stirn, pressen Sie die Lippen zusammen.
- **Körpersprache.** Setzen Sie viele Gesten ein. Drohen Sie mit dem Finger, fuchteln Sie mit den Händen herum, deuten Sie, zucken Sie die Achseln, stampfen Sie mit den Füßen auf.

Eine Geste sagt mehr als tausend Worte

Kleinkinder achten sehr auf Gesten, wahrscheinlich weil sie gestikulieren können, bevor sie sprechen können. Ihre erste Form der Kommunikation (neben Weinen, Lachen und Mienenspiel) besteht meistens darin, dass sie mit dem Finger auf etwas zeigen, um auszudrücken, dass sie etwas haben wollen oder wissen wollen, was es ist. Die meisten neun Monate alten Babys *winken* bereits zum Abschied, aber es dauert oft ein weiteres Jahr, bis sie »Tschüs!« sagen.

Im Englischen heißt der Zeigefinger »*index* finger«. Das Wort »index« ist von dem lateinischen Verb *dicere* abgeleitet, das »sagen« bedeutet. Dieser frühe Gebrauch der Hände zum Kommunizieren kommt auch in der serbischen Sprache zum Ausdruck, wo der Zeigefinger als »Kazhi perst« bezeichnet wird, was wörtlich »sprechender Finger« bedeutet.

Ein paar Tipps zum Spiegeln von Gefühlen

Nicht übertreiben
Manche Eltern spiegeln *120 Prozent* des Trotzanfalls ihres Kleinkindes wider und schießen damit über das Ziel hinaus. Übertriebenes Ausagieren kann das Weinen eines Kindes beenden, basiert aber auf Ablenken und Nachäffen. Das empfehle ich *nicht*. Das Ziel der Kleinkindsprache besteht darin, Kinder durch Verständnis und Respekt zu beruhigen. Das geschieht, indem ihre Gefühle in abgemilderter Form widergespiegelt werden.

Sich auf Augenhöhe begeben
Knien Sie sich vor Ihr Kind hin, sodass sich Ihre Augen etwas *unterhalb* seiner Augenhöhe befinden. Durch diese einfache Geste zeigen Sie ihm, dass Sie es respektieren und dass es Ihnen wichtig ist. Sie können es auffordern, Ihnen in die Augen zu sehen, sollten es ihm aber nicht aufzwingen. Kinder, die wütend sind oder sich schämen, meiden oft Blickkontakt. Denken Sie daran, dass das Ziel nicht darin besteht, seinen Willen zu brechen. Also erzwingen Sie den Blickkontakt nicht. Wenn Sie Ihr Kleinkind respektvoll behandeln, wird es im Schulalter in der Lage sein, Ihren Blick und Ihren Respekt zu erwidern.

Die Reaktion auf das Kind abstimmen
Es kommt auf das Temperament Ihres Kindes an. Lebhafte Kinder sind gefühlsbetonter; deshalb müssen wir ihre Gefühle stärker widerspiegeln – bis zu 50 Prozent. Schüchterne Kinder

sind unsicher und brauchen eine weniger intensive Spiegelung. Wenn wir ihre Emotionen zu intensiv darstellen, haben sie das Gefühl, dass wir uns über sie lustig machen. Auch das Alter ist wichtig. Bei älteren Kindern sollte die Spiegelung weniger theatralisch ausfallen als bei jüngeren.

Sylvia probierte die Kleinkindsprache bei ihrer zornigen Dreijährigen aus, aber sie tat es mit einer albernen Singsang-Stimme, die Carla noch wütender machte. Als Sylvia darüber nachdachte, wurde ihr klar, dass sie versucht hatte, Carla zum Lachen zu bringen, statt ihr das Gefühl zu geben, dass sie gehört und verstanden wurde. Sobald Sylvia ihren Tonfall änderte, um die echte seelische Not auszudrücken, die Carla empfand, beruhigte sich ihre Tochter innerhalb von Sekunden!

Die Rolle eines Sprechers übernehmen

Wenn Kleinkinder von Gefühlen überwältigt sind, kommt ihre linke Gehirnhälfte aus dem Tritt, und es fällt ihnen schwer, die Worte für das zu finden, was sie mitteilen wollen. Eine Möglichkeit, Ihrem Kind zu helfen, diese Sprechblockade zu überwinden, besteht darin, *in seinem Namen* zu sprechen. Sprechen Sie das aus, was es Ihrer Meinung nach sagen würde, wenn es könnte. Ein Beispiel:

Wenn Ihr Kind sich dagegen wehrt, seine Zähne geputzt zu bekommen, könnten Sie sagen: »Sina sagt: ›Selber machen, selber machen!‹«

Wenn Ihr Kind weint, weil es seinen Saft verschüttet hat, könnten Sie sagen: »Bea sagt: ›Mein Saft! Mein Saft! Ich will meinen Saft!‹«

Die Rolle eines Sportkommentators übernehmen

Sie können Ihrem Kind auch helfen, sich zu beruhigen, indem Sie beschreiben, was es tut, und dabei in die Rolle eines Sportkommentators schlüpfen. Ein Beispiel:

Wenn Ihr Kind einen Wutanfall hat, könnten Sie sagen: »Du bist sooo wütend! Du liegst am Boden... strampelst mit den Beinen! Und dein Gesicht ist wirklich traurig! Du wolltest dieses Spielzeug, und jetzt bist du wütend auf Mama!«

Gutes Zuhören ist Ihre Geheimwaffe. Wie erfolgreiche Botschafter bauen auch erfolgreiche Eltern großartige Beziehungen auf, indem sie liebevoll und respektvoll (nicht autoritär und verletzend) kommunizieren.

Stellen Sie sich die Kombination aus FFR und Kleinkindsprache als das Rettungsteam vor, das Ihnen hilft, Ihr Kind zu retten, wenn es sich im *Dschungel* seiner Gefühle verirrt hat. Statt es durch einen ruhigen Tonfall dazu drängen zu wollen, sich zu beruhigen, setzen Sie die lebhafte Kleinkindsprache ein, um als Erstes einen echten Kontakt zu ihm herzustellen. Erst *dann*, wenn es sich zu beruhigen beginnt, verwenden Sie einen normaleren Tonfall, um es zurück in die »Zivilisation« zu führen.

Die Kleinkindsprache – so einfach wie Bis-drei-Zählen

Da Sie jetzt die Feinheiten der Kleinkindsprache kennen, kehren wir zu der Mutter und den streitenden Zweijährigen (auf Seite 103) zurück und stellen uns vor, was hätte passieren können, wenn sie die Kleinkindsprache verwendet hätte:

Billys Mutter kniet sich vor ihren Sohn hin, macht ein ernstes Gesicht, zeigt dreimal schnell hintereinander auf den Ball und sagt mit Nachdruck: »Ball! Ball! Ball! Du willst ihn! Du willst ihn jetzt!« Ihr Sohn beruhigt sich ein wenig und wendet sich zu ihr um. Die Mutter fährt mit energischer, aber liebevoller Stimme fort: »Aber, nein. Kein Ball, Schatz. John ist dran. John ist dran!« Billy runzelt immer noch die Stirn, aber aus seinem Gebrüll ist ein quengelndes Weinen geworden. An diesem Punkt lenkt die Mutter beide Kinder ab: »Schaut mal! Ein Klettergerüst! Toll! Kommt Jungs, wir spielen da!«

Natürlich lassen sich nicht alle Streitigkeiten so einfach beenden, aber in mehr als der Hälfte der Fälle gelingt es, und das gibt Ihnen das gute Gefühl, ganz schön clever zu sein. (Siehe *Trotzanfälle beenden* auf Seite 282!)

Die Kleinkindsprache in Aktion

Das alles klingt in der Theorie gut, aber wie sieht es mit der praktischen Anwendung aus? Ich habe unzählige Male erlebt, wie Eltern mithilfe der FFR und der Kleinkindsprache ihren aufgebrachten Kleinkindern »das Gefieder glätten« konnten. Und Sie können das ebenso!

Einige Fallbeispiele zur Veranschaulichung

Als der 20 Monate alte Paris lautstark einen Keks verlangte, ging sein Vater folgendermaßen damit um:

Paris: Ich will! Ich will! Ich wiiiiiill!
Joe (kniet sich vor Paris hin, zeigt mit ernstem, aber fürsorglichem Gesichtsausdruck dreimal auf die Keksdose und sagt mit

lebhafter Stimme): Du willst! Du willst! Du willst! Du willst jetzt den Keks!
(Paris streckt die Hand in Richtung Keksdose aus und macht quengelnde Geräusche.)
Joe (zeigt mehrmals kurz hintereinander zur Keksdose und ahmt das Quengeln nach): Du willst! Du willst!
(Paris schaut seinen Vater an.)
Joe (mit ruhigerer Stimme): Keks... Keks! Ich weiß, Paris... aber, nein... nein! Jetzt kein Keks. (Er öffnet weit die Augen und wechselt mit fröhlicher Stimme das Thema.) Hey, lass uns Ball spielen! Komm! Da ist er. Fang ihn!

Und so half Iris ihrem zweieinhalbjährigen Sohn, weniger Wutanfälle zu bekommen:

»*Wenn Jason zu brüllen anfängt, versuche ich zu beschreiben, weshalb er sich meiner Ansicht nach aufregt. Wenn ich etwas von seinen Gefühlen mit meiner Stimme und meinem Gesichtsausdruck wiedergebe, merkt er, dass ich ihn verstehe, und dann beruhigt er sich meistens schnell.*
Aber wenn ich zu schnell mit der Kleinkindsprache aufhöre, fängt er wieder zu brüllen an, und dann muss ich wieder einen Schritt zurückgehen und noch ein wenig mehr geben: ›Jason ist immer noch wütend, wütend, wütend! Er ist wüüüütend! Jason sagt: Nein, nein... nein! Dein Gesicht sieht wirklich wütend aus!‹
Wenn er anfängt, sich zu beruhigen, und mich anschaut, ist das das Signal für mich, dass ich nun an der Reihe bin, meine

Sicht der Dinge darzustellen oder Lösungen anzubieten. Anfangs dauerten seine Wutanfälle fünf bis zehn Minuten. Jetzt hören sie rasch auf! Er braucht immer noch ein oder zwei Minuten meine Aufmerksamkeit, wenn er sich über etwas aufregt, aber er ist viel schneller wieder guter Laune!«

Für Leslie war die Kleinkindsprache die Zauberwaffe im »Windelkrieg«:

»Gestern Abend machte unser 15 Monate alter Nathan in einem Restaurant ein großes Geschäft in seine Windel, und ich musste meinen strampelnden Sohn mit hinaus zum Auto nehmen, um ihm eine frische Windel anzuziehen. Während er schreiend protestierte, versuchte ich, liebevoll seine Gefühle anzuerkennen: ›Ich weiß, dass du nicht aus dem Restaurant raus willst. Ich weiß, dass dir das nicht gefällt.‹ Aber er war so wütend und wand sich so heftig, dass ich nicht einmal seine Windel wechseln konnte.

In meiner Verzweiflung versuchte ich es mit der Kleinkindsprache. Ich ballte meine Hände zu Fäusten und boxte in die Luft. Dabei spiegelte ich mit Nachdruck (aber nicht zu laut) seine Frustration: ›Du sagst: Nein! Nein! Nein! Nicht wickeln, Mami! Du hasst es! Du hasst es, wenn deine Hose unten ist. Es ist KALT!!! Du bist wüüütend!‹

Und dann passierte etwas Wunderbares. Plötzlich sah er mich amüsiert und spitzbübisch zugleich an und begann, mit dem Mobile zu spielen, das von der Decke hing. (Ich hatte vorher erfolglos versucht, seine Aufmerksamkeit darauf zu lenken.)

Während ich ihn wickelte, lenkte ich ihn ab, indem ich wie ein Erzähler über alles berichtete, was ich tat. Er war die ganze Zeit guter Laune! Dann sang ich ein kleines Lied und tanzte mit ihm zurück zum Restaurant... und fühlte mich wie die perfekte Mutter!«

Die Vorstellung, dass ihre 26 Monate alte Tochter eine Art »Höhlenkind« sei, erschien Lara und ihrem Mann sehr einleuchtend. Also versuchte sie es mit der Kleinkindsprache:

»Eines Tages, als Kira aus der Dusche kommen sollte, bekam sie einen Wutanfall. Da ich selbst sehr gern dusche, konnte ich es ihr nachfühlen. Mit weit aufgerissenen Augen und viel Kopfnicken zeigte ich zum Duschkopf und sagte: ›Du willst! Du willst! Du willst! Du willst duschen... jetzt!‹ Sie brüllte weiter, also versuchte ich es mit etwas mehr Nachdruck: ›Du willst duschen! Du willst duschen! Du willst! Du willst, jetzt!‹ Wie durch Zauberei reagierte Kira sofort.
Ihr Weinen hörte auf, und sie sah mich hoffnungsvoll an. Dann sagte ich leise: ›Du willst bleiben! Aber, nein, neeeiiin. Es tut mir so leid, Schatz, wir müssen zum Kindergarten. Und deine Puppe will ein leckeres Frühstück. Also komm! Komm! Machen wir uns fertig zum Frühstücken! Willst du heute Eier oder Müsli?‹
Nach einem weiteren gespielten Schrei ließ sich Kira von mir abtrocknen und anziehen, während wir über unsere aufregenden Pläne für den Tag sprachen.
Wenn Kira sich jetzt dagegen wehrt, angezogen zu werden,

Die »Kleinkindsprache«: Eine Sprechweise, die wirklich funktioniert!

> *und ›Ich will‹ schreit, schalte ich auf die Kleinkindsprache um. ›Kira sagt: Ich will! Ich will! Du willst es selber machen.‹ Das versteht Kira sofort. Sie nickt und lächelt erleichtert. Und während sie mit ihrem Oberteil kämpft, lässt sie mich ihr Hose und Socken anziehen.*
> *Ein Bonus der Kleinkindsprache ist, dass wir mehr Spaß zusammen haben. Ich komme mir wie ein Genie vor!«*

Klingt das sehr anstrengend? Keine Sorge! Die Kleinkindsprache bedeutet eigentlich sehr viel *weniger* Anstrengung. Wenn Sie sie erst einmal verinnerlicht haben, können Sie damit so viele Kämpfe verkürzen oder verhindern, dass Sie sich Zeit- und Energieaufwand, Falten und graue Haare ersparen.

Häufige Elternbedenken zur Anwendung der Kleinkindsprache

> *Ernst und seine dänische Frau Katrina sind die Eltern des zweijährigen Rolf. Ein paar Monate, nachdem ich ihnen die Kleinkindsprache erklärt hatte, fragte ich sie, ob sie es ausprobiert hätten. Katrina meinte: »Die Kleinkindsprache fühlt sich für uns komisch an – ein bisschen zu dick aufgetragen. Dänen machen nicht gern so ein ›Theater‹.«*

Seien Sie nicht überrascht, wenn es sich für Sie auch etwas komisch – na ja, genau genommen, sehr eigenartig – anfühlt, wenn Sie anfangen, die Kleinkindsprache zu verwenden (egal aus welchem Land Sie kommen). Aber ich hoffe, dass Sie offen

Die Kleinkindsprache in Aktion

dafür sind und es trotzdem versuchen. Ich verspreche Ihnen, dass Ihr Kind auf diese Weise bald geduldiger, weniger trotzig und viel zufriedener sein wird.

Doch falls Sie immer noch skeptisch sind, finden Sie hier ein paar Antworten auf elterliche Einwände, die Sie vielleicht etwas beruhigen:

Einwand: »Es hört sich wie Babysprache an.«
Antwort: Die Kleinkindsprache ist keine Babysprache, sondern eine *Kleinkind*sprache. Natürlich klingt sie unreif, aber wenn unsere Kleinen sich aufregen, legt ihre sprachbezogene linke Gehirnhälfte vorübergehend die Arbeit nieder. Deshalb eignet sich diese einfache Sprechweise am besten, um ihnen das Gefühl zu geben, geliebt und verstanden zu werden. Stellen Sie es sich folgendermaßen vor: Wenn Sie Ihrem Kleinkind etwas vorlesen, fangen Sie dann mit Büchern wie *Krieg und Frieden* oder auch nur *Kalle Blomquist* an? Ich bezweifle es. Die Lieblingsbücher von Kleinkindern haben meist keine komplexere Sprache als »Mhm, leckerer Apfel« oder »Schau, wie der Frosch hüpft!«.
Außerdem wenden Sie die Kleinkindsprache ja nur an, wenn Ihr Kind aufgeregt ist. Die restliche Zeit plaudern Sie mit Ihrem Kleinen in Ihrer normalen Sprechweise. Seien Sie also unbesorgt – die sprachlichen Fähigkeiten Ihres Kindes werden nicht verkümmern.

Einwand: »Ich befürchte, dass ich bei meinem Kind eine Neigung zu theatralischen Auftritten fördere.«

Antwort: Ich weiß, dass einige Experten davor warnen, dem unerwünschten Verhalten von Kindern zu viel Beachtung zu schenken, da sie sich darin bestärkt fühlen könnten. Sie empfehlen, es zu ignorieren und sich dem Kind erst wieder liebevoll zuzuwenden, wenn es sich beruhigt hat.

Ich bin auch der Meinung, dass Kinder, die ausdauernd quengeln, oft kurz ignoriert werden müssen, um nicht versehentlich ihr Verhalten zu belohnen (siehe das »Gesetz der weichen Kartoffelchips« auf Seite 251 und *freundliches Ignorieren* auf Seite 240). Aber auch wenn Ihr Kind es übertreibt und an Ihren Nerven zerrt, besteht die beste Reaktion darin, zunächst die – auf den weichen Punkt zielende – Fastfood-Regel anzuwenden und damit liebevoll die Gefühle des Kindes anzuerkennen. Erst wenn es sich dadurch nicht beruhigt, kann Ignorieren empfehlenswert sein.

Die Welt ist hart, und auf die Gefühle von Kindern wird oft keine Rücksicht genommen. Wenn Sie Ihr Kind jedes Mal ignorieren, wenn es außer sich ist, gewinnt es mit der Zeit den Eindruck, dass Sie nicht an seinen Gefühlen interessiert sind, und lernt, sie zu unterdrücken.

Einwand: »Es fühlt sich wie Nachäffen an.«

Antwort: Vielleicht haben Sie früher erlebt, dass die Gefühle eines Menschen widergespiegelt wurden, um ihn lächerlich zu machen. Aber die Kleinkindsprache verfolgt genau das gegenteilige Ziel. Das Widerspiegeln wird nie übertrieben (denken Sie an den weichen Punkt) und wird mit aufrichtigem Mitgefühl und Respekt eingesetzt.

Einwand: »Ich habe das Gefühl, schlechtem Benehmen nachzugeben.«

Antwort: Auf gar keinen Fall! Respektvolles Zuhören bedeutet nicht, dass man nachgibt oder zu weich ist. Sie können sowohl verständnisvoll als auch konsequent sein: »Schatz, ich weiß, dass du wütend, *wütend, wütend* bist! Aber *nicht* kratzen! *Nicht kratzen!* Hör auf!«

Denken Sie daran, dass ein großer Unterschied zwischen dem *Gefühl* der Wut und wütendem *Verhalten* besteht. Ja, Sie müssen unerwünschtes Verhalten eindämmen, doch es ist sehr wichtig, dass Ihr Kind weiß, dass Sie seine Gefühle verstehen und respektieren, auch wenn Sie anderer Meinung sind.

Kleinkinder, deren Eltern ihre Gefühle und Frustrationen anerkennen, wachsen emotional gesund auf und fühlen sich wohl in ihrer Haut.

Einwand: »Es ist mir peinlich!«

Antwort: Ja, ich gebe zu, die Kleinkindsprache *ist* peinlich! Aber wenn Ihr kleiner Freund zwischen den Regalen im Supermarkt einen Trotzanfall hat, wird es ohnehin eine peinliche Szene werden. Sie haben also nur die Wahl zwischen zwei Alternativen:

Sie können eine *extrem* peinliche Situation erleben, während Sie Ihr (schreiendes, um sich schlagendes und Dinge aus den Regalen reißendes) Kind aus dem Laden zerren, die Einkäufe zurücklassen und genauso wütend wie Ihr Kind sind.

Oder Sie können die etwas weniger peinliche Variante wählen, indem Sie sich vor Ihr Kind hinknien und einen Augenblick seine Gefühle widerspiegeln. Aber bei dieser zweiten Variante wird der Trotzanfall wahrscheinlich schnell beendet sein, es wird keine Verärgerung zurückbleiben, und Sie können mit dem weitermachen, was Sie vorhatten.

Möglicherweise ernten Sie erstaunte Blicke, wenn Sie die Kleinkindsprache anwenden, doch sie *funktioniert*. Und wenn andere Eltern sehen, wie schnell sich Ihr Kind beruhigt, werden sie Sie bitten, ihnen Tipps zu geben!

Einwand: »Es fühlt sich unnatürlich an – als ob ich Theater spiele.«

Antwort: Manche Eltern finden, dass die Kleinkindsprache unnatürlich, künstlich, zu theatralisch ist.

Aber genau genommen sprechen wir mit Kleinkindern *selten* wie mit Erwachsenen. Erkundigen Sie sich beispielsweise sachlich bei Ihrem Kleinkind: »Hat dir das Frühstück geschmeckt?« Oder fragen Sie mit melodischer Stimme: »Mhmm! War lecker, hm?«

Wenn unsere Kinder zufrieden und fröhlich sind, spiegeln wir das ganz natürlich in unserer Stimme und unserem Ausdruck wider. Und wenn sie ein kleines bisschen traurig sind, spiegeln wir es ebenso instinktiv in perfekter Kleinkindsprache wider. Das heißt, in den meisten Situationen gehen wir damit völlig unbefangen um. Nur eben dann nicht, wenn unsere Kinder sehr aufgebracht sind. Dann beginnen wir, mit übertrieben ausdrucksloser Stimme zu sprechen, weil wir glauben, dadurch werden sie sich beruhigen. Doch aus der Sicht der Kinder ist *das* völlig unnatürlich. Und beruhigend ist es auch nicht.

Was tun, wenn die Kleinkindsprache nicht funktioniert?

Die Kleinkindsprache ist äußerst wirksam, aber keine einzelne Methode funktioniert in jedem Fall. Wenn Sie also die FFR und die Kleinkindsprache angewendet haben und Ihr Kind immer noch völlig außer sich ist, tun Sie Folgendes:

- Vergewissern Sie sich zunächst, dass Sie es richtig gemacht haben: Wenn Sie den weichen Punkt nicht getroffen haben (zu viele Worte, zu viel oder zu wenig Gefühl), tobt Ihr Kind vielleicht weiter. Versuchen Sie noch einmal, in Ihrer besten Kleinkindsprache seine Gefühle widerzuspiegeln (je nach Alter und Erregungszustand drei- bis achtmal), um zu sehen, ob das Weinen dadurch aufhört.

- Wenden Sie dann eine andere Strategie an: Wenn Ihr Kind weint, aber kein destruktives Verhalten zeigt, versuchen Sie es mit einer Umarmung, einer schnellen Lösung des Problems oder *freundlichem Ignorieren* (siehe Seite 240). Wenn Ihr Kind aber so wütend ist, dass es Regeln verletzt, braucht es vielleicht eine *Konsequenz* (wie beispielsweise eine *Auszeit*, siehe Seite 252).

Sobald wir in Kleinkindsprache nach der Fastfood-Regel agieren, beruhigen sich Kleinkinder interessanterweise oft, *auch wenn wir ihnen nicht das geben, wonach sie schreien*. Das liegt daran, dass die Fürsorge und der Respekt, die wir ihnen durch FFR und Kleinkindsprache entgegenbringen, einen wunderbaren Trostpreis darstellen.

Damit meine ich Folgendes: Wir müssen alle lernen, dass es im Leben Tausende von Dingen gibt, die wir wollen, aber nie bekommen werden. Das ist enttäuschend, aber im Laufe der Zeit lernen wir alle, damit umzugehen. Eine viel größere Enttäuschung ist es, auf die Güte, das Mitgefühl und den Respekt der Menschen, die wir lieben, verzichten zu müssen.

Die Kleinkindsprache meistern

Auch wenn Ihnen die Kleinkindsprache anfangs schwierig und gewöhnungsbedürftig vorkommt – Sie sind, wie bereits erwähnt, längst Experte darin! Sie wenden diese Sprache *ständig* an. Fast alle Eltern reden automatisch in der Kleinkindsprache, wenn ihr Kind zufrieden ist!

Stellen Sie sich vor, Sie sind auf dem Spielplatz, und Ihr Kind steigt zum ersten Mal allein die Leiter der Rutschbahn hoch. Mit strahlendem Gesicht ruft es: »Kuck mal, Mami! Kuck mal!« Welche der beiden folgenden Reaktionen käme Ihnen natürlicher vor?

Ausdruckslos zu sagen: »Sehr gut. Mama ist stolz auf dich.«

Oder in die Hände zu klatschen und zu jubeln: »Jaaa! Du hast es geschafft! Gut geklettert! Suuuper!«

Die Kleinkindsprache in Aktion

Den meisten Eltern würde die erste Reaktion zu steif erscheinen, aber die zweite völlig normal. Nun, das ist die Kleinkindsprache! Erstaunlicherweise sprechen wir instinktiv in der Kleinkindsprache, wenn unser Kind etwas tut, das uns stolz und glücklich macht. Aber wenn es ängstlich, wütend oder traurig ist, reagieren wir allzu oft ernst und steif. Unsere Stimme wird ausdruckslos und besonders ruhig, und wir klingen wie gefühllose Zombies, weil wir glauben, dass wir durch unsere Ruhe unser Kind beruhigen können. Doch das ist ein Irrglaube, denn wenn wir keine Gefühle zeigen, während unser Kind sehr aufgebracht ist, kann es sich genau dann, wenn es einen Freund braucht, missverstanden und alleine fühlen.

Möglicherweise brauchen Sie ein bisschen Zeit und Übung, bis sie die Kleinkindsprache auch in Stresssituationen meistern. Wenn Sie sich also noch im Lernprozess befinden und es

Ihnen komisch vorkommt, so zu sprechen, machen Sie sich keine Sorgen – lassen Sie es langsam angehen. Wenden Sie die Kleinkindsprache zuerst bei kleinen Stimmungsschwankungen an. Sobald Sie sich sicherer fühlen, setzen Sie sie allmählich bei den turbulenteren Gefühlsausbrüchen ein. Ich kann Ihnen garantieren, dass es Ihnen mit der Zeit Spaß machen wird.

Nutzen Sie auch die Gelegenheit, sich ein Bild davon zu machen, wie andere Eltern mit den Ausbrüchen Ihrer Kleinkinder umgehen. Eine hilfreiche (und zugleich amüsante) Möglichkeit ist diese: Gehen Sie auf einen Spielplatz und halten Sie nach aufgebrachten Kindern Ausschau. (Auf einem gut besuchten Spielplatz dürften Sie gleich auf mehrere stoßen.) Hören Sie zu, wie die Eltern auf das aufgebrachte Kind reagieren. Geben sie die Gefühle des Kindes wieder (wie der Mitarbeiter am Drive-in-Schalter, der die Bestellung wiederholt), oder »drängeln sie sich vor«, indem sie sofort ablenken, erklären oder schimpfen?

Hier drei Tipps zum Einüben der Kleinkindsprache:

Üben Sie die Kleinkindsprache, wenn Ihr Kind guter Laune ist.
Wenn Ihr Kind Sie um etwas bittet (das Sie ihm gern geben), wiederholen Sie seine Bitte in der Kleinkindsprache. Ein Beispiel:

Ihr einjähriges Kind öffnet den Mund und zeigt auf
Ihren Saft. Sie geben seine Bitte in einfachen Worten wieder:
»Saft! Saft! Du willst Saft. Okay, Schatz, Saft ... hier ist er.«

Die Kleinkindsprache in Aktion

Stellen Sie sich vor, wie Sie die Kleinkindsprache in einer kritischen Situation anwenden würden. Manche Eltern finden es hilfreich, die Kleinkindsprache vor dem Spiegel oder im Geist zu üben. Ein Beispiel:

Stellen Sie sich vor, Ihr Kind weint im Sandkasten, weil sein Freund es umgestoßen hat. Was würden Sie sagen? (Denken Sie an die Methode »Sprecher« oder »Sportkommentator« auf Seite 112.) Welchen Tonfall würden Sie anwenden? Wie würden Sie Hände und Mimik einsetzen? Was könnten Sie sagen, sobald sich Ihr Kind zu beruhigen beginnt?

Üben Sie mit einem Spielzeug. Lassen Sie Ihr Kind, sobald es sich von einer Aufregung erholt hat, mit anhören, wie Sie seinem Teddybär – in der Kleinkindsprache – erzählen, was gerade passiert ist. Ein Beispiel:

»Psst, hey, Teddy! Jan war traurig! Traurig! Jans Eis ist runtergefallen. Weg, weg! Eis weg! Dann habe ich ihn umarmt… so (Umarmung demonstrieren). Jetzt ist Jan wieder froh!«

Bitte haben Sie Geduld. Alles Neue fühlt sich am Anfang ungewohnt an. Aber je mehr Sie üben, desto besser werden Sie. Bleiben Sie ein paar Tage lang am Ball, und bald wird Ihr Kind Sie entzückt ansehen, als ob es sagen wollte: *»Ja! Du verstehst mich! Das ist super!«*

Wann ist ein Kind zu alt für die Kleinkindsprache?

Tatsächlich eignet sich die Kleinkindsprache nicht nur für den Umgang mit Kleinkindern. Sie funktioniert ebenso bei älteren Kindern (und sogar bei Erwachsenen), denn auch wenn diese sich wirklich aufregen, wird ihre sprachbegabte linke Gehirnhälfte *blockiert*, und die impulsive, ungeduldige rechte Gehirnhälfte *dominiert*.

Hier ein Beispiel dafür, wie Sie die Gefühle eines frustrierten Sechsjährigen widerspiegeln könnten:

»Du sagst: ›Schluss! Ich will gehen!‹ Du hast genug davon, hier zu sein. Genug. Du willst jetzt sofort gehen! Und du meinst das wirklich ernst!«

Damit würden Sie auf jeden Fall seine Aufmerksamkeit auf sich lenken und die Situation entschärfen. Sobald er sich ein wenig beruhigt hätte, könnten Sie zu der erwachseneren Sprache zurückkehren, die Sie normalerweise verwenden.

Denken Sie dabei daran: Älteren Kindern und Teenagern (und erwachsenen Männern!) ist es unangenehm, Gefühle zu zeigen. Deshalb müssen Sie ihre Gefühle nur in sehr abgemilderter Form widerspiegeln, um ihren weichen Punkt zu treffen.

Da Sie jetzt die effektiven Grundlagen der Kommunikation mit Kleinkindern kennen, ist es Zeit, den Fokus auf Weiterführendes zu legen. Im nächsten Teil des Buches lernen Sie, wie Sie Ihr Kind in erwünschten Verhaltensweisen bestärken (grünes Licht geben) und unerwünschte Verhaltensweisen unterbinden (gelbes oder rotes Licht geben) – und zwar sehr schnell!

TEIL DREI

Verhaltensgrundlagen: Nach der Ampelmethode ein tolles Kind erziehen

Während der nächsten drei Jahre werden Sie ständig das Verhalten Ihres Kindes beeinflussen, es in erwünschtem Verhalten bestärken und unerwünschtes Verhalten unterbinden. Ich finde es hilfreich, sich Ihre Aufgabe wie die einer Ampel vorzustellen: Bei Verhaltensweisen, die beibehalten werden sollen, geben Sie grünes Licht (Freie Fahrt!), bei störenden Verhaltensweisen gelbes Licht (Warnung!) und bei definitiv inakzeptablem oder gefährlichem Verhalten rotes Licht (Sofort aufhören!).

- In **Kapitel 5** werden wünschenswerte Verhaltensweisen beschrieben und Tipps zur Förderung positiven Verhaltens und guten Benehmens bei Ihrem Kleinkind gegeben.

- In **Kapitel 6** erfahren Sie, wie Sie störendes Verhalten Ihres Kleinkindes schnell, effektiv und liebevoll eindämmen können.

- In **Kapitel 7** lernen Sie geeignete Interventionsmöglichkeiten kennen, um aggressivem, gefährlichem oder respektlosem Verhalten Ihres Kindes einen Riegel vorzuschieben.

KAPITEL 5

Grünes Licht: Wie man Kinder in erwünschtem Verhalten bestärkt

Ein Kind wird mit Milch und Lob ernährt.
Charles und Mary Lamb, Poetry for Children, 1809

Wichtige Punkte:

- Grünes Licht bekommen erwünschte Verhaltensweisen, die Kinder beibehalten sollen.

- Zur Förderung und Stärkung erwünschten Verhaltens stehen Ihnen fünf Wege offen:

    1. Bonuszeit: Fördern Sie die Kooperationsbereitschaft durch Dinge, die Spaß machen (dazu gehören *Aufmerksamkeit, Lob, indirektes Lob, Belohnungen, Handmarkierungen, Sternposter, Spiele*).

    2. Das Selbstvertrauen stärken: Respekt – und ein bisschen Albernheit – geben Kindern das Gefühl, die Größten zu sein (dazu gehören *Wahlmöglichkeiten anbieten* und *den Clown spielen*).

    3. Geduld lehren: Zeigen Sie Ihrem Kind zwei sichere Methoden, Selbstbeherrschung zu erlernen (dazu gehören *Geduldübungen* und *Zauberatem*).

4. Feste Abläufe (Rituale) im Alltag entwickeln: Feste Abläufe helfen Kindern, sich kompetent und sicher zu fühlen (dazu gehören *Bettgeflüster, besondere Zeit, Kuschelgegenstände* und *Schnuller*).

5. »Durch die Hintertür« Werte vermitteln: Fördern Sie bei Ihrem Kind gutes Benehmen und gute Charaktereigenschaften, indem Sie die »Hintertür« seines Verstandes benutzen (dazu gehören *Märchen* und *Rollenspiele*).

Eltern glauben oft, dass die Zeit der ungestümen Gefühlsausbrüche vorbei ist, sobald ihr Kleinkind mehrere ausgeglichene Tage hintereinander hatte. (»Ich weiß, dass sie kooperativ sein kann – gestern war sie's!«) Doch so rasch geht es leider nicht: Bei Kindern wächst zwar im Lauf der Zeit der Wunsch, sich gut zu benehmen, aber aus kleinen Bamm-Bamms werden nicht über Nacht Bambis. Sie als Eltern werden noch einige Jahre damit beschäftigt sein, Ihrem Kind die Feinheiten unserer gesellschaftlichen Spielregeln beizubringen. Ein Teil des Geheimnisses, wie Sie Ihrem Kind helfen können, zufriedener und umgänglicher zu sein und sich gut zu benehmen, besteht darin, herauszufinden, wie Sie es in seinem positiven Verhalten bestärken (grünes Licht geben) können.

Zum Glück gibt es viele gute Möglichkeiten zur Förderung wünschenswerten Verhaltens (darum ist dies auch das längste Kapitel des Buches). Und das Beste daran ist: Je mehr Zeit Sie darauf verwenden, Ihr Kind in gutem Benehmen zu bestärken, desto weniger Zeit müssen Sie dafür aufwenden, mit schlechtem Benehmen umzugehen.

Regelmäßig grünes Licht für gutes Benehmen geben

Sie sind der Star im Leben Ihres Kindes. Und weil es so gern mit Ihnen zusammen ist, werden Sie feststellen, dass sein gutes Benehmen deutlich zunimmt, wenn Sie ihm über den Tag verteilt immer wieder für kurze Zeit intensive Aufmerksamkeit schenken. Ich nenne das »die Parkuhr füttern«, und die natürliche Entwicklung Ihres Kindes kommt Ihnen dabei sehr entgegen.

»Die Parkuhr füttern«

Jeder Autofahrer weiß, wenn er eine Parkuhr alle halbe Stunde mit einer Münze füttert, wird er nie einen Strafzettel bekommen! Ähnlich ist es mit Kleinkindern. Wenn Sie Ihr Kind im Laufe des Tages immer wieder mit kleinen Einheiten Spaß und

Aufmerksamkeit »füttern«, werden Sie sich selten mit schlechtem Benehmen auseinandersetzen müssen. Kinder benehmen sich dann einfach automatisch besser.

Nach dem Abendessen pflegte Mary 40 Minuten lang die Küche in Ordnung zu bringen, bevor sie mit ihrem zweijährigen Sohn Ethan spielte. Während er auf die Spielzeit wartete, wurde er zunehmend unleidlicher. Mary löste das Problem auf geniale Weise, indem sie »seine Parkuhr fütterte«! Sie unterbrach ihre Hausarbeit nach 20 Minuten, bevor er zu sehr quengelte, spielte fünf Minuten mit ihm, beendete dann den Abwasch und kuschelte anschließend noch einmal eine Viertelstunde vor dem Schlafengehen mit ihm.

Durch das »Füttern der Parkuhr« geben Sie Ihrem Kind deutlich grünes Licht, als ob Sie sagen würden: *Mir gefällt das, was du tust. Mach weiter!* Und je mehr Sie seine Kooperationsbereitschaft fördern, desto mehr bekommen Sie.

Die natürliche Entwicklung Ihres Kleinkindes kommt Ihnen entgegen

An manchen Tagen fällt es schwer, hinter dem Quengeln und Trotzen das süße Kleinkind zu sehen. Aber mit etwa 15 Monaten entwickelt Ihr Kind einige wunderbare neue Eigenschaften, durch die die Karten zu Ihren Gunsten neu gemischt werden:

- **Sein Gehirn reift.** Zwischen 18 und 36 Monaten kommt die vernünftige, sprachbegabte, seine Impulse kontrollierende linke Gehirnhälfte Ihres Kindes stärker zum Tragen. Die angenehme Eigenschaft »Geduld« prägt sich aus, und das Verhalten verändert sich vom *Immer-haben-haben-haben-Wollen* hin zum *Kurz-warten-bis man-an-der-Reihe-ist!*

- **Es hat den Wunsch, Sie nachzuahmen.** In den Augen Ihres Kleinkindes sind Sie extrem toll. Deshalb möchte Ihr 18 Monate altes Kind *alles*, was Sie tun, beobachten und nachahmen, vom Bodenwischen bis hin zu freundlichem Verhalten. (Vorsicht, es ahmt auch Fluchen nach!)

- **Es fühlt sich in andere ein.** Der Wunsch Ihres Kleinkindes, einen weinenden Freund zu umarmen, bedeutet einen großen Schritt vom egozentrischen Baby zum Anteil nehmenden Kind. Es möchte jetzt »das Richtige« tun, um Ihnen eine Freude zu machen. Und aus seiner neuen Liebe zu Haustieren, Puppen und Freunden wird irgendwann echtes Mitgefühl.

Sara weinte, weil sie gerade am Telefon eine schlechte Nachricht erhalten hatte. Als ihr zweijähriger Sohn Max sah, dass sie traurig war, bot er ihr zu ihrem Erstaunen seinen Teddy an und tätschelte ihr den Rücken.

- **Es mag Ordnung (und sogar Regeln).** Vielleicht ist Ihr Kind ein kleiner Wildfang, aber jetzt ist es ein Wildfang mit Plan! Im Alter von etwa 18 Monaten macht es Kindern Spaß, alle Autos auf einen Haufen zu legen und alle Pferde auf einen anderen. Leider kann diese Ordnungsliebe auch sehr rigide werden. In diesem Alter schreien manche Kinder, wenn sie einen Keks mit abgebrochener Ecke bekommen, und sie bestehen oft darauf, immer wieder dieselben Bücher – in derselben Reihenfolge – zu lesen.

Empfehlung 1 für grünes Licht: Bonuszeiten
Durch Aufmerksamkeit, Lob und Spiel die Kooperationsbereitschaft fördern

Sicher haben Sie von Auszeiten gehört (ein Kind, das sich schlecht benommen hat, muss irgendwo alleine sitzen). Nun, Bonuszeiten sind genau das Gegenteil davon: Ein Kind, das sich gut benimmt, erhält kleine Einheiten Spiel und Bestätigung. Erfahrene Eltern und Lehrer wissen, dass ein stetiger Strom von Bonuszeiten viel mehr dazu beiträgt, ein zufriedenes, kooperatives Kind zu erziehen, als ein stetiger Strom von Auszeiten! Es gibt viele Arten von Bonuszeiten. Ausführlicher möchte ich über die drei sprechen, die ich selbst bevorzuge:

- Aufmerksamkeit,
- Lob,
- Spiel.

Bonuszeiten: Aufmerksamkeit

Wenn davon die Rede ist, Kinder in erwünschtem Verhalten zu bestärken, denken wir automatisch an Lob. Lob ist etwas Tolles, und ich werde gleich darauf zu sprechen kommen. Aber noch wichtiger ist es, einfach ein wenig Aufmerksamkeit zu schenken!

Was ist damit gemeint? Wenn Sie Ihrem Kind zeigen, dass Sie sich für das, was es tut, interessieren, fühlt es sich großartig. (Denken Sie daran, dass Sie sein Star sind! Wie würden Sie sich fühlen, wenn Ihr Idol Ihnen mit echtem Interesse bei etwas zusehen würde?)

Wann setzt man es ein? Bei allen Kleinkindern, den ganzen Tag!

Wie macht man es? Denken Sie in kleinen Einheiten (»mundgerechten Bissen«). Sie müssen nicht rund um die Uhr an der Seite Ihres Kindes ausharren. Hier zehn Beispiele dafür, wie Sie mit einem Blick, einer Berührung oder ein paar Worten seine Parkuhr füttern können:

- Sitzen Sie still bei Ihrem Kind, und schauen Sie ihm interessiert zu.
- Zwinkern Sie Ihrem Kind zu.
- Lächeln Sie.
- Ziehen Sie die Augenbrauen hoch, und nicken Sie angenehm überrascht.

- Geben Sie das Zeichen »Daumen oben«.
- Umarmen Sie Ihr Kind.
- Streicheln Sie ihm über das Haar oder den Rücken.
- Schütteln Sie seine Hand, oder klatschen Sie seine Hand ab (»Gib mir fünf«).
- Sagen Sie beim Zuschauen »Hmm!« oder »Gut!«.
- Fassen Sie kurz in Worte, was Ihr Kind tut.

Ein Beispiel: »*Hmmm, du schiebst den Lastwagen! Rums! Direkt in den Teddy.*« (*Sie können sogar ein Quäntchen Lob hinzufügen:* »*Das kannst du gut!*«) *Dann wenden Sie sich eine Weile Ihren eigenen Angelegenheiten zu, während Ihr Kind zufrieden weiterspielt.*

Massage: Eine ganz besondere und besonders förderliche Form der Aufmerksamkeit

Verwöhnen Sie Ihr Kind mit liebevollen Berührungen! Berührungen sind reichhaltige »Nahrung« für die gesunde Entwicklung unserer Kleinen. Ihr Kleinkind könnte problemlos ohne Milch leben, aber ohne liebevolle Berührungen wäre es für sein Leben gezeichnet. (Ich stimme der renommierten Psychologin Virginia Satir zu, die gesagt hat, dass wir alle vier Umarmungen pro

Tag brauchen, um zu überleben, acht, um ruhig zu bleiben, und zwölf, um stärker zu werden.)

Eine abendliche Massage ist daher ein kostbares Geschenk für Ihr Kind. Sie entspannt die Muskeln, stärkt das Immunsystem, stimmt auf den Schlaf ein und lehrt Zärtlichkeit und Intimität. (Und – als zusätzliches Bonbon – wirkt eine Massage auch bei dem, der sie gibt, gegen Stress, Angst und Depressionen.)

Zudem zeigte eine an der McGill University in Montreal durchgeführte Studie einen unerwarteten Vorteil von Massagen: höhere Intelligenz. Die Wissenschaftler untersuchten zwei Gruppen von Rattenbabys, von denen die eine Hälfte viele Streicheleinheiten von »berührungsfreudigen« Muttertieren erhielt, während die andere Hälfte »zurückhaltende« Mütter hatte, von denen sie selten berührt wurden. Als die Rattenjungen älter wurden, war die mit vielen Streicheleinheiten aufgewachsene Gruppe besonders intelligent. Das lag daran, dass das Lernzentrum in ihrem Gehirn – das dem Lernzentrum des Menschen sehr ähnlich ist – gesündere, komplexere Verbindungen hergestellt hatte.

Somit liegt der Schluss nahe, dass Kuscheln und Massagen sich nicht nur gut anfühlen und Stress reduzieren, sondern sogar den IQ Ihres Kindes erhöhen können!

Bonuszeiten: Lob

Ihr Kind über den Tag verteilt immer wieder zu loben ist eine großartige Möglichkeit, wünschenswertes Verhalten zu fördern. Allerdings liegt im Lob ein gewisses Risiko, wenn es falsch gehandhabt wird. Folgendes müssen Sie beachten, damit Ihr Lob auch wirklich zählt:

- ◆ *Loben Sie ausgewogen.* Stellen Sie sich das Lob als leckeren Auflauf vor, den Sie Ihrem Kind servieren: Er enthält viele einfache Nudeln (ruhige Aufmerksamkeit) und eine große Tasse würziger Soße (mildes Lob und Ermutigung). Zum Schluss wurde aromatischer Käse darübergestreut (enthusiastisches Lob).

Kinder brauchen ausgewogenes Lob. Kinder von Eltern, die ständig überschwänglich loben (»Du bist der Beste auf der ganzen Welt!«), werden am Ende entweder misstrauisch gegenüber jeder Form von Lob oder brauchen zur Stärkung ihres Selbstwertgefühls ständigen Beifall.

- *Loben Sie das erwünschte Verhalten, nicht das Kind.* Wenn Sie beim Abwasch helfen, würden Sie dann lieber hören wollen: »Danke fürs Töpfeschrubben, das war wirklich eine Hilfe« oder: »Du bist mein allerbester Helfer!«?
  Ich würde die erste Formulierung empfehlen, denn »Du bist mein allerbester Helfer!« mag an einem Tag zutreffen, am nächsten aber nicht mehr (wenn das Kind keine Lust hat zu helfen). Dagegen entspricht die Aussage »Danke fürs Töpfeschrubben, das war wirklich eine Hilfe« hundertprozentig der Wahrheit und betont genau das erwünschte Verhalten.

- *Loben Sie gute Versuche.* Loben Sie Ihr Kind dafür, dass es etwas versucht, auch wenn es ihm nicht vollends gelingt. (»Das war ein ganz guter Versuch, die Milch einzugießen.«) So können Sie beobachten, wie es ständig Fortschritte macht, und Ihr Kind fühlt sich die ganze Zeit wie ein Champion.

- *Nehmen Sie Lob nicht zurück.* »Gut, du hast deine Spielsachen aufgeräumt. Aber warum musste ich es so oft sagen?« Psychologen nennen das »ein Lob verderben«, und wir mögen es alle nicht. Es ist, als ob man ein Geschenk bekommt, das einem sofort wieder aus der Hand gerissen wird. Das lehrt Kinder, keinem Kompliment zu trauen.

Bonuszeiten: Indirektes Lob

Indirektes Lob ist meine Lieblingsmethode zur Bestärkung von erwünschtem Verhalten.

Was ist damit gemeint? Indirektes Lob bedeutet, zu einer anderen Person positive Dinge über Ihr Kind zu sagen, und zwar so, dass Ihr Kind es hört. Das funktioniert so gut, weil wir alle (Kinder und Erwachsene) eher dazu neigen, Dinge zu glauben, wenn wir sie zufällig mit anhören, als wenn wir direkt angesprochen werden. Indirektes Lob ist fünfmal so wirkungsvoll wie direkt ausgesprochenes Lob. (Und auch indirekte Kritik hat eine fünfmal stärkere Wirkung.)

Wenn beispielsweise eine Freundin zu Ihnen sagt: »Du siehst gut aus«, tun Sie es möglicherweise als höfliche Bemerkung ab. Wenn Sie aber zufällig mit anhören, wie Ihre Freundin diese Aussage über Sie gegenüber einer anderen Person macht, lächeln Sie wahrscheinlich und nehmen es ernst. (Schließlich war es nicht für Ihre Ohren bestimmt und daher nicht als Schmeichelei gedacht.)

Wir neigen an sich schon dazu, Dinge zu glauben, die wir zufällig mithören, aber wenn diese Dinge auch noch – wie ein Geheimnis – geflüstert werden, glauben wir sie umso mehr.

Wann setzt man es ein? Ab einem Alter von 15 bis 18 Monaten. Dann beginnen sie zu verstehen, dass Menschen flüstern, wenn sie etwas besonders Wichtiges zu sagen haben.

Wie macht man es? Lassen Sie Ihr Kind mithören, wie Sie es loben ... *indem Sie laut flüstern.*

Empfehlung 1 für grünes Licht: Bonuszeiten

- Wenn Ihr Kind in der Nähe ist, loben Sie es flüsternd, während Sie sich mit jemand anderem unterhalten. Sie können das Lob einer beliebigen »Person« zuflüstern, auch einer Puppe. Blinzeln Sie dabei Ihrem Kind nicht zu und schauen Sie nicht in seine Richtung. Indirektes Lob funktioniert nur, wenn ihr Kind denkt, dass es das Lob nicht hören soll.
Halten Sie beispielsweise die Hand an den Mund und flüstern Sie laut den Vögeln draußen vor dem Fenster zu, wie toll Ihr Kind heute sein Mittagessen aufgegessen hat. Wenden Sie sich dann wieder Ihrem Kind zu, tun Sie, als ob nichts gewesen sei, und loben Sie es in abgeschwächter Form: »Gut gegessen, Schatz.« Auch wenn Ihr Kind nicht alles versteht, was Sie sagen, wird es sich durch Ihren bewundernden Tonfall wertgeschätzt fühlen!

- Wenn Ihr Kind näher kommt, um zuzuhören, flüstern Sie leiser, so als ob Sie ein großes Geheimnis weitersagen würden. Bei einem älteren Kleinkind können Sie einige Wörter nuscheln, sodass es sie nicht verstehen kann. Dadurch erwecken Sie wirklich den Eindruck, dass Sie nicht gehört werden wollen. Wenn es triumphierend ruft: »Ich höre dich!«, sagen Sie einfach: »Ach, es ist gar nichts Wichtiges.«

- Wiederholen Sie später dasselbe Kompliment gegenüber einer anderen Person. Ihr Kind wird sich freuen und denken: Das muss wahr sein, wenn ich es in letzter Zeit so oft höre.

Ein Beispiel: *Eines Tages kam Louise mit ihrem dreijährigen Sohn Tom zu mir, weil er Halsschmerzen hatte. Statt mit Tom darum zu* *kämpfen, dass er seinen Mund öffnete, verwendete ich indirektes Lob. Ich neigte mich zu Louise hinüber und flüsterte laut: »Es gefällt mir wirklich, wenn Tom den Mund aufmacht und mir seine großen Löwenzähne zeigt.« Dabei hielt ich eine Hand an meinen Mund, als ob ich ein Geheimnis erzählte (ich hielt die Finger ein wenig gespreizt, damit Tom meinen offenen Mund sehen konnte*

und wusste, was er tun sollte). Als ich ein paar Sekunden später meine Leuchte einschaltete, öffnete Tom sofort weit den Mund... wie durch Zauberei!

Bonuszeiten: Kleine Belohnungen

Kleine Geschenke können Wasser auf die Mühlen der Kooperation sein. Manche Kritiker halten nichts davon, Kindern »Belohnungen« zu geben, weil sie der Meinung sind, dass Kinder aus Respekt vor dem Erwachsenen gehorchen sollten. Das ist ein netter Gedanke, aber von Kleinkindern zu erwarten, dass sie aus reinem Respekt gehorchen, ist so, als ob man von einem Baby Geduld erwarten würde. Es ist vollkommen unrealistisch.

Was ist damit gemeint? Kleine Belohnungen (Anreize) sind kleine Geschenke, durch die wir anerkennen, dass ein Kind etwas tut, das uns gefällt. Belohnungen sind keine Bestechungen. Bestechungen dienen dazu, *schlechtes* Benehmen zu verhindern, während Anreize zu *gutem* Benehmen auffordern. Natürlich sind Sie selbst die wichtigste Belohnung für Ihr Kind. Sein liebstes Geschenk ist eine kleine Balgerei, eine Insektenjagd, Fangen spielen oder Geschichten erzählen. Aber gelegentliche kleine Anreize wie Sticker, Murmeln, Handstempel oder eine kleine Süßigkeit können eine Zauberwirkung haben.

Moment mal! Hat er gerade »Süßigkeit« gesagt?

Klug – und selten – eingesetzte Süßigkeiten sind für Kleinkinder eine sehr wirkungsvolle Belohnung. Keine Angst, einen Lolli oder Keks als gelegentliche Belohnung einzusetzen, führt nicht zu Übergewicht oder einer lebenslangen Sucht nach Süßigkeiten.

Wann setzt man es ein? Bei allen Kleinkindern.

Wie macht man es? Nehmen wir an, der Windelwechsel ist jeden Tag ein Kampf. Stellen Sie Ihr Kind auf den Tisch, und holen Sie eine kleine Belohnung hervor, wie beispielsweise einen speziellen »Windelkeks« (den es nur beim Wickeln gibt). Bieten Sie die Hälfte des Kekses zu Beginn des Wickelns und die zweite während des Wickelns, etwa zur »Halbzeit«, an. In der Regel wird der Widerstand gegen den Windelwechsel innerhalb weniger Tage nachlassen.

Halten Sie ein paar Tage später die zweite Hälfte des Kekses bis zum Ende des Wickelns zurück. Verringern Sie nach einer weiteren Woche die Belohnung auf einen halben Keks nach dem Wickeln. Nach einer Weile brauchen Sie den Keks nicht mehr. (Natürlich müssen Sie die Windel trotzdem so schnell wie möglich wechseln. Schließlich lässt sich so ein quirliger kleiner Zeitgenosse nur eine gewisse Zeit mit einem halben Keks ruhigstellen!)

Belohnen Sie die Kooperation Ihres Kindes zusätzlich noch, indem Sie – beispielsweise mit überschwänglichem Lob und einem kurzen Spiel nach dem Wickeln – »seine Parkuhr füttern«. Ihre liebevollen Bonuszeiten werden noch lange, nachdem die Kekstaktik aufgegeben wurde, die größte Belohnung für Ihr Kind sein.

Bonuszeiten: Handmarkierungen

Was ist damit gemeint? Sie wissen sicher, wie sehr Kinder Handstempel und Tattoos mögen. Die Expertin für Kindesentwicklung Dr. Barbara Howard empfiehlt, Kleinkinder mit einer Farbstiftmarkierung (beispielsweise einem Häkchen) auf dem Handrücken zu belohnen, wenn sie etwas gut machen.

Handmarkierungen sind großartig, weil Kinder sie den ganzen Tag vor Augen haben und daran erinnert werden, dass sie etwas gut gemacht haben.

Wann setzt man es ein? Bei allen Kleinkindern.

Wie macht man es? Geben Sie Ihrem Kind jedes Mal, wenn es etwas gut gemacht hat, einen Handstempel. Beim Zubettgehen können Sie die Häkchen zählen und daran erinnern, womit sie verdient wurden. Ihr Kind wird sich am Ende des Tages wie ein Sieger fühlen! (Siehe auch *Bettgeflüster* auf Seite 179.)

Dieser Vorschlag ist einfach umzusetzen, zeigt Wirkung und kostet keinen Cent.

Bonuszeiten: Sternposter

Was ist damit gemeint? Ein Sternposter ist eine großartige Möglichkeit, mithilfe einer kleinen Belohnung die Parkuhr eines älteren Kleinkindes zu füttern.

Wann setzt man es ein? Bei Kleinkindern ab zwei Jahren.

Wie macht man es?

- *Konzentrieren Sie sich auf drei Aktivitäten.* Wählen Sie zwei aus, die Ihr Kind bereits regelmäßig ausführt (wie etwa Händewaschen oder Zähneputzen), und eine, die es sich noch nicht angeeignet hat (zum Beispiel ein wenig Gemüse essen oder seine Spielsachen aufräumen). Legen Sie sehr konkrete Ziele fest. Beispielsweise ist es viel klarer, Ihr Kind aufzufordern, Danke zu sagen, als es aufzufordern, höflich zu sein. Und die Aufforderung »Keine Streitereien im Kindergarten!« ist klarer als »Sei nett zu anderen Kindern!«.

- *Erklären Sie Ihren Plan.* Setzen Sie sich in einem ruhigen Augenblick mit Ihrem Kind hin, und sprechen Sie mit ihm über Dinge, die es in letzter Zeit gut gemacht hat. Erwähnen Sie dann Ihren »Unterstützungsplan«: »Schatz, mir gefällt vieles von dem, was du tust, aber ich würde dir gern helfen, noch ein paar andere Dinge zu tun.« Nennen Sie ihm die drei Dinge, die es jeden Tag tun soll. Erklären Sie ihm, dass es jedes Mal, wenn es etwas davon tut, einen Stern bekommt.

- *Treffen Sie die Vorbereitungen.* Zeichnen Sie einen Zwei-Wochen-Plan auf ein großes Blatt Papier. Lassen Sie Ihr Kind helfen, den Plan mit Zeichnungen oder ausgeschnittenen

Lob für unterschiedliche Altersstufen und Phasen

Passen Sie Ihre Art zu loben an das Alter Ihres Kindes an.

- *Kleinkinder zwischen 12 und 18 Monaten:* Seien Sie großzügig mit Lob. Setzen Sie viel Lächeln und ein wenig Applaus und ein paar lobende Worte ein (die mehrmals wiederholt werden).
  Beispiel: »Jaa! Du bist sooo schnell zu mir gekommen... sooo schnell! Jaa! Sooo schnell!«

- *Kleinkinder zwischen 18 und 36 Monaten:* Reduzieren Sie das überschwängliche Lob etwas. Die meiste Zeit lächeln Sie, nicken und verteilen maßvolles Lob.
  Beispiel: »Hmmm, du hast einen *großen* Turm gebaut.«

- *Kleinkinder zwischen drei und vier Jahren:* Ältere Kleinkinder könnten das Gefühl haben, lächerlich gemacht zu werden, wenn Sie zu dick auftragen. Also schwächen Sie Ihr Lob etwas ab, und steigern Sie die Wirkung durch indirektes Lob, Handmarkierungen, Sticker und Sternposter. Eine besondere Art von Lob, die ältere Kleinkinder sehr mögen, sind Vergleiche mit etwas Klugem oder Starkem.
  Beispiel: »Danke für das Schlüsselholen. Du warst schnell wie ein Tiger!«

Bildern auszuschmücken. Gehen Sie dann mit ihm einkaufen, und lassen Sie es seine Lieblingssterne oder Sticker auswählen. Wenn Sie Ihr Kind auf diese Weise in das Projekt einbeziehen, wird es sehr daran interessiert sein, Erfolg zu haben. Schließlich geht es um *sein* Sternposter.

Wenn Ihr Kind ein Ziel erreicht, lassen Sie es selbst einen Stern auf das Poster kleben. Steigern Sie die Wirkung des Posters, indem Sie indirektes Lob einsetzen.

Geben Sie Bonussterne für besondere Kooperation, und fragen Sie Ihr Kind, welche besondere kleine Belohnung es für je zehn Sterne bekommen will (lustige Sticker, Murmel, Keks).

Kinder sind stolz auf ihre Poster. Hängen Sie das Sternposter an einer Stelle auf, an der Ihr Kind (und auch sonst jeder) es sehen kann. Dann bekommt es jedes Mal, wenn es daran vorbeigeht und seinen Erfolg sieht, eine Dosis »visuellen Lobs«.

Erneuern Sie das Poster alle zwei Wochen, und fügen Sie neue Aktivitäten hinzu, wenn Ihr Kind die alten Ziele immer besser erreicht.

Bonuszeiten: Spielen

Was ist damit gemeint? Einer der größten Kindheitsmythen ist die Behauptung, Spielen sei nur leichtfertige Unterhaltung, eine »Zeitverschwendung«. Tatsächlich ist Spielen während der Kleinkindzeit wichtiger als formales Lernen. Spielen ist für Kleinkinder äußerst entwicklungsfördernd. Wenn Sie Ihrem Kind täglich eine große Dosis »Vitamin S« geben, erreichen Sie Folgendes:

- Seine Sinne werden angeregt.
- Es lernt Bewegungsabläufe.
- Sein Denken wird geschärft.
- Seine Sprachentwicklung wird gefördert.
- Es erwirbt soziale Fähigkeiten.
- Es erfährt etwas über die Welt.
- Sein Immunsystem wird stimuliert.
- Sein Selbstvertrauen wird gestärkt.
- Es schläft besser.

Sehen Sie, weshalb Spielen eine so großartige Möglichkeit ist, die Parkuhr Ihres Kindes zu füttern? Die Tage glücklicher, gesunder Kleinkinder sind angefüllt mit Fangen, Rollenspielen, Herumtollen und Basteln.

Wie macht man es? Es gibt drei Arten von Spiel, die Ihr Kind jeden Tag erleben sollte:

- Spielen im Freien,
- kreative Aktivitäten,
- Lesen.

Spielen im Freien:
Kinder »drehen durch«, wenn sie eingesperrt sind

Einige meiner glücklichsten Kindheitserinnerungen sind die vom Spielen im Freien: Grashügel hinunterrollen, in Laubhaufen hüpfen, Schneemänner bauen. (Viele von uns haben noch immer Spaß an diesen Dingen.)

Aber während Erwachsene die frische Luft genießen, mögen Kleinkinder sie nicht nur – sie *brauchen* sie. Ein Zweijähriger, der den ganzen Tag in einer Wohnung eingesperrt ist, fühlt sich möglicherweise so gefangen wie Tarzan in einem Smoking.

Haben Sie keine Angst davor, bei »schlechtem Wetter« ins Freie zu gehen. Regen, Wind und Schnee machen das Spielen draußen noch aufregender. Statten Sie sich selbst und Ihr Kind mit angemessener Kleidung und guten Schuhen aus, gehen Sie raus, und haben Sie Spaß!

Kreatives Spielen:
Das Lieblingsspielzeug Ihres Kindes ist sein Gehirn

> *Fantasie ist wichtiger als Wissen.*
> Albert Einstein

Fantasie ist der Schlüssel zu den größten Errungenschaften der Menschheit – von der Kunst bis zu den Naturwissenschaften. Deshalb bedauere ich es sehr, dass in unseren Schulen der Kunst- und Werkunterricht so kurz kommt. Naturwissenschaften und Mathematik sind selbstverständlich wichtig, aber, wie das vollständige Zitat von Einstein besagt: »Fantasie ist wichtiger als Wissen. Denn während durch Wissen das definiert wird, was wir derzeit kennen und verstehen, ist die Fantasie auf all das ausgerichtet, was wir noch entdecken und erschaffen könnten.«

Regen Sie die Kreativität Ihres Kleinkindes mit folgenden Dingen an:

- **Bastel- und Malutensilien.** Setzen Sie auf Vielfalt: Kreide, Knete, Collagematerialien, Wasserfarben, Fingerfarben.

- **Echte Haushaltsgegenstände oder entsprechende Spielzeuge.** Kleinkinder lieben es, Erwachsene nachzuahmen. Geben Sie Ihrem Kind Haushaltsgegenstände wie Töpfe, Pfannen, Kochlöffel, ein Spielzeugtelefon oder einen kleinen Besen und eine Kehrschaufel.

- **Requisiten für Rollenspiele.** Puppen und Puppenhäuser, Action- und Dinosaurierfiguren und jede Menge Tücher, Kleider und Kostüme zum Verkleiden sollte es in jedem Haushalt mit Kindern geben. Mit drei Jahren wollen Kinder nicht mehr nur Mama und Papa nachahmen, sondern neue Identitäten ausprobieren wie Prinzessin, Ballerina, Feuerwehrmann oder Cowboy.

- **Sinnesanregende Materialien.** Darunter fallen Ton, ein Sandkasten oder -tisch, ein Planschbecken, Gießkanne, Gießspielzeug für die Badewanne, Muster von verschiedenen Materialien (Seide, Samt, Cord, Sandpapier).

Lesespiele: Lesen beflügelt

Sie wollen die Gehirnentwicklung Ihres Kindes fördern? Dann füttern Sie es mit Lesestoff! Der Schlüssel zum Lesen mit Kleinkindern ist, es *mit ihnen gemeinsam* zu tun. Durch Lesen werden Kinder klüger, *und* es ist eine schöne Gelegenheit, sich aneinanderzukuscheln und sich gemeinsam an etwas zu erfreuen.

- *Kleinkinder zwischen 12 und 24 Monaten:* Kinder in diesem Alter sind sehr aktiv! Also wählen Sie zum Lesen einen Zeitpunkt aus, zu dem Ihr Kind müde ist. Verwenden Sie Bücher aus Stoff oder Pappe. Sprechen Sie ausführlich über das, was Sie sehen: »Schau, ein Hund! Wie macht ein Hund? Was isst ein Hund?« Machen Sie aus dem Lesen ein Spiel: »Du bist der Hund. Kannst du bellen? Wauwau! Welche Tiere finden wir sonst noch?«

- *Kleinkinder zwischen zwei und drei Jahren:* Zweijährige wissen meist sehr genau, wie Dinge »richtig« sind. Möglicherweise protestiert Ihr Kind lautstark, wenn Sie einen Teil einer Geschichte weglassen, die es auswendig kann: »Mach es richtig!« Geben Sie Ihrem Kind, während Sie umblättern, die Möglichkeit, zu zeigen, was es schon weiß, indem Sie fragen: »Was passiert jetzt?«

- *Kleinkinder zwischen drei und vier Jahren:* Ältere Kleinkinder mögen Geschichten über Tiere und Menschen (und Lastwagen!). Und sie vergleichen gern das, was in einer Geschichte passiert, mit Situationen, die sie selbst erlebt haben. »Oh, schau, der Hase hat sein Eis fallen lassen... So wie dir beim Frühstück das Müsli vom Löffel geplumpst ist.« Ältere Kleinkinder sagen Zeilen aus Büchern für ihre Stofftiere auf und erfinden sogar schon eigene Geschichten. Jetzt sind sie in dem Stadium, in dem sie es toll finden, wenn Sie »versehentlich« Wörter durcheinanderbringen. Sie glucksen vor Freude, wenn sie *Sie* dabei ertappen, wie Sie einen »Fehler« machen.

Ist Fernsehen eine gute Bonuszeit?

Eltern haben es heutzutage nicht leicht. Sie sind zeitlich sehr eingespannt und bekommen wenig Unterstützung von der Familie. Daher ist es verständlich, wenn manche Eltern das Fernsehgerät einschalten, damit ihr Kleinkind Unterhaltung hat, während sie ihre Arbeit erledigen.

Ich vergleiche Fernsehen immer mit Süßigkeiten: Gelegentlich ein wenig davon ist in Ordnung, aber es sollte nicht zur Hauptnahrung werden. Ich empfehle, dass Sie die Fernsehzeit Ihres Kleinkindes nach folgenden Richtlinien beschränken:

- *Der Fernseher darf nicht im Zimmer des Kindes stehen!*

- *Begrenzen Sie die Gesamtfernsehdauer.* Weniger ist immer besser! Schauen Sie die Sendungen nach Möglichkeit zusammen mit Ihrem Kind an, und sprechen Sie mit ihm darüber.

- *Seien Sie wählerisch.* Lassen Sie Ihr Kind nur gewaltfreie Zeichentrickfilme, kindgerechte Naturfilme und pädagogisch wertvolle Kindersendungen sehen.

Empfehlung 2 für grünes Licht: Das Selbstvertrauen stärken

> *Ohne Hoffnung und Vertrauen können wir nichts erreichen.*
> Helen Keller

Wir wissen alle, wie schwierig es ist, Kleinkinder zu erziehen, aber wer macht sich schon bewusst, wie schwierig es ist, ein Kleinkind zu SEIN? Kleinkinder ziehen *ständig* den Kürzeren. Sie sind schwächer, langsamer, kleiner, sprachlich weniger ausdrucksfähig und ungeschickter als fast alle Menschen, die sie kennen. Deshalb stampfen sie gern in Pfützen herum (weil es so heftig spritzt) und zeigen ihre Muskeln. Und deshalb können sie auch so schrecklich starrsinnig sein und sich weigern, zuzuhören oder nachzugeben.

Sie wollen einfach ab und zu auch einmal gewinnen!

Sie können Ihr Kind nicht vor allen Niederlagen bewahren, die es erleben wird. (Und das würden Sie auch nicht wollen, denn Niederlagen stärken den Charakter.) Aber Sie können Ihrem Kind helfen, selbstsicherer und stärker zu werden, damit es über Enttäuschungen schneller hinwegkommt.

Respekt – und ein bisschen Albernheit – geben Kindern das Gefühl, Gewinner zu sein. Deshalb suchen gute Eltern nach Möglichkeiten, ihren Kindern zu helfen, sich klug, schnell und stark zu fühlen. Das kann so einfach (und lustig) sein, wie beispielsweise Ihr Kind eine Kissenschlacht gewinnen zu lassen oder ihm zu erlauben, den Teller auszusuchen, von dem es essen möchte.

Dem Kind kleine Triumphe verschaffen

Das ist einer der wichtigsten Erziehungsgrundsätze überhaupt: Wenn Sie Ihrem Kind helfen, im Laufe des Tages viele kleine Erfolge und Triumphe zu erleben, verhält es sich automatisch respektvoller und kooperativer. Weshalb? Weil selbst unsere kleinen Höhlenkinder die Regel der Fairness verstehen: *Nachdem ich ein paarmal gewonnen habe, kommst du an die Reihe.*

Stellen Sie es sich so vor: Sie fahren nach Las Vegas und gewinnen eine Million Dollar. Sie fühlen sich großartig. Wie ein Sieger! Ihre Taschen sind prall gefüllt mit Geld. Auf dem Weg aus dem Casino sehen Sie einen Bettler. Vielleicht geben Sie ihm 100 oder sogar 1000 Dollar. Warum nicht? Sie haben so viel gewonnen, dass Sie großzügig gestimmt sind. Es ist keine große Sache für Sie. Wenn Sie aber gerade Ihre gesamten Ersparnisse verloren haben, geben Sie dem Bettler wahrscheinlich nicht einmal einen Cent. Warum? Weil Sie *nichts* zu geben haben, wenn Sie das Gefühl haben, *nichts* zu besitzen.

Genauso ergeht es Ihrem Kind. Wenn es sich den ganzen Tag wie ein Verlierer fühlt, ist es viel weniger geneigt, mit Ihnen zu kooperieren. Aber wenn Sie es immer wieder einmal »gewinnen« lassen, ist die Wahrscheinlichkeit höher, dass es auch Sie bei einigen Aus-

> einandersetzungen gewinnen lässt (und beispielsweise einen Bissen Brokkoli probiert), weil es bei sich denkt: *Weißt du was, Mami, ich habe heute schon so oft gewonnen, dieses Mal lasse ich dich gewinnen.*

Zwei gute Möglichkeiten, das Selbstvertrauen Ihres Kleinkindes zu stärken, sind: Zeigen Sie ihm, dass Sie an es glauben, und (mein absoluter Favorit) spielen Sie den Clown.

Das Selbstvertrauen stärken: Zeigen Sie Ihrem Kleinkind, dass Sie an es glauben

Je mehr Ihr Kind davon überzeugt ist, dass Sie an es glauben, desto mehr glaubt es an sich selbst. Einige einfache Möglichkeiten, schnell das Selbstvertrauen Ihres Kindes zu stärken:

Hören Sie respektvoll zu. Wenn Sie Ihrem Kind geduldig und respektvoll zuhören, vermitteln Sie ihm die Botschaft, dass Sie es wirklich als Person wertschätzen.

Bitten Sie um Hilfe: »Kannst du das für mich tragen?« Wenn Sie Ihr Kind um Hilfe bitten, sagen Sie ihm damit: *Ich weiß, dass du es kannst.* Es wird vor Freude strahlen, wenn es Ihnen zeigen darf, was es schon kann. Beispielsweise könnten Sie sagen: »Schatz, ich habe beide Hände voll, kannst du Mami helfen und die Handtasche tragen?«

Bieten Sie Wahlmöglichkeiten an: »Welche sollen wir nehmen?«
Wir müssen täglich viele Entscheidungen treffen. Überlassen Sie einige davon Ihrem Kind. Einjährige sind noch nicht besonders gut im Fällen von Entscheidungen, aber Zweijährige freuen sich sehr, wenn sie aufgefordert werden, etwas auszuwählen: »Welche Blumen sollen wir kaufen, die rosafarbenen oder die gelben?«

Wenn Sie Ihr Kind nach seiner Meinung fragen, zeigt ihm das, dass Sie es für klug halten und darauf vertrauen, dass es eine gute Wahl trifft.

Zwei wichtige Regeln für Entscheidungen:

- *Bieten Sie nicht zu viele Wahlmöglichkeiten an.* Für das unreife Gehirn Ihres Kleinkindes können zu viele Möglichkeiten eine Überforderung darstellen. »Willst du die Milch im roten, gelben, grünen oder lila Becher?« Eiscreme in 39 Geschmacksrichtungen? *Hilfeee!*

- *Fragen Sie Ihr Kind nie nach seiner Meinung, wenn Sie nicht vorhaben, sie zu akzeptieren.* Fragen Sie es beispielsweise nicht, welche Blumen Sie kaufen sollen, wenn Sie sich bereits unumstößlich für die rosafarbenen entschieden haben.

Lassen Sie es Dinge selbst tun: »Du kannst es!« Ihr Kleinkind braucht möglicherweise fünf Minuten für etwas, das Sie in fünf Sekunden erledigen würden, aber drängeln Sie es nicht! Stecken Sie die Hände in die Taschen, kneifen Sie die Lippen zusammen, atmen Sie tief und langsam, und ermutigen Sie es. (»Du strengst dich wirklich an!« »Gut, du hast es schon fast geschafft!«) Wenn Sie es sich verkneifen können, einzugreifen, vermitteln Sie Ihrem Kind durch Ihre Geduld und Ihre Körpersprache, dass Sie es ihm zutrauen, auch schwierige Dinge zu bewältigen.

Lassen Sie Ihr Kind an der Aufgabe arbeiten, auch wenn es darüber ein wenig frustriert wird. Natürlich sollten Sie ihm helfen, wenn es wirklich an dem Vorgenommenen verzweifelt.

Das Selbstvertrauen stärken: Den Clown spielen

Wir spielen alle manchmal den Tollpatsch, wenn wir mit unseren Kindern herumalbern. Es bringt sie zum Lachen, gibt ihnen das Gefühl, (im Vergleich zu ihrem unbeholfenen Elternteil) schlau und stark zu sein, und weckt in ihnen den Wunsch, mehr zu kooperieren.

Klingt das merkwürdig? Peinlich? Unnatürlich? Genau genommen ist es eine alberne, aber sehr kluge Idee, und ich wette, dass Sie sie bereits anwenden!

Tun Sie vielleicht Folgendes:

- Gespielt erschrecken, wenn Ihr Kind wie ein Tiger brüllt?

- Mit Ihrem Kind um die Wette laufen und absichtlich verlieren?

- Eine Kissenschlacht veranstalten und sich dabei von Ihrem Kind regelrecht vermöbeln lassen?

Falls Sie irgendeine dieser Fragen mit »Ja« beantwortet haben, dann spielen Sie schon den Clown (und wissen, wie sehr Ihr

Kind das liebt)! Wenn Eltern sich tollpatschig benehmen, fühlen sich Kinder wie Sieger – und das trägt dazu bei, dass sie bei Dingen, die *uns* wichtig sind, leichter nachgeben!

Ich persönlich spiele immer wieder den Clown, wenn ich Vorsorgeuntersuchungen bei Kleinkindern durchführe. Damit erreiche ich innerhalb von Minuten oder noch schneller, dass Kinder kooperieren. Tatsächlich ist diese albern klingende Idee eine der wirksamsten Methoden, die ich kenne, die Kooperationsbereitschaft von Kleinkindern zu erhöhen und die Zahl der Trotzanfälle zu verringern. Darum lege ich Ihnen sehr ans Herz: Spielen Sie für Ihr Kind immer einmal wieder den Clown.

Was ist damit gemeint? Im Grunde geht es darum, Ihrem Kind das Gefühl zu geben, dass es klug/stark/schnell ist, indem Sie selbst den Eindruck erwecken... nun ja, ein Tölpel zu sein.

Wann setzt man es ein? Bei allen Kleinkindern, Dutzende Male am Tag. Haben Sie sich erst einmal damit vertraut gemacht, wird es zum Lieblingsspiel Ihres Kindes werden (und zu Ihrem)!

Wie macht man es? Hier ein paar lustige Beispiele dafür, wie Sie den Clown spielen können:

- *Das Baby sein.* Tun Sie so, als ob Sie etwas wollten, das Ihr Kind hat. Strecken Sie die Hand aus, und quengeln Sie wie ein Baby: »Haben, haben... biiitte!« Lassen Sie Ihr Kind Ihre klägliche Bitte ablehnen.
  Besonders gern sage ich zu meinen kleinen Patienten: »Gib mir fünf«, und tue dann so, als ob ich Angst habe. Wenn das Kind mir einen sanften Klaps gegen meine Hand gibt, danke ich ihm dafür, dass es so behutsam ist. Schlägt es jedoch hart dagegen, hüpfe ich herum und jaule in gespieltem Schmerz: »Autsch! Autsch! Autsch! Du hast mich reingelegt! Du bist nicht fair!« Dann blase ich heftig auf meine Hand, um den Schmerz zu stillen. Die Kinder kreischen vor Entzücken und wollen das Spiel immer wieder spielen.

- *Blind sein.* Tun Sie, als ob Sie nach etwas suchen würden, das direkt vor Ihrer Nase liegt.
  Sagen Sie: »Mein Buch! Wo ist mein Buch?« Wenn Ihr Kind kichernd darauf zeigt, tragen Sie noch ein bisschen dicker auf und rufen aus: »Wo? Wo? Ich sehe es nicht.« Dann schauen Sie schließlich dorthin, wo Ihr Kind hinzeigt, und sagen: »Ach, da ist es ja! Du hast es gefunden! Danke, danke!«

- **Tollpatschig sein.** Bitten Sie Ihr Kind, Ihnen etwas zu geben, und lassen Sie es »versehentlich« (immer wieder) fallen, wobei Sie »Hoppla!« rufen.

  Bevor ich einen aufgeregten Zweijährigen untersuche, lege ich immer ein Spielzeug genau an den Rand der Untersuchungsliege, sodass es herunterfällt, sobald ich loslasse. Wenn es fällt, rufe ich: »Nein! Nicht fallen!« Das wiederhole ich, wobei ich jedes Mal so tue, als ob ich das Spielzeug noch sorgfältiger ablege. Ich »befehle« dem Spielzeug (oder bitte es), nicht zu fallen. Natürlich fällt es immer wieder, wenn ich loslasse.

  Die Kinder entspannen sich schnell und schauen fragend ihre Mütter an, als ob sie sagen wollten: *Ist das wirklich der Mann, zu dem du mich bringen wolltest, Mama? Ich kann ja schon Dinge, die bei ihm nicht klappen.* Meistens lachen die Kinder und wollen mit mir spielen, weil sie sehen, dass ich so ein Tollpatsch bin, dass sie vor mir keine Angst haben müssen.

- **Verwirrt sein.** Ziehen Sie Ihren Schuh an der Hand an, oder tragen Sie Ihren Hut verkehrt herum. Erklären Sie, dass Sie nachsehen wollen, ob die Hände Ihres Kindes sauber sind, und untersuchen Sie stattdessen seine Füße. Protestieren Sie dann: »Hey, du versuchst, mich auszutricksen! Das ist nicht deine Hand!« Verlangen Sie dann, dass es Ihnen seine Hand gibt – aber schauen Sie in seiner Hosentasche nach.

- **Vergesslich sein.** Fragen Sie Ihr Kind, ob es seine grüne oder seine blaue Hose anziehen will. Nachdem es »grün« gesagt hat, tun Sie so, als ob Sie es schon wieder vergessen hätten: »Hm? Wie bitte? Hast du ›blau‹ gesagt?«

Zeigen Sie auf den Fuß Ihres Kindes, und suchen Sie nach dem richtigen Wort. Sagen Sie: »Gib mir deinen... ähm... deinen... äh.« Runzeln Sie die Stirn, als ob Sie sich einfach nicht an das Wort »Fuß« erinnern könnten. Stottern Sie weiter herum, und zeigen Sie auf den Fuß. Innerhalb von Sekunden wird Ihr Kind seinen Fuß heben und stolz den Satz beenden: »Fuß, FUUSS!«

- *Wichtigtuerisch Fehler machen.* Singen Sie laut den falschen Text zu einem Lied: »Zum *Elefanten* viel Glück! Zum *Elefanten* viel Glück!« Ihr Kind wird Sie bereitwillig korrigieren, doch Sie tun so, als ob Sie sicher seien, das Richtige gesungen zu haben. (»Nein, der Text stimmt!«) Oder als ob Ihr Kind Sie falsch verstanden habe (»Ich habe doch nicht *Elefant* gesungen, sondern *Geburtstag*!«). Singen Sie dann das Lied noch einmal mit dem falschen Text, und erklären Sie wichtigtuerisch: »Ich bin der beste Sänger DER WELT!«

- *Verlierer sein.* Bitten Sie Ihr Kind, etwas zu tun, von dem Sie wissen, dass es das nicht tun wird... und lassen Sie es gewinnen. Zeigen Sie auf die Schuhe an seinen Füßen und sagen Sie: »Gib mir bitte deine Schuhe! Ich will Schuhe!« Wenn es sich weigert, bitten Sie flehentlich darum. Weigert es sich immer noch (mit breitem Grinsen), geben Sie auf und jammern: »Okay, okay, *du* hast gewonnen! Du gewinnst *immer!* Du gewinnst hundertmal! Du tust nie, was *ich will!*«

Ich machte einmal einen Hausbesuch bei einem Baby und traf dort auch seine große Schwester, die zweijährige Noa. Noa trank Saft, und ich streckte spielerisch die Hand aus und sagte: »Kann ich bitte deinen Becher haben? Biiiitte!« Sie runzelte die Stirn und sagte: »Nein!« Dann wandte sie sich von mir ab und versteckte sich zwischen den Beinen ihres Vaters vor mir.

Ich bettelte wie ein Baby: »Bitte? Biiiiitte? Ganz fein bitte mit Zucker obendrauf?« Sie protestierte: »Nein! Noa Becher!«

Ich sah, dass sie beunruhigt war. Also trat ich zurück, lächelte und sagte: »Du sagst: ›Nein! Geh weg, Mann.‹ Okay, Noa, du gewinnst, du gewinnst! Das ist dein Becher! Du behältst ihn! Du behältst ihn!«

Noa strahlte und plusterte sich auf. Sie fühlte sich wie eine Siegerin! Und sie hatte das Gefühl, dass ich sie fair und respektvoll behandelt hatte. Das weiß ich, weil sie mich eine Minute später bei der Hand nahm und all ihren Puppen vorstellte!

- **Lächerlich sein.** Sagen Sie mit ernster Stimme etwas Absurdes. »Willst du ein bisschen leckeren... Schlamm?« Oder: »Okay, Zeit zum Abendessen. Du musst deinen Schuh essen!« Ihr Kind wird grinsen und sich schlau fühlen, weil sogar *ihm* bewusst ist, dass Menschen keinen Schlamm essen.

- **Schwach sein.** Tun Sie, als ob ein kleines Spielzeug zu schwer sei, um es anzuheben. Mühen Sie sich damit ab, und bitten Sie dann um Hilfe. Oder machen Sie mit Ihrem Kind einen

Ringkampf, und lassen Sie Ihr Kind, noch während Sie ausrufen: »Ich hab dich! Du entwischst mir nicht mehr!«, Ihrem Griff entschlüpfen.

> **Ist es schlecht, Ihr Kind glauben zu lassen, dass Sie ein Tollpatsch seien?**
>
> Überhaupt nicht. Ihr Kind weiß, dass Sie nicht *wirklich* schwach oder ein Tollpatsch sind. Sie sind sein größter Held. Sie werden niemals seinen Respekt verlieren, nur weil Sie ein wenig mit ihm herumalbern. Es wird Sie noch mehr dafür lieben.
>
> Stellen Sie sich das »Clownspielen« als eine alte Form der Schmeichelei vor (eine grundlegende Methode der Diplomatie). Es ist, als ob man dem König Honig um den Bart schmieren würde: »*Eure Majestät, Ihr seid ja sooooo stark!*«

Empfehlung 3 für grünes Licht: Geduld lehren

Kindern Geduld zu lehren ist eine weitere wichtige Erziehungskompetenz, die Gold wert ist. Geduldige Kleinkinder sind vernünftiger und weniger impulsiv und werden nicht sofort ungehalten, wenn sie nicht ihren Willen bekommen.

Geduld ist wie ein Muskel, sie wird durch Übung stärker. Dadurch wird auch die linke Gehirnhälfte gestärkt und ihre

Entwicklung beschleunigt! Wie Sie im nächsten Kapitel sehen werden, stellen Geduldübungen eine großartige Methode dar, störendes Verhalten wie Quengeln und Nörgeln einzudämmen. Üben Sie mit Ihrem Kind täglich, und Sie werden über die raschen Verbesserungen staunen, die Sie damit erzielen.

Es gibt zwei sichere Methoden zur Förderung der Selbstkontrolle Ihres Kleinkindes:

♦ Geduldübungen und

♦ Zauberatem.

Geduld lehren: Geduldübungen

Alle Kinder sind impulsiv, aber erstaunlicherweise können Sie die Geduld Ihres Kleinkindes innerhalb von Tagen a-u-s-d-e-h-n-e-n, wenn Sie es richtig anstellen.

Was ist damit gemeint? Geduldübungen sind eine einfache Methode, Kleinkindern dabei zu helfen, geduldiger zu werden, indem man von ihnen erwartet, ein winziges Weilchen zu warten... und dann ein bisschen mehr... und noch ein wenig mehr.

Die meisten Eltern versuchen, ihre Kinder genau auf die *gegenteilige* Weise Geduld zu lehren. Nehmen wir beispielsweise an, Sie sind beschäftigt und Ihr Zweijähriges zieht an Ihrem Hosenbein, um Ihre Aufmerksamkeit auf sich zu lenken. Die meisten von uns antworten liebevoll: »Einen Augenblick, Schatz«, dann bringen sie das zu Ende, womit sie gerade beschäftigt sind. Das Problem ist, dass Ihr Kind Sie dabei noch mehr nervt.

Empfehlung 3 für grünes Licht: Geduld lehren

Wann setzt man es ein? Bei allen Kleinkindern (sogar schon unter einem Jahr).

Wie macht man es? Sehr wichtig: Um Geduldübungen durchführen zu können, müssen Sie etwas haben, das Ihr Kind will (Essen, Spielzeug). Führen Sie anschließend folgende einfachen Schritte aus:

* *Zuerst geben Sie Ihrem Kind beinahe das, was es will.* Nehmen wir an, Ihr Einjähriges unterbricht Sie und bittet um Saft. Halten Sie inne, und wiederholen Sie: »Saft! Du willst Saft!« Setzen Sie dazu an, ihm den Saft zu geben. Aber plötzlich halten Sie einen Finger hoch und rufen: »Warte! Warte! Nur eine Sekunde!«, als ob Ihnen gerade etwas Wichtiges eingefallen sei. Wenden Sie sich ab, und tun Sie, als ob Sie etwas suchen würden.

* *Dann folgt die »Belohnung«.* Wenden Sie sich nach ein paar Sekunden wieder Ihrem Kind zu, und geben Sie ihm sofort den Saft, wobei Sie es loben: »Gut gewartet! Gut gewartet!« Durch eine rasche Belohnung seiner Geduld lernt Ihr Kind, dass Warten gar nicht so schlimm ist und dass Mama immer ihr Wort hält.

Dehnen Sie die Wartezeit nach und nach weiter aus (5 Sekunden, dann 10 Sekunden, 30... 60 Sekunden). Wenn Sie dies jeden Tag üben, wird Ihr Kind innerhalb einer Woche in der Lage sein, ein oder zwei Minuten (oder länger) zu warten. Durch Geduldübungen stärken Sie die Selbstkontrolle Ihres Kleinkindes in winzigen, gut proportionierten Schritten.

Frustriert man ein Kind nicht unnötig, wenn man ihm etwas beinahe gibt und es dann doch zurückhält?

Es gibt einen großen Unterschied zwischen Geduldübungen und Frustrieren. Sie frustrieren ihr Kind, wenn Sie ihm etwas anbieten, das Sie ihm gar nicht geben wollen. »Du willst es, aber du bekommst es nicht!«

Aber bei den Geduldübungen geben Sie Ihrem Kind das, was es will. Sie zögern es nur ein bisschen hinaus. Kleinkinder finden das absolut vernünftig.

Nehmen wir ein Beispiel aus der Erwachsenenwelt: Stellen Sie sich vor, Sie hätten die Zusage für einen Kredit in Höhe von einer Million Euro erhalten, und gerade als Ihnen der Banker den Scheck aushändigen will, bekommt er einen Anruf. Er zieht den Scheck zurück und sagt: »Entschuldigung, ich bin gleich wieder bei Ihnen.«

Sind Sie wütend? Wahrscheinlich nicht. Sie brüllen nicht: »Wo ist mein Geld?«, weil der Banker seine Meinung ändern könnte. Außerdem haben Sie allen Grund zu der Annahme, dass Sie den Scheck in einer Minute bekommen werden.

Was tun Sie also? Sie sitzen geduldig da, mit den Händen im Schoß, und warten. Und wenn Sie den Scheck bekommen, wissen Sie es sehr zu schätzen und bedanken sich herzlich.

Empfehlung 3 für grünes Licht: Geduld lehren

Küchenwecker helfen älteren Kleinkindern, Geduld zu üben. Zeigen Sie Ihrem Kind in einem ruhigen Augenblick, wie der Küchenwecker funktioniert: »Schau! Wenn Herr Ringeding ›Rrrrring‹ macht (lassen Sie ihn klingeln), dann kommt Mami schnell zurück!«

Wenn Ihr Dreijähriges dann später wegen etwas quengelt, sagen Sie: »Na, klar!«, und geben es ihm beinahe, verkünden dann aber: »Warte, warte! Nur einen Augenblick, Schatz! Ich muss schnell Papa etwas fragen. Sobald Herr Ringeding klingelt, gebe ich es dir!« (Sie könnten vorschlagen, dass Ihr Kind etwas spielt oder ein Buch anschaut, bis der Küchenwecker klingelt, aber Sie sollten nicht darauf bestehen.)

Stellen Sie den Küchenwecker anfangs auf 20 Sekunden ein. Kommen Sie sofort zurück, wenn er klingelt, loben Sie Ihr Kind (»Gut gewartet!«), geben Sie ihm eine Handmarkierung, und halten Sie Ihr Versprechen ein.

Erhöhen Sie die Wartezeit allmählich auf eine oder zwei Minuten. Aber überraschen Sie Ihr Kind hin und wieder, indem Sie entweder den Küchenwecker nur auf zehn Sekunden einstellen (es wird denken, dass die Minute sehr schnell vorbeigegangen ist) oder ihm die doppelte Belohnung geben (»Hey, du hast so gut gewartet. Hier hast du *zwei* Kekse!«).

Flüstern Sie später dem Teddy Ihres Kindes zu, wie »toll es gewartet hat«, und erinnern Sie Ihr Kind beim Zubettgehen daran, wie geduldig es an diesem Tag war.

Bei Vorsorgeuntersuchungen demonstriere ich gern, wie einfach es ist, Kinder Geduld zu lehren. Zuerst mache ich einige Aufwärmübungen, indem ich den Clown spiele (beispielsweise indem ich das Kind mehrmals meine Hand abklatschen lasse und in gespieltem Schmerz heule).

Sobald sich das Kind entspannt hat, sage ich: »Gib mir noch einmal fünf«, und halte meine Hand hoch. Bevor es dagegenschlägt, ziehe ich sie zurück, halte einen Finger hoch und sage: »Warte, warte!« Dann wende ich mich ab und lasse das Kind ein paar Sekunden warten, während ich so tue, als ob ich etwas anschaue. Anschließend wende ich mich wieder dem Kind zu, lobe es (»Gut gewartet!«) und verstärke das Lob vielleicht noch, indem ich seiner Mutter zuflüstere: »Er/sie ist gut im Warten!« Schließlich lasse ich das Kind erneut meine Hand abklatschen und belohne seine Geduld, indem ich herumhüpfe und »Aua, aua!« schreie.

Meistens gelingt es mir auf diese Weise, schon einjährige Kinder zu lehren, zehn Sekunden zu warten.

Geduld lehren: Zauberatem

Was ist damit gemeint? Waren Sie schon einmal so aufgeregt, dass Ihnen geraten wurde, erst einmal »tief Luft zu holen«? Wenn wir gestresst oder verängstigt sind oder Schmerzen haben, verspannen wir uns automatisch und halten die Luft an. Das kann mit der Zeit zu Kopfschmerzen, Angstgefühlen und sogar zu hohem Blutdruck führen.

Zu lernen, wie man ruhig bleibt, ist eine wichtige Lebenskompetenz. Leider lernen viele Menschen in unserer Kultur es nie (oder können sich nur mithilfe von Essen, Schlafen, Fernsehen, Drogen oder Alkohol beruhigen). Dabei besitzen alle Erwachsenen – und Kinder – eine starke natürliche Stressbremse: einfaches Atmen!

Ein paar langsame Atemzüge (Zauberatem) genügen, um uns zu beruhigen. Zauberatem hilft impulsiven Kleinkindern, *ihren Motor auszuschalten.* Mit ein wenig Übung kann Ihr kleiner Freund lernen, diese wunderbare Selbstberuhigungstechnik anzuwenden, wenn er frustriert, verängstigt, gekränkt oder wütend ist. Es ist eine Selbstkontrollmethode, die Ihr Kind sein Leben lang nutzen kann.

Wann setzt man es ein? Bei Kleinkindern ab zwei Jahren (die schon geduldig eine Minute lang warten können).

Wie macht man es? Diese Fertigkeit ist so einfach wie Atmen, aber bevor Sie den Zauberatem einem wilden Dreikäsehoch beibringen, müssen erst einmal *Sie* ihn erlernen.

Zuerst üben Sie

- Wenn es im Haus ruhig ist, stöpseln Sie das Telefon aus und nehmen sich zwei oder drei Minuten Zeit. Entspannen Sie Ihr Gesicht. Setzen Sie sich in einen bequemen Sessel, stellen Sie die Füße nebeneinander, legen Sie die Hände in den Schoß, lassen Sie die Schultern hängen, und – vor allem – entspannen Sie die winzigen Muskeln um Mund und Augen.

- Nehmen Sie ein paar langsame Atemzüge. Atmen Sie langsam durch die Nase ein (während Sie im Geist bis fünf zählen), dann langsam durch die Nase aus (zählen Sie dabei wieder bis fünf). Atmen Sie mit einem zischenden Geräusch, und halten Sie den Atem nie an.

- Heben Sie beim Einatmen eine Hand langsam an, und lassen Sie sie beim Ausatmen langsam wieder sinken.
- Üben Sie an einem Ort, an dem Ihr Kind zusehen kann. Vielleicht wird es neugierig und möchte Sie nachahmen.

Dann unterrichten Sie Ihr Kind

- Sagen Sie: »Atme mit Mama.« Führen Sie es durch einige schnelle Atemzüge (auf zwei ein, auf zwei aus), indem Sie zischend atmen und die Handbewegung ausführen. Lassen Sie sich nicht entmutigen, wenn es bei Ihrem Kind nicht auf Anhieb klappt. Es muss es vielleicht ein Dutzend Mal probieren, bis es den Dreh heraushat.
- Belohnen Sie *jede* Art von Atmen: »Gut geatmet!« »Schön meiner Hand gefolgt!« Geben Sie Ihrem Kind eine Handmarkierung, gefolgt von einer kurzen Spielzeit. (Flüstern

Sie später Ihrem Partner, dem Teddy Ihres Kindes oder einem Vogel draußen zu, wie gut Ihr Kind geatmet hat.)

- Führen Sie Ihr Kind allmählich durch mehr und langsamere Atemzüge (streben Sie mindestens fünf Atemzüge pro Übungseinheit an). Sobald es den Zauberatem beherrscht, üben Sie mehrmals am Tag an verschiedenen Orten mit ihm.

Zusätzliche Tipps für den Zauberatem

- *Seien Sie Vorbild.* Ihr Kind erlernt den Zauberatem schneller, wenn es Sie jeden Tag diese Atemübung ausführen sieht.

- *Wählen Sie den richtigen Zeitpunkt.* Üben Sie vor dem Mittagsschlaf oder nach dem Essen, wenn Ihr Kind schon ein wenig entspannt ist.

- *Wählen Sie einen »Zauberort« aus.* Kinder lieben das Wort »Zauber«! Wählen Sie einen Zauberort und ein Zauberkissen zum Sitzen aus. (Der besondere Charakter dieses Ortes wird noch verstärkt, wenn Sie Bilder von »Zauberbäumen« oder Schmetterlingen an die Wand hängen.) Ihr Kind wird sich sofort entspannen, wenn es sich hingesetzt hat und zu atmen beginnt.

- *Üben Sie keinen Zwang aus.* Wenn Ihr Kind keine Lust auf den Zauberatem hat, bieten Sie ihm an, im Anschluss daran etwas Schönes zu spielen. Weigert es sich weiterhin, sagen Sie ihm, dass das in Ordnung ist. Beschäftigen Sie sich dann mit etwas anderem, und lassen Sie Ihr Kind einige Minuten für sich. Bieten Sie ihm später am selben Tag und auch am nächsten Tag erneut den Zauberatem an. Wenn es sich jedes Mal weigert, mitzumachen, versuchen Sie es ein oder zwei Monate später noch einmal.

- *Üben Sie regelmäßig.* Kinder, die jeden Tag den Zauberatem üben, werden schnell zu Experten in der Kunst der Selbstberuhigung.

- *Kombinieren Sie Atmen mit Spielen.* Sogar besonders lebhafte Kinder nehmen ein paar ruhige Atemzüge, wenn sie wissen, dass sie dafür belohnt werden. Also lassen Sie auf einige langsame Atemzüge ein lustiges Spiel folgen, und schließen Sie die Übung dann mit einem letzten langsamen Atemzug ab. Auf diese Weise kann Ihr kleiner Wildfang sehr gut lernen, sich nach einem hektischen Spiel selbst zu beruhigen.

Empfehlung 4 für grünes Licht: Feste Gewohnheiten (Rituale) entwickeln und einhalten

Helfen Sie Ihrem Kleinkind, sich sicher, zufrieden und kompetent zu fühlen.

Jeden Tag das Gleiche zu tun mag Erwachsene langweilen, nicht aber Kleinkinder. Bei ihnen verringern feste Abläufe Stress, stärken das Selbstvertrauen und bewirken, dass unsere Kleinen sich klug und clever fühlen. Feste Abläufe geben Kleinkindern Folgendes:

Empfehlung 4 für grünes Licht: Feste Gewohnheiten entwickeln

- ◆ *Sie spenden ein Gefühl von Sicherheit.* Vorhersehbare Abläufe geben Kleinkindern im Chaos des Alltags Halt. Wie Ihnen jede erfahrene Erzieherin bestätigen wird, werden Kleinkinder unleidlich, wenn der Tag zu wenig Struktur hat.

- ◆ *Sie schenken ein Gefühl von Kompetenz.* Kleinkinder werden oft mit Dingen konfrontiert, die sie nicht verstehen oder nicht kontrollieren können. Wenn sie erleben, dass alle anderen Familienmitglieder außer ihnen immer zu wissen scheinen, was vor sich geht, kann Frustration aufkommen und das Gefühl, ausgeschlossen zu sein. Durch feste Abläufe werden gleiche Voraussetzungen geschaffen. Kleinkinder, die jeden Tag dieselben Dinge tun, fühlen sich kompetent, weil sie über das Kommende Bescheid wissen, und zwar genauso gut wie ihre älteren Geschwister und Eltern.

Joan stöhnte, wenn der 22 Monate alte Phillip um sechs Uhr morgens aufwachte und bettelte, sein Traktor-Video ansehen zu dürfen – und das Morgen für Morgen. Bei Phillip aber bewirkte diese Wiederholung, dass er sich wie ein Genie fühlte. Man konnte ihn förmlich denken hören: »Ich wusste, dass das passieren würde!«, wenn er zusah, wie der Traktor die bekannten Schritte ausführte.

- ◆ *Sie vermitteln ein Zeitgefühl.* Vorhersehbare Abläufe sind die »Armbanduhr« Ihres Kleinkindes. Sie helfen ihm, den Tag in überschaubare Abschnitte einzuteilen: *Nach dem Aufwachen werde ich angezogen und frühstücke. Nach dem Mittagessen schlafe ich eine Weile.*

**Feste Abläufe: So nehmen Kleinkinder
verschiedenen Alters sie wahr**

- *Kleinkinder zwischen 12 und 24 Monaten:* Wenn Ihr Kind ein Jahr alt ist, erkennt es bereits sich wiederholende Muster im Tagesablauf (dass es nach dem Aufwachen eine frische Windel bekommt; dass es Mittagessen gibt, wenn es Sie seinen Teller herausholen sieht; dass es eine kleine Massage vor dem Einschlafen erhält). Diese wiederkehrenden Abläufe geben ihm ein Gefühl von Sicherheit und ermutigen es, hinauszugehen und die Welt zu erforschen.

- *Kleinkinder zwischen zwei und drei Jahren:* Kleinkinder in diesem Alter hassen unerwartete Veränderungen, weil sie sich so sehr bemühen, Dinge zu verstehen *(Oh Mann! Gerade hatte ich es verstanden, da kannst du es doch jetzt nicht ändern!).* Deshalb sind feste Abläufe in diesem Alter so wertvoll. Sie befriedigen das Bedürfnis Ihres Zweijährigen danach, dass Dinge »Regeln einhalten« und »genau auf die richtige Weise« ablaufen.

- *Kleinkinder zwischen drei und vier Jahren:* Dreijährige stellen oft fest, dass sie schwächer als fast alle anderen sind. (Deshalb weisen sie gern darauf hin, dass sie schneller und stärker als Babys sind!) Die Erkenntnis der eigenen Schwäche kann neue Ängste und Sorgen auslösen. Feste Abläufe helfen Kindern, sich sicher zu fühlen. Doch trotz ihrer Sorgen verlangen ältere Kleinkinder nicht mehr nach penibler Einhaltung der Abläufe. Ja, sie lieben es geradezu, wenn wir tägliche Abläufe durch lustige Abwandlungen auflockern: Es gefällt ihnen, wenn wir einem Lieblingslied eine verrückte Strophe hinzufügen, beim Vorlesen einer geliebten Gute-Nacht-Geschichte neue Textpassagen erfinden oder mittags auf einer Decke im Wohnzimmer »picknicken«.

Haben Sie in Ihren Tagesablauf bestimmte Handlungen – kleine Rituale – integriert, die Ihr persönliches Wohlbefinden steigern? Zum Beispiel eine Kaffeepause am Vormittag oder einen Anruf bei Ihrer Mutter? Zwei wunderbare Rituale, die das Wohlbefinden Ihres Kindes steigern und ihm das Gefühl geben, besonders geliebt und sicher zu sein, sind das Bettgeflüster und die besondere Zeit.

Rituale entwickeln: Bettgeflüster

Zu den schönsten Augenblicken mit unseren Kindern gehört das Kuscheln vor dem Einschlafen. Es reduziert Stress, stärkt die Eltern-Kind-Bindung und schafft den perfekten Übergang von einem anstrengenden Tag in das Land der Träume. Mit dem Ritual Bettgeflüster (siehe auch Seite 58) können Sie diese Zeit noch schöner gestalten und ihren Nutzen erhöhen.

Was ist damit gemeint? Bettgeflüster ist eine wunderbare Möglichkeit, das Gute zu würdigen, das Ihr Kind an diesem Tag erlebt hat, und einen Ausblick auf all die schönen Dinge zu geben, die der nächste Tag bringen könnte.

In der Zeit kurz vor dem Einschlafen ist der Geist Ihres Kindes wie ein kleiner Schwamm, der Ihre liebevollen Worte aufsaugt. Bettgeflüster hilft Ihrem Kind, mit dem Gefühl einzuschlafen, dass es großartig und liebenswert ist.

Wann setzt man es ein? Beginnen Sie damit so früh wie möglich. Es macht nichts, wenn Ihr Kind nicht alles versteht. Selbst auf ein Einjähriges wird Ihre sanfte Stimme beruhigend wirken.

Wie macht man es? Kuscheln Sie mit Ihrem Kind im Bett, bis es völlig entspannt ist, und fahren Sie dann so fort:

- Zählen Sie leise die schönen Dinge dieses Tages auf (freundliches Verhalten, lustige Erlebnisse). Sprechen Sie sanft und ohne Übertreibungen – die Grundstimmung ist eine ruhige und beruhigende, keine aufregende.

- Beschreiben Sie, was Sie fühlen, wenn Sie Ihr Kind beobachten (»Als ich dir beim Lesen zugesehen habe, ist mir ganz warm ums Herz geworden.«).

- Zählen Sie seine Handmarkierungen, und erwähnen Sie, womit es sie verdient hat (siehe Seite 148).

Empfehlung 4 für grünes Licht: Feste Gewohnheiten entwickeln

- Freuen Sie sich mit ihm auf morgen, indem Sie ein paar Dinge aufzählen, die passieren könnten: »Und morgen wirst du vielleicht Eisenbahn spielen oder Spaß auf dem Klettergerüst haben. Vielleicht wird es der schönste Tag deines Lebens! Vielleicht tust du auch etwas, das im Kindergarten eine große Hilfe ist... die Erzieherinnen freuen sich, wenn du hilfst, Spielzeug aufzuräumen.«

Ein Beispiel, wie sich Bettgeflüster anhören kann

»Heute war ein schöner Tag. Du hast geholfen, die Blumen zu gießen, und du hast zum Briefträger ›Hallo!‹ gesagt. Dann haben wir einander an der Hand genommen und haben Jens besucht.

Und schau mal, du hast so viele Handstempel bekommen. Eins... zwei... drei! Drei Stempel! Weißt du noch, wofür du sie bekommen hast? Dieser hier war dafür, dass du ganz allein aufs Töpfchen gegangen bist. Und dieser hier dafür, dass du für Mami die Post hereingetragen hast! Und dieser hier dafür, dass du ganz schnell ins Bad gekommen bist, als ich dich gerufen habe. Erinnerst du dich?

Und weißt du, was mir heute noch gefallen hat? Dass du Jens geholfen hast, alle Bauklötze aufzuräumen. Ich habe so gestaunt, mein Herz ist vor Freude gehüpft!

Morgen wird sicher auch ein schöner Tag. Mal sehen, vielleicht zeigt Oma dir ihre Sonnenblumen... und du zeigst ihr bestimmt, wie schnell du aufräumen kannst!«

Rituale entwickeln: Die besondere Zeit

Obwohl wir unseren Kindern sehr viel Zeit widmen, fordern sie oft genau dann unsere Aufmerksamkeit ein, wenn wir gerade im Begriff sind, das Abendessen zuzubereiten oder ans Telefon zu gehen. Es ist, als ob sie denken würden: *Was hast du eigentlich in letzter Zeit für mich getan?*

Kleinkinder wollen nicht unfair sein. Sie leben einfach im Hier und Jetzt und vergessen alles Vergangene schnell. Eine einfache, schöne Möglichkeit, die Ihrem Kind hilft, Ihre gemeinsame Zeit in Erinnerung zu behalten, ist da die besondere Zeit.

Was ist damit gemeint? Die besondere Zeit ist geschenkte Zeit – fünf bis zehn Minuten, in denen Sie Ihrem Kind Ihre *ungeteilte Aufmerksamkeit* widmen. Keine Anrufe oder Geschwisterkinder erlaubt! Durch die besondere Zeit füttern Sie die Parkuhr Ihres Kindes mit der Portion Zweisamkeit mit IHNEN, nach der es so hungert.

Wann setzt man es ein? Bei Kleinkindern ab zwei Jahren.

Wie macht man es?

- *Planen Sie die besondere Zeit fest ein.* Legen Sie jeden Tag ein oder zwei kurze Zeitabschnitte fest, in denen Sie mit Ihrem Kind Spaß haben. Wenn möglich, sollte dies jeden Tag zur gleichen Zeit stattfinden.

- *Kündigen Sie die besondere Zeit an.* Kinder wissen die besondere Zeit noch mehr zu schätzen, wenn Sie ihre Vorfreude wecken. Verkünden Sie mehrmals pro Tag, dass die besondere Zeit bevorsteht: »Bald ist deine Zeit. Was sollen wir heute Schönes tun?« Lassen Sie Ihr Kind mithören, wenn Sie sich mit seinen Kuscheltieren flüsternd über die besondere Zeit unterhalten.

- *Lassen Sie Ihr Kind wählen.* Das Schöne an der besonderen Zeit ist, dass Ihr Kind die Aktivität wählen darf. Falls nötig, geben Sie Anregungen: »Sollen wir etwas malen oder heute lieber zusammen Kakao trinken?« Sie können mit Ihrem Kind lesen, zeichnen, tanzen, Käfer fangen oder eine »Schneeballschlacht« mit Papierkugeln veranstalten. (Wenn sich Ihr Kind Fernsehen wünscht, sagen Sie sanft: »Du siehst gern fern, aber Fernsehen ist keine besondere Zeit. Überlegen wir uns etwas Schönes, das wir zusammen tun können.«)

- *Legen Sie Anfang und Ende klar fest.* Die besondere Zeit wirkt am besten, wenn sie kurz ist (etwa fünf Minuten, stellen Sie den Küchenwecker). Beginnen Sie jeweils mit einer lustigen Erkennungsmelodie: »Jetzt ist Tonis Zeit, Tonis Zeit, Tonis Zeit!« Und beenden Sie die besondere Zeit mit einem kleinen Ritual, indem Sie beispielsweise immer mit den Worten schließen: »Auf Wiedersehen, Tonis Zeit, bis später!«, und eine Umarmung folgen lassen.

Wenn Ihr Kind mehr Zeit fordert, geben Sie ihm eine zusätzliche Minute, oder erklären Sie ihm: »Tut mir leid, Schatz, du magst deine besondere Zeit sehr, es macht wirklich Spaß, aber weißt du, du bekommst später (oder mor-

Festen Abläufen das Sahnehäubchen aufsetzen

Feste Abläufe machen noch mehr Spaß, wenn Sie ein Extra hinzufügen, das ihnen einen besonderen Glanz verleiht (wie Lametta am Christbaum). Hier einige Extras zum Ausprobieren:

- *Zubettgehen* – singen Sie Ihrem Kind jeden Abend beim Zubettbringen ein bestimmtes Lied vor.

- *Abendessen* – läuten Sie mit einer Glocke, bevor Sie das Tischgebet sprechen.

- *Autofahrten* – spielen Sie jedes Mal, wenn Sie ins Auto steigen, dasselbe Lied ab.

- *Garage öffnen* – lassen Sie Ihr Kind ein »Zauberwort« sagen, bevor Sie den Knopf der Fernbedienung drücken. (»Sesam, öffne dich!«)

- *Anziehen* – legen Sie jeden Abend die Kleider für den nächsten Tag so auf dem Boden aus, dass ein menschlicher Umriss entsteht.

gen) wieder eine besondere Zeit.« Dann lenken Sie Ihr Kind ab und beschäftigen sich mit etwas anderem.

Stellen Sie sich die Erkennungsmelodie und die abschließende Umarmung als das Geschenkpapier für die besondere Zeit vor: Sie signalisieren, dass diese Zeit ein besonderes Bonbon ist.

Tipps für die besondere Zeit

- *Planen Sie die besondere Zeit nicht unmittelbar vor dem Mittags- oder Nachtschlaf ein.* Sie ist schlicht zu aufregend.

- *Betrachten Sie die besondere Zeit nicht als Ersatz für die sonstige Zeit, die Sie mit Ihrem Kind verbringen.* Sie ist eine kleine Bonuszeit, die Sie Ihrem Kind *zusätzlich* zu der sonstigen Aufmerksamkeit, die es von Ihnen erhält, anbieten.

- *Bestrafen Sie Ihr Kind nicht, indem Sie die besondere Zeit streichen.* Die besondere Zeit kann Ihnen helfen, mit Ihrem Kind wieder Frieden zu schließen, wenn Sie beide einen besonders schwierigen Tag miteinander hatten.

- *Lassen Sie keine Unterbrechungen zu.* Stellen Sie Ihr Handy ab, stöpseln Sie das Telefon aus – die besondere Zeit gehört nur Ihrem Kind.

Rituale entwickeln: Schmusegegenstände

Linus hat seine Schmusedecke, Calvin hat seinen Tiger Hobbes, Christopher Robin hat seinen Teddy Pu, der Bär, und Ihr Kind hat wahrscheinlich seinen ganz eigenen Schmusegegenstand. Schmusegegenstände sind für Kinder eine Art »Ritual zum Liebhaben«.

Ich habe Kinder gesehen, die Windeln, Seidenschals, Perücken und alle Arten von Spielsachen umklammert hielten. Einer meiner kleinen Patienten schlief jahrelang nur mit dem Haken seines Kapitäns Hook!

Manchen Eltern kommen Schmusegegenstände »babyhaft« vor, doch in Wahrheit sind sie Trittsteine auf dem Weg zu Reife und Unabhängigkeit. Sie helfen Kindern, mit Stress (Krankheiten, Reisen, beängstigenden Situationen) umzugehen. Und sie geben ihnen den Mut, kleine Schritte von Mama und Papa weg in die große, weite Welt zu unternehmen. (Deswegen werden sie auch als *Übergangsobjekte* bezeichnet.)

Ein paar Tipps zu Schmusegegenständen:

- *Machen Sie es Ihrem Kind leicht, einen Schmusegegenstand lieb zu haben.* Lassen Sie schon in einem sehr frühen Alter einen Teddy oder eine weiche Decke Tag und Nacht neben Ihrem Kind liegen. Berühren Sie den Gegenstand selbst, und kuscheln Sie damit, damit er Ihren beruhigenden Geruch annimmt und *magische Mamakräfte* erhält.

- *Halten Sie immer einen Ersatz bereit!* Schmusegegenstände können verloren gehen, also halten Sie immer einen identischen Ersatz bereit. (Wenn der Schmusegegenstand eine Decke ist, schneiden Sie die Decke in zwei Hälften. Ist es ein Spielzeug, kaufen Sie ein zweites, identisches Exemplar.) Tauschen Sie alle ein oder zwei Wochen den Gegenstand aus. So können Sie beide sauber halten, und beide können denselben beruhigenden Geruch annehmen und sich gleich anfühlen.

- *Nehmen Sie Ihrem Kind nicht den Schmusegegenstand weg, um es zu bestrafen.* Drohen Sie nie, den Schmusegegenstand wegzunehmen. Das würde nicht zu besserem Benehmen, sondern zu Ärger und Unsicherheit bei Ihrem Kind führen.

Rituale entwickeln: Schnuller, Daumen, Brust und Flasche als Tröster

Das Saugen an Schnuller, Brust, Daumen oder Flasche ist ein weiteres großartiges, tröstliches Ritual. Es hilft Kleinkindern, sich zu beruhigen – besonders denen, die schüchtern oder gestresst sind. Besorgte Eltern fragen mich manchmal, ob Saugen ein Zeichen von Angst sei. Normalerweise ist es das nicht. Interessanterweise wird die Vorliebe für das Saugen – ebenso wie die Haarfarbe oder Sommersprossen – von einer Generation zur nächsten weitergegeben.

Hier einige Tipps:

- *Saugen sollte nicht die Antwort auf jede kleine Frustration sein.* Sie können mehrmals täglich eine Flasche, die Brust oder einen Schnuller anbieten, um Ihr Kind zu beruhigen, aber geben Sie ihm auch Gelegenheit, andere Methoden der Selbstberuhigung zu finden.

- *Das Saugen an Flasche und Schnuller kann zu Ohreninfektionen führen.* Das liegt daran, dass durch starkes Saugen ein Druck im Innenohr entstehen kann. Wenn Ihr Kind zu Mittelohrentzündungen neigt, sollten Sie Flaschen und Schnuller einschränken. Außerdem sollten Sie den Kopf Ihres Kindes beim Trinken aus der Flasche etwas höher halten. Versuchen Sie, ihm statt des Schnullers einen Schmusegegenstand wie eine weiche Decke anzubieten oder einen »akustischen Tröster« wie beispielsweise eine CD mit beruhigendem weißem Rauschen (das die ganze Nacht hindurch abgespielt werden kann).

- **Vorsicht mit Saft.** Saft enthält sehr viel Fruchtzucker. Langes Saugen an einer Flasche mit Fruchtsaft kann zu Karies führen. Wenn Ihr Baby Saft mag, begrenzen Sie die Saugdauer auf wenige Minuten. Sie können dem Saft auch jeden Tag etwas mehr Wasser hinzuzufügen. Oder – noch besser – wechseln Sie zu einem natürlich süßen, koffeinfreien Tee wie Minze oder Kamille.

- **Entwöhnen Sie Ihr Kleinkind mit drei Jahren vom Schnuller.** Das Nuckeln an Schnullern (ganz besonders aber das Daumenlutschen) kann zu Zahn- und Kieferfehlstellungen führen. Erklären Sie Ihrem Kind daher von Zeit zu Zeit, dass zu allen Dreijährigen die Schnullerfee kommt, mit den Schnullern wegfliegt und dafür ein neues Spielzeug bringt. (»Mal sehen, was für ein schönes Spielzeug sie für dich hat!«)

Empfehlung 5 für grünes Licht: »Durch die Hintertür« Werte vermitteln

> *Zivilisation ist einfach nur ein langsamer Prozess, im Zuge dessen wir lernen, gütig zu sein.*
>
> Charles Lucas

Erfahrene Eltern wissen: Kleinkinder blenden unsere Erklärungen und Predigten oft aus (Botschaften, die am Haupteingang zum Verstand unseres Kindes abgeliefert werden), achten aber sehr aufmerksam auf das, was sie uns tun sehen oder sagen hören (Botschaften, die an der »Hintertür« des Verstandes abgeliefert werden).

Über Botschaften für die Hintertür erhalten wir Zugang zum Verstand unserer Kinder und können dort gute Beispiele für Güte und Charakterstärke hinterlassen, ohne dass unsere Kleinen sich belehrt fühlen. Das Einüben von wünschenswertem Verhalten durch Rollenspiele ist dabei für kleine Kinder ebenso lehrreich wie die reale Erfahrung.

Durch die Hintertür Werte vermitteln: Märchen

Seit Tausenden von Jahren werden Märchen wie »Rotkäppchen« zur Unterhaltung von Erwachsenen und Kindern erzählt. Doch Märchen unterhalten nicht nur, sondern lehren uns vielmehr auch Dinge fürs Leben wie Mut, Ehrlichkeit und Vorsicht gegenüber Fremden (»Wölfen«). Die große Beliebtheit dieser Geschichten in allen Kulturen weltweit spricht für ihre Wirksamkeit.

Mit der Form von Märchen, die ich Ihnen hier vorstellen möchte, erschaffen Sie Ihre besonderen eigenen Geschichten, die auf die speziellen Bedürfnisse Ihres Kindes zugeschnitten sind.

Was ist damit gemeint? Über selbst erfundene Geschichten vermitteln Sie Ihrem Kind eine Vorstellung davon, was gut und böse, falsch und richtig ist. Stellen Sie sich vor, dass Sie damit den Samen von Güte und Charakterstärke ausstreuen, der in Ihrem Kind keimt und langsam Wurzeln schlägt. Kleine Kinder schenken dem Glauben, was sie hören.

Wann setzt man es ein? Bei Kleinkindern ab zwei Jahren. Sie lieben diese Märchen.

Wie macht man es? Wenn ich Eltern erkläre, wie man Märchen erfindet, befürchten sie anfangs oft, dass ihnen nichts einfallen könnte. Dabei ist es gar nicht schwer. Denken Sie einfach an das, was Sie Ihrem Kind vermitteln möchten – beispielsweise, dass es sich nicht ängstigen braucht, wenn Sie jeden Tag zur Arbeit müssen. Kreieren Sie dann in drei einfachen Schritten Ihre eigene Geschichte:

- Anfang,
- Mittelteil,
- das glückliche Ende.

Der Anfang: »Es war einmal«

Der Anfang einer Geschichte zielt darauf ab, durch ausführliche Beschreibungen die Fantasie Ihres Kindes anzuregen. Beginnen Sie damit, dass Sie ein paar Sätze dazu sagen, was der kleine Held Ihrer Geschichte tut und fühlt (sowohl emotional als auch mit seinen fünf Sinnen).

> *Was sieht, hört die kleine Froschprinzessin?*
> *Was mag sie? Was isst sie gern?*
> *Wie fühlt sich die Sonne auf ihrem Gesicht an?*
> *Wie riechen die Blumen?*
> *Ist sie fröhlich, traurig, neugierig, albern?*

Innerhalb einer Minute haben Sie das Interesse Ihres Kindes geweckt und die *Hintertür* seines Geistes geöffnet.

Der Mittelteil: »Aber dann«

Flechten Sie jetzt eine kleine Lektion über eine bestimmte Verhaltensweise ein, die Sie Ihr Kind lehren wollen, zum Beispiel über das Teilen mit anderen, Ehrlichkeit oder das Dankesagen. In diesem Abschnitt Ihrer Geschichte präsentieren Sie das »Problem«, das am Ende gelöst wird.

> *Aber an einem Nachmittag...*
> *... wollte die Froschprinzessin beim Spielen nicht warten, bis sie an der Reihe war.*
> *... behauptete sie, sie habe ihre Hände gewaschen, obwohl das nicht stimmte.*
> *... neckte sie ihren kleinen Bruder, bis er weinte.*
> *Warum tat sie das?*
> *Welche Gefühle weckte es bei ihrer Mutter?*
> *Was sagte oder tat ihre Mutter (wenden Sie an dieser Stelle die Fastfood-Regel und die Kleinkindsprache an)?*
> *Was tat die kleine Prinzessin schließlich, um ihre Mutter wieder fröhlich zu machen?*

Das glückliche Ende: »...und wenn sie nicht gestorben sind«

Kleinkinder lieben es, wenn Geschichten glücklich enden. Beenden Sie deshalb Ihre Geschichten immer damit, dass das Problem gelöst wird, die handelnden Figuren in Sicherheit sind und alle glücklich und zufrieden miteinander leben.

> *...Und dann küssten und umarmten alle die Froschprinzessin, und zum Abendessen gab es ihre Lieblingsspeise. Alle waren glücklich und zufrieden, und wenn sie nicht gestorben sind, dann leben sie noch heute.*

Tipps zum Märchenerfinden

- *Verwenden Sie als Hauptfiguren kleine Tiere.* Wählen Sie Namen wie »Mimi, die Maus« oder »Elli, der Elch«. Machen Sie keine Kinder zu Handlungsträgern, sie könnten für Kleine unter fünf Jahren zu real sein.

- *Erzählen Sie Geschichten, in denen die Schwachen über die Starken triumphieren.* Kinder lieben es, wenn die drei kleinen Schweinchen den Wolf besiegen und die Schwachen am Ende die Sieger sind.

- *Seien Sie expressiv!* Untermalen Sie Ihre Geschichte mit einem Flüstern, imitierten Stimmen, ausdrucksstarker Mimik und Gestik, um die Aufmerksamkeit Ihres Kindes besser halten zu können.

- *Fordern Sie ältere Kleinkinder auf, selbst Vorschläge zu machen.* Fragen Sie es beim Erzählen der Geschichte: »Was glaubst du, was sie dann gesagt hat? Was denkst du, weshalb er wütend war?«

- *Fügen Sie kleine »Helfer« hinzu.* Kinder lieben Engel, Feen, sprechende Steine oder freundliche Bäume, die dem Helden zu Hilfe eilen.

- *Fügen Sie ein Tier ein, das übellaunig und böse (aber nicht zu furchteinflößend) ist.* Integrieren Sie Figuren, die sich schlecht benehmen und immer wieder Dinge verderben, letztlich aber lernen, sich zu benehmen, und gut Freund mit dem Helden werden.

- **Verwenden Sie viele besondere Wörter.** Kleinkinder mögen Wörter wie »Fest«, »Geheimnis«, »Schloss«, »Prinzessin«, »Superheld«, »Zauber«, »Geschenke«, »Spielsachen«, »Überraschung«.

Ein Beispiel für ein selbst erfundenes Märchen

Eine Mutter, die jeden Morgen zur Arbeit musste, erzählte mir die folgende Geschichte, die sie erfunden hatte, um ihrer kleinen Tochter die allmorgendliche Trennung zu erleichtern:

»Es war einmal ein kleines Froschmädchen namens Hoppy. Sie war grün wie Erbsen und aß zum Frühstück gern Müsli mit knusprigen Fliegen darin.
Die arme kleine Hoppy machte sich jedes Mal Sorgen, wenn ihre Mami morgens vom Seerosenblatt fort zur Arbeit hüpfte. Aber sie hatte einen sprechenden Teddybären, und immer, wenn sie traurig wurde, nahm sie ihn fest in den Arm, und dann sangen sie zusammen ihr Lieblingslied, spielten Vater-Mutter-Kind, und manchmal machten sie auch ein Picknick. Das half Hoppy, fröhlich zu sein. Sie wurde auch froh, wenn sie das Zaubertaschentuch berührte, das ihre Mami ihr gegeben hatte. Das Zaubertaschentuch half ihr, wieder zu lachen, wenn sie traurig war.
Und schneller, als Hoppy es gedacht hatte, kam ihre Mami jeden, jeden Tag nach Hause zurück, küsste sie und brachte viele leckere Knusperfliegen als Geschenk mit. So lebten die beiden glücklich und zufrieden, und wenn sie nicht gestorben sind, dann leben sie noch heute!«

Wenn Ihr Kind mehr über die Abenteuer der Figuren hören will, die Sie erfunden haben, wissen Sie, dass Sie erfolgreich sind. (Also versuchen Sie das im Gedächtnis zu behalten, was Sie bereits erzählt haben!) So erschaffen Sie mit jeder Geschichte eine wertvolle Kindheitserinnerung.

Durch die Hintertür Werte vermitteln: Rollenspiele

Lass uns so tun, als ob du die Mama wärst und ich das Kind...

Etwa mit zwei Jahren wird Ihr Kind anfangen, seine Spielsachen miteinander sprechen zu lassen und so zu tun, als sei es selbst jemand oder etwas anderes, zum Beispiel ein Lastwagen oder eine sprechende Ente. Diese fröhlichen neuen Aktivitäten Ihres Kindes können Sie für Rollenspiele nutzen, die ebenfalls Werte »durch die Hintertür« vermitteln.

Was ist damit gemeint? Bei Rollenspielen stellen Sie und Ihr Kind eine Situation dar (oder verwenden Puppen, um eine Situation darzustellen). Der große Vorteil von Rollenspielen ist, dass kein Druck besteht. Die Kinder können albern sein, Fehler machen und Spaß haben, während sie etwas lernen.

Beim Rollenspiel mit Kindern ist es wie mit Schauspielern, die viel proben, um ihren Text zu lernen: Je öfter Sie Ihrem Kind die Möglichkeit geben, im Rollenspiel Wichtiges durchzuspielen, umso schneller lernt es, was richtig und was falsch ist, und wendet es in Zukunft an.

Wann setzt man es ein? Bei Kleinkindern zwischen zwei und drei Jahren. Das ist die Zeit, in der sie anfangen, sich dafür zu interessieren, jemand anderes zu sein. (Sie können auch mit jüngeren Kindern Rollenspiele machen, aber dann müssen Sie alle Rollen übernehmen.)

Wie macht man es? Wie bei den Märchen sollten auch hier die Geschichten einen Anfang, eine Mitte und ein Ende haben, um interessant zu sein. Aber von dieser Grundregel einmal abgesehen, können Sie unbegrenzt Variationen erfinden und alles verwenden, was Ihnen in den Sinn kommt.

Zusätzliche Tipps für Rollenspiele

- *Alte Geschichten:* Spielen Sie eine bekannte Geschichte aus einem Buch oder ein Märchen nach.

- *Neue Geschichten:* Erfinden Sie eine Geschichte auf der Grundlage einer Situation, die Sie und Ihr Kind gerade erlebt haben – jemand war vielleicht nicht nett; ein Freund wollte etwas nicht teilen; ein kleiner Junge wollte sich nicht anziehen lassen.

- *Puppenspiel:* Wenn Ihr Kind noch zu klein oder zu schüchtern ist, um eine Rolle zu spielen, nehmen Sie Puppen oder Kuscheltiere zur Hand (Marionetten eignen sich natürlich auch sehr gut), und spielen Sie mit ihnen die einzelnen Rollen. Ein Beispiel:

Hund: »Hey, Giraffe, ich mag es nicht, wenn du meine Spielsachen nimmst. Du schnappst sie dir einfach, obwohl ich ›Nein, nein!‹ sage. Aber wenn du ›Bitte!‹ sagst, freue ich mich!«

Giraffe: »*Huch! Äh, ich meine, biiiitte. Bitte kann ich mit dem Ball spielen?*«
Hund: »*Du hast ›Bitte‹ gesagt! Jaaa! Ich mag es, wenn du ›Bitte‹ sagst. Okay, hier ist der Ball. Kann ich auch mit einem deiner Spielzeuge spielen? Bitte!*«

- **Indirektes Lob:** Lassen Sie die Kuscheltiere miteinander flüstern (laut genug, damit Ihr Kind sie »belauschen« kann). Lassen Sie sie über die Verhaltensweisen sprechen, die Sie fördern möchten.

»Hey, Teddy, hast du Mamas Gesicht gesehen, als Marlene so schnell ihre Spielsachen aufgeräumt hat? Mama hat sich wirklich gefreut und hat ganz breit gelächelt, so...!«

Schauen Sie Ihr Kind nicht an, während Sie indirektes Lob aussprechen, da es sonst misstrauisch werden könnte. Obwohl das indirekte Lob geflüstert wird, erhält Ihr Kind die Botschaft laut und deutlich durch die weit geöffnete »Hintertür« seines Verstandes.

- **Ein Kuscheltier den Clown spielen lassen:** Es ist ganz einfach, Ihrem Kind etwas zu vermitteln und es gleichzeitig zu unterhalten – wenn Sie sein Kuscheltier den (tollpatschigen, schwachen, albernen) Clown spielen lassen.

»Hallo! Ich bin Teddy, und ich bin der schlauste Bär auf der ganzen großen weiten Welt! Ich kann mitten auf der Straße gehen, wann immer ich will!« Lassen Sie ihn dann »auf der Straße gehen« und von einem Spielzeugauto anfahren.

Durch die Hintertür Werte vermitteln: Andere bei gutem Verhalten ertappen

Eine dritte Möglichkeit, Ihrem Kind durch die Hintertür Werte zu vermitteln, besteht darin, es darauf aufmerksam zu machen, wenn andere Kinder (oder Erwachsene) wünschenswertes Verhalten zeigen. Ich nenne das »andere bei gutem Verhalten ertappen«, und es ist keinesfalls mit unfairen Vergleichen zu verwechseln (siehe Seite 94).

Sie werden oft Gelegenheit haben, diese Methode anzuwenden. Beim Autofahren können Sie Bemerkungen darüber machen, wie schön die Fahrer an der roten Ampel warten. Beim Einkaufen weisen Sie darauf hin, dass Leute leckeres Essen kaufen, aber erst zu Hause die Packungen öffnen. Oder Sie machen Ihr Kind darauf aufmerksam, dass ältere Kinder mit Messer und Gabel essen oder sich vor dem Essen gründlich die Hände waschen.

Hier geht es nicht um lange Vorträge und schon gar nicht um Vergleiche, sondern um beiläufige Bemerkungen über Dinge, die Menschen beispielsweise in Büchern und Zeitschriften tun. Elternzeitschriften sind voller Fotos von Kindern, die nette Dinge tun...und schlechte Dinge. (Sie können diese Methode auch anwenden, um über Verhaltensweisen zu sprechen, die Ihnen nicht gefallen.)

Lassen Sie Ihr Kind später am Tag mit anhören, wie Sie Ihrem Lebenspartner zuflüstern, was Sie gesehen haben und wie Sie sich dabei gefühlt haben: »In der Bank haben viele Leute geduldig vor dem Schalter gewartet. Ich mag es, wenn Leute nicht drängeln, wenn ich in einer Warteschlange stehe.«

Da Sie allmählich zum Experten darin werden, erwünschtem Verhalten grünes Licht zu geben, sind Sie auf dem besten Weg, Probleme mit Ihrem Kind zu reduzieren. Aber *einige* Probleme wird es immer geben. In Kapitel 6 werde ich einfache, aber wirkungsvolle Methoden vorstellen, mit deren Hilfe Sie gelbes Warnlicht signalisieren können, um störendes Verhalten einzuschränken.

KAPITEL 6
Gelbes Licht: Wie man störendes Verhalten einschränkt

*Mit Honig fängt man mehr
Fliegen als mit Essig.*
Altes Sprichwort

Wichtige Punkte:

◆ Gelbes Licht bekommen störende Verhaltensweisen wie Quengeln, Betteln und Trödeln.

◆ Sie können störendes Verhalten durch vier wirkungsvolle Erziehungstechniken einschränken:

1. Respektvolle Kontaktaufnahme. Mithilfe der Fastfood-Regel und der Kleinkindsprache (sowie ein paar weiteren Tricks) können Sie potenzielle Konflikte umgehen.

2. Klar und konsequent Grenzen setzen. Zeigen Sie Ihrem Kind, wann Sie es ernst meinen.

3. Win-win-Kompromisse finden. Nutzen Sie den Gerechtigkeitssinn Ihres Kindes (und ein wenig Verhandlungsgeschick), um es aus einer Verweigerungshaltung herauszulocken, sodass Sie am Ende beide einen kleinen Triumph erleben.

4. Milde Konsequenzen durchsetzen. Klatsch-Knurr-Warnungen und freundliches Ignorieren sind zwei überzeugende Methoden, mit denen Sie Ihrem Kind zeigen, dass störende Verhaltensweisen Sackgassen sind.

Das schwierige Alter zwischen 18 Monaten und vier Jahren

Kleinkinder bedeuten Spaß mit großem »S«! Sie sind lebhaft, lustig und neugierig. Mit etwa 18 Monaten tritt allerdings eine deutliche Veränderung ein: Sie werden fordernder, unnachgiebiger und aggressiver.

Kein Wunder, dass Kinderärzten bei der Vorsorgeuntersuchung für Zweijährige oft die Frage gestellt wird: »Was kommt da auf mich als Elternteil zu? Wie anstrengend wird das kommende Jahr werden?«

Glücklicherweise erreichen die Schreianfälle mit etwa 18 Monaten ihren Höhepunkt. Wenn Ihr Kind seinen zweiten Geburtstag feiert, haben Sie das Gröbste fast schon hinter sich.

Aber lassen Sie nicht zu früh die Sektkorken knallen. Kurz nach dem *dritten* Geburtstag haben viele Kinder eine Phase, in der sie respektloses, forderndes Verhalten zeigen.

Interessanterweise haben ältere Kleinkinder (zwischen drei und vier Jahren) viel gemeinsam mit ... ungestümen

Teenagern. Teenager bekommen *emotionale Schleudertraumen*, wenn sie abwechselnd Erwachsenenrechte fordern (»Alle anderen dürfen abends lang wegbleiben!«) und sich in infantile Verantwortungslosigkeit flüchten (»Ich hab keine Lust, mein Zimmer aufzuräumen!«). Ähnlich ist es bei älteren Kleinkindern, die abwechselnd die Rechte »großer Kinder« fordern (»Das kann ich schon selbst!«) und sich an kindliche Ausreden klammern (»Nein, das ist eklig!«).

Ihr aufgewühltes Kleinkind ist ebenso sehr das Opfer seiner intensiven Emotionen und seiner Unreife wie Sie. Aber die Erziehungsmethoden, die Sie in diesem Kapitel kennenlernen werden, helfen Ihnen, störendes Verhalten schnell einzuschränken.

Gelbes Licht für störende kleine Dinge, die Ihr Kind sagt und tut

Im vorliegenden Kapitel geht es um die Eigenheiten von Kleinkindern, die nicht schrecklich, sondern einfach nur schrecklich störend sind (wirklich inakzeptables, nach rotem Licht verlangendes Verhalten kommt später zur Sprache). Verhaltensweisen, die gelbes Licht bekommen, sind: Quengeln, Betteln, Klammern, Schmollen, Unterbrechen, Necken, Trödeln, Weg-

Gelbes Licht: Wie man störendes Verhalten einschränkt

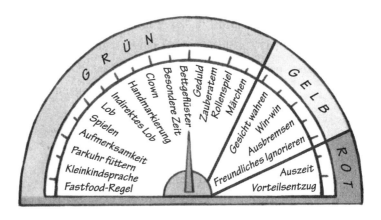

reißen, Zerren, Kreischen, Theatermachen und Trotzen, um nur *einige* zu nennen!

Wie ein Steinchen im Schuh können diese Verhaltensweisen Ihre Nerven strapazieren, besonders wenn Sie müde oder gestresst sind. Das störende und trotzige Verhalten Ihres Kindes kann unangenehme Erinnerungen an Ihre eigene Kindheit wecken und dazu führen, dass Sie überreagieren und Ihr Temperament mit Ihnen durchgeht.

Glücklicherweise können Sie mithilfe der vier folgenden einfachen Empfehlungen diese kleineren Konflikte beilegen und Ihr Kind wieder zur Kooperation bewegen. Prägen Sie sich das Vorgeschlagene gut ein – ich bin sicher, dass Sie es in den nächsten Jahren täglich anwenden werden.

Empfehlung 1 für gelbes Licht: Respektvolle Kontaktaufnahme

Viele Eltern versuchen das Quengeln und Trotzen Ihres Kindes mit folgenden Methoden möglichst schnell zu beenden:

- Ablenkung – »Kuck mal da!«

- Lächerlich machen – »Sei nicht so ein Baby!«

- Drohungen – »Hör jetzt auf damit, oder ich bring dich dazu, aufzuhören.«

- Schreien – »Höööör auf!«

Es scheint zwar so, als ließe sich das Quengeln durch diese Reaktionen am schnellsten beenden, doch der Schein kann trügen. Oft eskaliert damit die Situation, und aus Schreien und Quengeln wird Spucken und Kratzen.

Wie die Eltern in der nächsten Abbildung wollen wir alle so schnell wie möglich die Schatztruhe des guten Benehmens erreichen. Aber Eltern, die glauben, direkt darauf zugehen zu können, riskieren, von der Klippe zu fallen. Wir alle können wohlerzogene, respektvolle Kinder haben, aber der einzige sichere Weg dorthin führt über den Pfad der guten Erziehung. Das kostet zunächst einige Mühe, erspart aber viel Zeit, wenn die störenden Verhaltensweisen Ihres Kindes schneller aufhören und seltener auftreten.

Wie die Abbildung zeigt, beginnt die Reise zum guten Benehmen mit den beiden Erziehungsmethoden, die Sie sich bereits angeeignet haben: der Fastfood-Regel und der Klein-

Gelbes Licht: Wie man störendes Verhalten einschränkt

204

kindsprache. Die bloße Wiedergabe der Gefühle Ihres Kindes (Fastfood-Regel) in kurzen Sätzen, Wiederholung und angemessenem emotionalem Tonfall (Kleinkindsprache) beendet störendes Verhalten häufig rasch, weil es die eigentliche Ursache für das störende Verhalten anerkennt – und die ist in vielen Fällen Frustration, Müdigkeit, Enttäuschung oder Langeweile.

Respektvolle Kontaktaufnahme: Die FFR und die Kleinkindsprache helfen

Was ist damit gemeint? Respektvolle Kontaktaufnahme bedeutet, dass Sie die Fastfood-Regel und die Kleinkindsprache (Kapitel 3 Seite 69ff. und Kapitel 4 Seite 101ff.) anwenden, um Ihrem Kind zu zeigen, dass Sie die Welt aus seiner Perspektive sehen können und sich wirklich für seine Gefühle interessieren. Sobald es anfängt, sich zu beruhigen, sind Sie an der Reihe, es respektvoll in eine andere Richtung zu lenken (durch Anbieten von Alternativen, Ablenkung, Gewähren seines Wunsches in der Fantasie etc.).

Wann setzt man es ein? Bei allen Kleinkindern.

Wie macht man es? Knien Sie sich vor ihr Kind, sodass Ihre Augen etwas unterhalb seiner Augenhöhe sind, um ihm zu zeigen, dass Sie es respektieren, und wenden Sie die Fastfood-Regel und die Kleinkindsprache an. Falls Sie nicht sicher sind, was Sie sagen sollen, setzen Sie einen der beiden folgenden einfachen Vorschläge um (die auf Seite 112 beschrieben wurden):

- **Seien Sie der »Sprecher« Ihres Kindes.** Sagen Sie das, was Ihr Kind Ihrer Meinung nach sagen würde, wenn es könnte. Ein Beispiel:

Helen bereitete gerade das Abendessen zu, als ihre zweijährige Tochter Janie mit ihren Puppen in die Küche kam, weil Mama mit ihr spielen sollte. Helen erklärte ihrer Tochter liebevoll: »Nicht jetzt, Schatz, Mama macht das Abendessen.« Aber Janie blieb hartnäckig und zerrte am Kleid ihrer Mutter. Also fungierte Helen als Janies Sprecherin: »Janie sagt: ›Ich bin zornig... zornig... zornig!‹ Sie sagt: ›Spiel jetzt mit mir!‹ Sie sagt: ›Ich will mit den Puppen spielen, und Mama soll mitspielen!‹«

- **Seien Sie der Sportkommentator Ihres Kindes.** Beschreiben Sie, was Sie sehen:

Statt Janies Worte auszusprechen, hätte Helen auch die Technik des Sportkommentators anwenden können: »Janie ist mit ihren Puppen zu Mama gekommen. Ihr Gesicht ist traurig, und sie zerrt immer wieder an Mamas Kleid!«

Ein wichtiger Punkt: Janies Mutter sagt nicht sofort »Nein!« oder »Hör auf!« (auch wenn sie das möglicherweise denkt). Das wäre so, als würde der Mitarbeiter am Drive-in-Schalter des Fastfood-Restaurants herausplatzen: »Fünf Euro, fahren Sie bitte vor!«, statt zuerst die Bestellung des Kunden zu wiederholen. Erst wenn sich Ihr Kind zu beruhigen beginnt, sind *Sie* an der Reihe:

Sobald Janie aufhörte, an ihrem Kleid zu ziehen, sagte Helen: »Gut aufgehört, Schatz. Ich weiß, dass du spielen willst. Du willst jetzt, jetzt, jetzt spielen. Aber Mami muss zuerst schnell Abendessen machen. Also hol alle deine Puppen und leg sie hier auf den Tisch. Nach dem Abendessen können wir zusammen mit den Puppen spielen.«

Tipps, was Sie nach der respektvollen Kontaktaufnahme sagen können

Sobald sich Ihr Kind zu beruhigen beginnt, sind *Sie* an der Reihe. Es gibt mehrere Dinge, die Sie tun können, um ihm zu helfen, seine gute Laune zurückzugewinnen, oder um ihm mitzuteilen, was es lernen muss – ohne dass Ihr Kind oder Sie das Gesicht verlieren.

Die alte Kunst des Gesichtwahrens

Sicher kennen Sie den Ausdruck »sein Gesicht wahren«. Dabei ist »Gesicht« gleichbedeutend mit »Selbstachtung«. Wenn jemand sein Gesicht wahren kann, heißt das, dass seine Würde nicht verletzt wird, auch wenn er nicht bekommt, was er will.

Botschafter wissen, dass Beschämung und Respektlosigkeit so schwer hinzunehmen sind, dass sie sogar einen Krieg auslösen können! Deshalb helfen gute Diplomaten ihren Gegnern *immer*, ihr Gesicht zu wahren. Sie wissen, dass es wichtig ist, ihnen die Möglichkeit zu geben, auch in der Niederlage ihre Würde zu bewahren, denn daraus erwachsen Vergebung und Freundschaft.

Es ist für uns alle wichtig, unser Gesicht wahren zu können, aber für unsere aufgeregten Kleinkinder ist es besonders wichtig!

Empfehlung 1 für gelbes Licht: Respektvolle Kontaktaufnahme

Bieten Sie Wahlmöglichkeiten an. Kinder lieben es auszuwählen. Wenn Ihr Kind beispielsweise unbedingt ein zerbrechliches Glas verwenden will, könnten Sie sagen: »Kein Glas! Kein Glas, Schatz! Lass uns einen deiner coolen Superheldenbecher holen. Welcher hat mehr Kräfte – Spiderman oder Batman?«

Wenn Quengeln ein Problem ist, könnten Sie beispielsweise zu Ihrer Dreijährigen sagen: »Du sagst: ›Mama, *hör zu – jetzt!*‹ Ich weiß, dass Mama zuhören soll, Schatz. Willst du mit deiner Große-Mädchen-Stimme sprechen oder mit einer Babystimme? Such es dir aus. Aber meine Ohren können dieser nervigen Quengelstimme nicht zuhören. Sie ist zu nervig.«

Geben Sie Ihrem Kind viele Male am Tag Gelegenheit, eine Wahl zu treffen, und es wird viel schneller nachgeben und Ihren Wünschen entsprechen.

Gewähren Sie den Wunsch Ihres Kindes in der Fantasie. Wenn Ihr Kind nicht bekommen kann, was es will, tun Sie zumindest für einen Augenblick so, als ob es das Verlangte bekommen könnte (siehe Abbildung auf Seite 85). Wenn beispielsweise Ihre Dreijährige wegen einer Puppe im Laden quengelt, könnten Sie sagen: »Du magst diese Puppen sehr! Ich wünschte, ich könnte dir Hunderte davon geben. Einhundert Puppen wären sooo toll! Wir könnten dein ganzes Bett damit zudecken. Welche würdest du aussuchen? Würdest du deinen Freunden auch welche geben?«

Macht man dem Kind damit nicht falsche Hoffnungen? Nein, bestimmt nicht. Es ist eine großartige Möglichkeit, dem

Kind das Gefühl zu geben, dass es Gehör findet. Denken Sie daran: Mehr als alles andere auf der Welt – einschließlich dieser Puppen – wünscht sich Ihr Kind Ihren Respekt, Ihre Liebe und Fürsorge. Ihre Bereitschaft, das kleine Spiel zu spielen, ist ein wunderbarer Trostpreis, denn Sie signalisieren damit: Ich kann dir nicht wirklich das geben, was du willst, aber ich kann es dir in der Fantasie geben. Das wird Ihr Kind ein Stück weit trösten, auch wenn es das, was es sich wünscht, nicht wirklich bekommt.

Teilen Sie in einer Du-ich-Botschaft Ihre Gefühle mit. Sobald sich die Aufregung gelegt hat, teilen Sie Ihrem Kind *kurz* Ihre Gefühle mit, indem Sie einen Du-ich-Satz formulieren (siehe Seite 85). Das fördert die Fähigkeit Ihres Kindes, Dinge aus *Ihrer* Perspektive zu sehen. Ein Beispiel: Runzeln Sie die Stirn, schütteln Sie den Kopf, und sagen Sie: »Wenn du die Blumen auf den Boden wirfst, ist Mama traurig... traurig. Mama sagt: ›Mach die Blumen nicht kaputt!‹«

Bieten Sie eine Ablenkung an. Nachdem Sie durch Anwendung der Fastfood-Regel und der Kleinkindsprache die Gefühle Ihres Kindes anerkannt haben, geben Sie ihm Hilfestellung, sich auf etwas anderes zu konzentrieren.

Die achtzehn Monate alte Mara tapste zum Bücherregal und begann, Bücher aus dem Regal zu werfen. Ihr Vater Bryan sagte: »Nein, das ist nicht schön!« Mara sah ihn direkt an, lächelte und warf noch mehr Bücher auf den Boden.

Empfehlung 1 für gelbes Licht: Respektvolle Kontaktaufnahme

Bryan war versucht »Nein! Nein!« zu brüllen, wie es sein Vater immer getan hatte. Aber dann erinnerte er sich an die respektvolle Kontaktaufnahme und rief in aufgeregter Kleinkindsprache: »Du willst Bücher! Bücher! Bücher!« Mara hielt inne, und Bryan fuhr fort: »Du willst Bücher! Bücher!« Als sie ruhiger zu werden begann, sagte er: »Aber nein! Sei vorsichtig! Nicht werfen! Nicht werfen!« Dann bot er ihr eine kleine Ablenkung an. Mit großen Augen flüsterte er: »Psst! Hey, komm schnell! Ich habe ein besonderes Buch, das wir zusammen lesen können. Das macht Spaß! Es kommt eine kleine Katze darin vor!«

Vermitteln Sie Werte. Als eine Dreijährige ihrer kleinen Schwester den Ball wegnahm und sie damit zum Weinen brachte, gab ihre Mutter ihren Wunsch wieder, den Ball zu besitzen, fragte dann aber liebevoll: »Wolltest du deine Schwester zum Weinen bringen? Willst du so ein Mädchen sein?« Die Dreijährige schüttelte den Kopf. Darauf fuhr die Mutter fort: »Fällt dir etwas ein, wie du deine Schwester wieder froh machen kannst?« Die Dreijährige gab den Ball zurück, und die Mutter sagte: »Das war eine gute Idee. Das war genau das, was sie brauchte, um wieder froh zu sein!«

Veranschaulichen Sie gutes Benehmen durch Rollenspiele oder Märchen. Die Technik des Vermittelns von Werten durch die Hintertür kann auch dazu verwendet werden, störendes Verhalten einzuschränken. Hier ein Beispiel dafür, wie mithilfe eines Märchens gutes Benehmen vermittelt werden kann:

Es war einmal eine wirklich schlaue kleine Schweineprinzessin. Ihr Name war Salome Schweinchen. Sie trug am liebsten rosa Turnschuhe und aß gern Toast mit Zimt und Zucker zum Frühstück. Aber wenn sie etwas wollte, quengelte sie immer so sehr, dass allen die Ohren wehtaten. Darum musste Mutter Schwein Watte in ihre Ohren stopfen und eine große Mütze aufsetzen, damit ihr die scharfe, quengelnde Stimme der kleinen Prinzessin nicht in den Ohren wehtat (quengelnde Stimme nachahmen).

Eines Tages zeigte Salomes Freundin Hannah Hase ihr, wie man mit häschensanfter Stimme spricht, wenn man um etwas bittet. Sie sagte: »Salome, versuch es doch mal so. Dann werden alle deine Stimme mögen!« (Die nette Stimme nachahmen.)

Salome versuchte es noch am selben Tag, als sie nach draußen zum Spielen wollte – und es funktionierte! Salome bekam zwar immer noch nicht alles, was sie wollte, wenn sie darum bat, aber ihre Mutter war so froh darüber, dass Salome eine nette Häschenstimme gelernt hatte, dass sie mit ihr auf den Spielplatz ging, wo sie ihr Lieblingsspiel spielten – im Schlamm wälzen. Von da an lebten sie glücklich und zufrieden.

Wenden Sie Kritik als »Umkehrlob« an. Durch Lob erfährt Ihr Kind, welches Verhalten Ihnen gefällt. Durch Kritik erfährt es, was Ihnen nicht gefällt, und das ist eine Art »Umkehrlob«, weil dafür dieselben Regeln gelten wie für Komplimente und Ermutigung.

Empfehlung 1 für gelbes Licht: Respektvolle Kontaktaufnahme

- Kritisieren Sie das Verhalten, nicht das Kind. Sagen Sie: »Keine Blumen abreißen« statt »Böser Junge«.

- Erklären Sie Ihrem Kind die Folgen seines Verhaltens: »Wenn du den Hund jagst, wird er ängstlich und wütend und könnte beißen.«

- Flüstern Sie Ihre Kritik einem Stofftier oder Oma am Telefon zu. Geflüsterten Äußerungen schenkt Ihr Kind deutlich mehr Aufmerksamkeit:

Jessica mochte es nicht, wenn die dreijährige Lucy ihre neun Monate alte Schwester schubste und sich *dann weigerte, sich zu entschuldigen. Es war sinnlos, Lucy zu einer Entschuldigung überreden zu wollen. Also wandte Jessica ihrer dreijährigen Tochter den Rücken zu, sobald sie das Baby schubste, und flüsterte dem Baby laut zu (sodass Lucy es hören konnte): »Es macht dich traurig, wenn Lucy dich schubst. Du sagst: ›Schubsen tut weh! Ich mag es nicht!‹ Aber wenn Lucy sagt, dass es ihr leidtut, freut sich Mama sehr!«*

Erstaunlicherweise begann Lucy, sich zu entschuldigen. Im selben Augenblick wandte sich Jessica wieder zu ihrer älteren Tochter um und sagte ruhig: »Schöne Entschuldigung, Schatz. Danke.« Dann flüsterte sie dem Baby zu: »Hast du das gehört? Lucy hat gesagt, dass es ihr leidtut. Ja, Lucy! Mir gefällt das.«

Schließlich verteilte Jessica noch eine kleine Belohnung: »Kommt, wir holen uns Limonade!«

Positiv formulieren und agieren

Machtkämpfe lassen sich oft durch einen einfachen Trick vermeiden: Sagen Sie Ihrem Kind, was es *tun* soll, nicht, was es *nicht* tun soll. Zum Beispiel »Stühle sind zum Sitzen da« statt »Steh nicht auf dem Stuhl«. Oder »Langsamer!« statt »Nicht rennen!«. Kinder fühlen sich mehr respektiert, wenn Verhalten durch positive Aussagen korrigiert wird. Eine weitere Möglichkeit, positiv zu agieren, besteht darin, ein spielerisches Element einzubringen:

Rick spricht mit »Gruppenleiterstimme«, um Quengeln und Trödeln zu vermeiden, wenn es für seine dreijährigen Zwillinge Bethany und Brittany Zeit ist, zu Bett zu gehen. »Okay, ihr Mäuse!«, ruft er enthusiastisch. »Es ist Zeit für das spannende Schlafanzugrennen! Schlafanzüge an in einer Minute... Motoren starten! Auf die Plätze, fertig, LOS! Rrrrrrr!«

Für Kinder, denen Übergänge Mühe bereiten, ist es eine lustige Hilfestellung, mit einem Trompetengeräusch anzukündigen, was als Nächstes folgt.

Haben Sie erst einmal anfangen, darüber nachzudenken, auf welche Weise Sie Ihre Botschaft wirkungsvoll übermitteln können, fallen Ihnen wahrscheinlich noch Dutzende weiterer Möglichkeiten ein, wie Sie Ihre Regeln spielerisch statt als Befehle formulieren können.

Durch respektvolle Kontaktaufnahme werden viele lästige Verhaltensweisen beendet. Aber wenn das nicht funktioniert, bieten Sie einen »Win-win-Kompromiss« an (siehe Seite 219). Wenn Sie das Verhalten oder die Haltung Ihres Kleinkindes *sehr* ärgert, können Sie natürlich auch sofort zu einer »milden Konsequenz« greifen (siehe Seite 233).

Empfehlung 2 für gelbes Licht: Klar und konsequent Grenzen definieren

Ihre Hauptaufgabe als Eltern besteht darin, Ihrem Kind Liebe, Nahrung und ein Zuhause zu geben. Aber sobald es zu laufen beginnt, kommt eine neue Aufgabe auf Sie zu: Grenzen setzen.

Durch Grenzen lernen Kleinkinder den Unterschied zwischen Richtig und Falsch, Höflichkeit und Unhöflichkeit, Sicherheit und Gefahr. Einfach ausgedrückt sind Grenzen die Mauern, mithilfe derer Sie Ihr Kind den Pfad des Lebens entlangführen. Manche Eltern neigen eher dazu, enge Grenzen (dicht beieinanderstehende Mauern) zu setzen, andere setzen weite Grenzen (weit auseinanderstehende Mauern). Wenn Sie Regeln festgelegt haben, dürfen Sie allerdings nicht erwarten, dass Ihr Kind sie alle sofort einhalten wird. Während es Ihre Aufgabe ist, Grenzen zu *setzen*, ist es die Aufgabe Ihres Nachwuchses, diese Grenzen *auszutesten*, um herauszufinden, ob es Ihnen wirklich ernst damit ist.

Wenn Sie konsequent sind, wird Ihr Kind bald nachgeben und Ihre Forderungen erfüllen. Flexible Grenzen dagegen führen oft dazu, dass Kinder sich noch mehr widersetzen. Sie üben Druck aus, bis die »Mauer« einstürzt (sprich, bis wir nachgeben) oder bis die »Mauer« aufhört, sich zu bewegen (bis wir auf ihrer Einhaltung bestehen).

Es ist äußerst wichtig, klare Grenzen zu setzen. Sie müssen Ihr Kind mit Demut und Güte erziehen, aber Sie brauchen auch Mut und Entschlossenheit. Ihre Familie ist *keine* Demokratie! Beginnen Sie jeden neuen Tag mit Liebe, aber geben Sie bei wichtigen Grenzen nicht nach. Wenn es hart auf hart (und Schlag auf Schlag) kommt, müssen Sie respektvoll Ihre Autorität einsetzen, um die Ordnung zu wahren.

Vier Tipps für erfolgreiches Grenzensetzen:

1. **Vernünftig sein.** Unrealistische Erwartungen führen unweigerlich zu Enttäuschungen. Denken Sie daran, dass Kleinkinder ihre Impulse nur sehr eingeschränkt kontrollieren können. Daher sollten Sie Gefahrenquellen und Versuchungen (wie zerbrechliche Gegenstände) entfernen und Ihr Zuhause an Ihr Kind anpassen (statt umgekehrt).

2. **Mit einem KUSS (Kurze Und Schlichte Sätze) Grenzen setzen.** Lange Sätze (»Deborah, komm bitte her. Es ist Zeit, deine Stifte wegzuräumen. Und das möchte ich nicht noch einmal sagen müssen.«) sind für die unreife linke Gehirnhälfte Ihres Kleinkindes zu komplex. Einfache Aussagen funktionieren besser (»Stifte in die Schublade.«).

3. **Konsequent sein.** Konsequenz hilft Kindern, zu verstehen, was richtig und was falsch ist. Natürlich ist niemand hundertprozentig konsequent. Es wird immer Situationen ge-

Empfehlung 2 für gelbes Licht: Klar und konsequent Grenzen definieren

Versuchen Sie, keine flexiblen Grenzen zu setzen!

ben, in denen Sie vergessen, eine Grenze durchzusetzen, oder in denen Sie zu beschäftigt dafür sind. Und es wird Situationen geben, in denen Ihr Kind weinerlicher als sonst ist (weil es sehr hungrig, sehr müde, krank oder gestresst ist) und Sie sich dafür entscheiden, die Regeln zu umgehen. Aber wenn Sie gegen Ihre eigenen Regeln verstoßen, sollten Sie deutlich zum Ausdruck bringen, dass Sie eine Ausnahme machen (»Du kennst die Regel: Wir essen nur in der Küche. Aber heute ist ein besonderer Tag. Papa hat Geburtstag! Wir picknicken im Wohnzimmer. Das macht Spaß. Doch wir essen nur auf der Decke.«)

4. **Widersprüchliche Botschaften vermeiden.** Es verwirrt Kinder, wenn Sie zu freundlich sprechen oder nett lächeln, während Sie eine Grenze setzen. Damit geben Sie unabsichtlich dem störenden Verhalten Ihres Kindes grünes Licht. Wenn Sie Ihrem Kind deutlich machen wollen, dass Sie es ernst meinen, sollten Sie sich vor Ihr Kind hinkauern (sodass Ihre Augen etwas *oberhalb* der Augenhöhe Ihres Kindes sind) und Ihre Botschaft mit tiefer Stimme und ernstem Gesicht vermitteln.

Wählen Sie durchsetzbare Grenzen. Manche Grenzen sind schwerlich durchzusetzen. Beispielsweise kann es unmöglich sein, ein Kind dazu zu bewegen, Brokkoli zu essen oder Ängste zu überwinden. Sich auf Kämpfe einzulassen, die Sie nicht gewinnen können, kann dazu führen, dass Ihr Kind Ihnen noch mehr Widerstand entgegensetzt *(Du kannst mich nicht zwingen!)*. Wenn Sie also spüren, dass Sie einen Kampf heraufbeschwören, den Sie nicht gewinnen können, ist es Zeit, vom Aussprechen von Warnungen zu anderen Taktiken zu wechseln wie Charme, Kompromisse und Einfallsreichtum (sie werden im Folgenden beschrieben).

Im Grunde ist ein bisschen Widerstand gar nicht so schlecht! Schließlich wollen die meisten Eltern Ihren Kindern auch vermitteln, dass das Festhalten an den eigenen Überzeugungen und die Fähigkeit, andere zu überzeugen, etwas Erstrebenswertes ist.

Empfehlung 3 für gelbes Licht: Kleine Schritte machen und Win-win-Kompromisse finden
Aus »Nein-nein« ein »Win-win« machen.

Es heißt oft, man solle Kinder dazu zwingen, zu gehorchen. Natürlich sind Sie als erwachsene Person größer und stärker als ein Zwei- oder Dreijähriges, aber wenn Sie den Widerstand Ihres Kindes *brechen*, laufen Sie Gefahr, sein Selbstvertrauen zu untergraben oder den Wunsch nach *Rache* in ihm zu wecken. Wenn Eltern Macht ausüben, ist das keine Win-win-Situation (keine Situation, in der alle gewinnen), sondern eine Situation, in der alle verlieren. Ihr Kind verliert seine Würde, und Sie verletzen die Beziehung zu ihm.

Ihr Ziel als Eltern sollte letztlich nicht darin bestehen, einzelne Kämpfe zu gewinnen, sondern für das ganze Leben die Liebe und den Respekt Ihres Kindes zu gewinnen. Deshalb sollten Sie – auch wenn Sie mit Ihrem Kind nicht einer Meinung sind – seine Wünsche anerkennen und dann versuchen, eine Möglichkeit zu finden, wie Sie *beide* gewinnen können!

Selbst Kleinkinder wissen schon, dass Fairness auf Gegenseitigkeit beruht: *Du willst das? Dann gib mir das!* Deshalb lieben kleine Kinder Win-win-Kompromisse.

Klingt das schwierig? Ist es aber nicht. Es ist ganz einfach – und es macht Spaß!

Kleine Schritte machen: Schritt für Schritt einen guten Kompromiss finden

Kleinkinder tun sich schwer mit großen Sprüngen, aber kleine Schritte fallen ihnen leicht.

Wenn es beispielsweise Kämpfe beim Zähneputzen gibt, werden Sie viel erfolgreicher sein, wenn Sie Ihr Ziel in einige kleinere Schritte unterteilen. Betrachten Sie es beispielsweise als Erfolg, wenn Ihr Kind zulässt, dass Sie mit der Zahnbürste seine Lippen oder Zähne berühren. Jubeln Sie: »Jaa! Schon fertig! Gib mir fünf! Und jetzt lesen wir ein schönes Buch.« Belohnen Sie diese kleine Kooperation sofort mit etwas Schönem. (Ich weiß, dass man Zähne nicht in einer Sekunde gründlich putzen kann, aber das macht nichts. Es ist ein kleiner Fortschritt.)

Erhöhen Sie im Laufe einiger Tage die Dauer des Berührens auf drei Sekunden, und Sie werden die Zähne bald einige Sekunden lang putzen können. Beenden Sie den Vorgang immer mit einem Lob und einer kleinen Belohnung durch eine gemeinsame Aktivität (Füttern der Parkuhr).

Aber was ist, wenn Ihr Kind Sie mit der Zahnbürste nicht einmal in die Nähe seines Mundes lässt? Kämpfen Sie nicht mit ihm darum! Das ist kein Kampf, den Sie gewinnen können. Machen Sie stattdessen noch kleinere Schritte, und kommunizieren Sie respektvoll. Zielen Sie auf seinen weichen Punkt, damit es weiß, dass Sie seine Botschaft verstehen: »Nicht der Mund... nicht der Mund!«. Und spielen Sie ein wenig den Clown: »Na gut, du gewinnst! Du gewinnst immer! Keine Zahnbürste mehr! Ziehen wir den Schlafanzug an. Oh, warte! Ich muss noch schnell dein Knie bürsten. Komm, wir zählen: eins, zwei! Schon fertig! Ach, wie dumm von mir – ich hab ganz vergessen, dass ich noch deinen Fuß bürsten muss.« (Albern Sie ein bisschen herum, indem Sie den Fuß ihres Kindes an den falschen Körperstellen suchen: »Hey, wo ist dein Fuß? Hilf mir mal, deinen Fuß zu finden!«). Jubeln Sie am Ende: »Jaaa! Schon fertig! Jetzt lesen wir ein Buch.«

Es ist wichtig, dass Sie das jeden Tag üben und sich dabei in kleinen, angemessenen Schritten ihrem Ziel, dem Zähneputzen, nähern. Innerhalb von ein oder zwei Wochen werden Sie erstklassig Zähne putzen!

Win-win-Kompromisse finden: So gewinnen beide Seiten

Der Win-win-Kompromiss ist in der Erziehungsarbeit von enormem Wert, und Sie werden während der Kleinkindzeit – und danach – immer wieder von ihm Gebrauch machen wollen.

Auf der ganzen Welt werden durch harte Verhandlungen Vereinbarungen erzielt. Manche Erwachsenen feilschen nicht gern um Preise, aber Kleinkinder lieben es, zu verhandeln. (Viele von ihnen könnten einem Gebrauchtwarenhändler die Hose vom Hintern abschwatzen!) Sie haben eine natürliche Begabung für Verhandlungstaktiken wie Betteln (»Bitte? B-i-t-t-e!«), Übertreibung (»Du lässt mich nie!«), schmollenden Protest (»Du bist unfair!«) und Hinweise auf inkonsequentes Verhalten (»*Sie* durfte aber!«).

Und sie setzen diese Überredungskünste jeden Tag ein, um zu bekommen, was sie wollen.

Vielleicht fragen Sie sich, ob das Eingehen von Kompromissen nicht bedeutet, dass Sie nachgeben oder Ihr Kind verwöhnen? Womöglich überlegen Sie, ob Sie nicht doch besser auf Gehorsam bestehen sollten?

Natürlich könnte ein Kind verwöhnt werden, wenn Sie *immer* nachgeben würden. Aber Gehorsam zu *fordern* (»Weil ich es sage!«) führt dazu, dass Kinder das Falsche lernen *(Was Kinder denken, ist unwichtig. Wer die Macht hat, hat recht)*.

Vernünftige Kompromisse zu finden lehrt Kinder dagegen, fairer und flexibler zu sein.

Denken Sie daran, dass Sie stark und klug sind, und dass Ihr Kleinkind schwach, klein und langsam ist und nicht sehr gut sprechen kann. Deshalb hat es das Gefühl, immer wieder zu verlieren. Durch Win-win-Kompromisse lernen Kinder, dass sowohl Ihre Eltern als auch sie selbst gewinnen können, dass Menschen, die einander lieben, bereit sind, nachzugeben, und trotzdem stark sind.

Wenn Sie wollen, dass Ihr Kind zu einem fairen und respektvollen Menschen heranwächst, können Sie ihm das am besten vermitteln, indem Sie mit gutem Beispiel vorangehen.

Was ist damit gemeint? Einen Win-win-Kompromiss zu finden ist ein wichtiger Teil der alten Kunst des Verhandelns: »Ich tausche einen von diesen gegen zwei von denen ein!« Das erfordert Fairness, Respekt und gutes Zuhören. Die meisten Kinder tun es automatisch – vom Einjährigen, der Küsse austauscht, bis hin zum Teenager, der über ein höheres Taschengeld verhandelt.

Durch Win-win-Kompromisse üben Kinder, fair zu sein, und lernen, dass Lösungen gefunden werden können, die beiden Parteien die Möglichkeit geben, ein bisschen nachzugeben, ohne die eigene Würde zu verlieren.

Wenn es um Kompromisse mit Kleinkindern geht, sollten sich Erwachsene über folgende zwei Punkte im Klaren sein:

* ***Dankbarkeit ist eine falsche, da verfrühte Erwartung an Kleinkinder.*** Manche Eltern fragen: »Warum sollte ich Kompromisse eingehen? Ich gebe meinem Kind genug! Schließlich ist es nicht der Herr im Haus!« Sie können zu Recht erwarten, dass Ihr Kind mit fünf oder sechs Jahren etwas mehr Dankbarkeit zeigt. Aber jüngere Kinder beherrschen die Feinheiten unserer gesellschaftlichen Gepflogenheiten (wie beispielsweise das Wertschätzen von Großzügigkeit) noch nicht – und schon gar nicht dann, wenn sie sich über etwas aufregen. (*Damit* tun sich sogar manche Erwachsenen schwer!)

* ***Kleinkinder verstehen unter Fairness einen 90-10-Kompromiss.*** Wir wollen alle fair behandelt werden. Das gilt insbesondere für Kleinkinder! Sie können mit Frustrationen und Forderungen viel besser umgehen, wenn sie das Gefühl haben, gerecht behandelt zu werden. Aber wer entscheidet, was fair ist?

Die meisten Erwachsenen halten einen 50-50-Kompromiss für ziemlich fair: die Hälfte für mich, die Hälfte für dich. Aber für Ihr Kind liegt ein vernünftiger Kompromiss wahrscheinlich bei 90-10. (Sie bekommen einen winzigen Teil und Ihr Kind die 90 Prozent!) Das liegt daran, dass sich Kleinkinder auf das konzentrieren, was sie nicht bekommen. *(Hey, das will ich auch noch!)* Sie sind in diesem Alter gierig und teilen nicht gern. So werden am Anfang die 90-10-Kompromisse eindeutig zugunsten Ihres Kleinkindes ausfallen. Aber wenn Sie dieses System eine Weile angewendet haben, werden Sie ihm nach und nach beibringen, dass es manchmal mehr nachgeben muss. Wenn es älter wird, werden Sie es dazu bewegen können, 70-30-Kompromisse und schließlich auch 50-50-Kompromisse einzugehen.

Wie macht man es? Die Win-win-Methode lässt sich auf drei einfache Schritte verkürzen:

- *Schritt 1:* Respektvolle Kontaktaufnahme. Erkennen Sie die Wünsche Ihres Kindes mit FFR und Kleinkindsprache an.
- *Schritt 2:* Machen Sie ein schlechtes Angebot. Bieten Sie einen 90-10-Kompromiss an, bei dem Sie 90 Prozent bekommen und Ihr Kind nur 10 Prozent von dem bekommt, was es will.
  Sie machen ein schlechtes Angebot, damit Ihr Kind es sofort ablehnen kann. Klingt das merkwürdig?
  Tatsächlich ist das einer der ältesten Verhandlungstricks der Welt! Sie machen ein Angebot, dessen Ablehnung Sie akzeptieren können, damit Ihr Verhandlungspartner das Gefühl haben kann, hart zu verhandeln.
- *Schritt 3:* Geben Sie »widerstrebend« nach. Wenn Ihr Kind sich weigert, machen Sie ein Angebot, bei dem Ihr Kind den

Empfehlung 3 für gelbes Licht: Kleine Schritte und Win-win-Kompromisse

größten Teil von dem bekommt, was es will: Es bekommt 90 Prozent, und Sie bekommen 10 Prozent.

Tun Sie, als wäre Ihr Kind der härteste Verhandlungspartner, mit dem Sie es je zu tun hatten. Tun Sie, als ob es Ihnen schwerfiele, zuzustimmen (»Okay, okay... fair ist es nicht, aber ich schätze, du gewinnst.«). Dadurch fühlt sich Ihr Kind wie ein Sieger – als ob es das Bestmögliche herausgeholt hat. (Übertreiben Sie ein bisschen!)

Ein Beispiel. Nehmen wir an, Sie wollen Ihr Kind, Samuel, dazu bewegen, zehn Erbsen zu essen. Er weigert sich und fordert stattdessen seine Lieblingscracker. So könnten Sie den 90-10-Kompromiss umsetzen:

- *Schritt 1:* Respektvolle Kontaktaufnahme: »Samuel sagt: ›Nein, nein! Keine Erbsen!‹ Samuel sagt: ›Keine Erbsen!‹ Sammy will Cracker!«

- *Schritt 2:* Machen Sie ein schlechtes Angebot: Nehmen Sie zwei Erbsen vom Teller, sodass noch acht liegen bleiben, und sagen Sie: »Okay, okay! Du hast gewonnen! Du bekommst Cracker, aber erst musst du so viele Erbsen essen. Einverstanden? Komm, iss sie auf!«
Samuel rümpft die Nase und sagt Nein.

- *Schritt 3:* Geben Sie jetzt zu 90 Prozent nach... und tun Sie, als ob Sie besiegt worden seien: Schmollen Sie, und winken Sie geschlagen ab. Sagen Sie dann: »Okay, Samuel gewinnt! Samuel gewinnt! Ich gewinne *nie*! Du gewinnst *hundertmal*! Du sagst: ›Keine Erbsen!‹ Na gut! Hier sind deine Cracker ...« Aber sofort, nachdem Sie ihm die Cracker gezeigt haben, nehmen Sie sie wieder weg und sagen: »Moment! Ich hab ja ganz vergessen, dass du erst noch eine winzig kleine Erbse essen musst. *Dann* kriegst du eine Menge Cracker!«

Alle guten Verhandlungsführer wissen, wann sie reden und wann sie gehen müssen. Wenn Ihr Kind Ihr bestes Angebot rundweg ablehnt, wenden Sie ihm den Rücken zu, und ignorieren Sie es eine Minute, bevor Sie es erneut versuchen.

Empfehlung 3 für gelbes Licht: Kleine Schritte und Win-win-Kompromisse

Wenn sich Samuel beispielsweise weigert, auch nur eine Erbse zu essen (oder zu berühren!), erkennen Sie seine Weigerung an, fordern ihn dann aber auf, den Tisch zu verlassen, sodass er das Essen, das er will, nicht bekommt: »Du sagst, keine Erbsen! Nicht eine einzige! Das macht Mama traurig, aber okay, du hast gewonnen. Dann gibt es jetzt keine Cracker, und du kannst spielen gehen! Ich sehe in einer Weile nach dir. Tschüss.«

Dadurch werden die Verhandlungen unterbrochen, sodass Sie Ihr Gesicht wahren können und das Kind Gelegenheit hat einzusehen, dass es durch Starrsinn nicht das bekommt, was es will.

Beschleunigen Sie den Lernprozess Ihres Kindes, indem Sie viele Gelegenheiten für Kompromisse anbieten. Bieten Sie beispielsweise mehrere Tage hintereinander Erbsen an. Die meisten Kinder akzeptieren nach einer Weile den 90-10-Kompromiss. Und sobald Ihr Kind es zu mögen beginnt, Win-win-Verhandlungen mit Ihnen zu führen, wird das Leben allmählich für Sie beide einfacher werden.

Es mag nach viel Anstrengung klingen, aber der zusätzliche Aufwand führt innerhalb kurzer Zeit dazu, dass Sie ein zufriedeneres – und faireres – Kind haben.

Der dreijährige Jack hasste Schuhe und Socken, mochte aber Sandalen. Seine Mutter Shaya war an den meisten Tagen damit einverstanden, aber an diesem Tag regnete es heftig. Nachdem es ihr nicht gelungen war, Jack in der Kleinkindsprache davon zu überzeugen, Schuhe anzuziehen, bot Shaya ihm ei-

nen »schlechten« 50-50-Kompromiss an: »Trag die Schuhe jetzt, dann kannst du nach dem Kindergarten die Sandalen anziehen.« Jack lehnte das Angebot rundweg ab.

Dann setzte sich Shaya auf den Boden und tat so, als ob Jack ein zu harter Verhandlungspartner für sie sei. »Okay, du hast gewonnen! Wie immer!« Dann machte sie ihm ein weiteres Angebot: Jack konnte entweder jetzt eine Sandale und einen Schuh anziehen und den zweiten Schuh im Kindergarten, oder er konnte während der Autofahrt Sandalen tragen und die Schuhe dann anziehen, wenn sie beim Kindergarten an-

kamen. Er ging auf Letzteres ein, und Shaya malte als Anerkennung für sein Entgegenkommen ein Häkchen auf seinen Handrücken.

Natürlich gibt es Themen, bei denen keine Kompromisse möglich sind (auf die Straße laufen, einen Freund schlagen …). Aber Sie werden staunen, wie oft Sie durch Verhandeln die unzähligen kleinen Unstimmigkeiten, die im Laufe eines Tages auftreten, beilegen können. Und wenn Ihr Kind das Teenageralter erreicht hat (und ein *wirklich* gewiefter Verhandlungspartner geworden ist), werden Sie ein wahrer Experte auf dem Gebiet der Verhandlungen und Win-win-Kompromisse sein!

Störendes Verhalten durch Geduldübungen »ausbremsen« und die Kunst der Umkehrpsychologie

Geduldübungen einmal anders

Ich mag Kinder, die beharrlich ein Ziel verfolgen. Aber wenn Ihr hartnäckiger Dreikäsehoch sämtliche Regeln niederwalzt, versuchen Sie es mit dieser Abwandlung der Geduldübungen, um sein störendes Verhalten »auszubremsen«:

Führen Sie zunächst mehrmals Geduldübungen durch (Seite 168), damit Ihr Kind weiß, dass es Geduld haben muss, wenn Sie einen Finger hochhalten und sagen: »Warte! Warte!« Dann können Sie in drei Schritten beginnen, störendes Quengeln einzudämmen.

Nehmen wir als Beispiel an, Ihr Kind quengelt, weil es mit dem Ball spielen will, aber Sie wollen nicht, dass es das im Haus tut:

- **Schritt 1:** Nehmen Sie respektvoll Kontakt auf: Erkennen Sie mithilfe der FFR und der Kleinkindsprache die Gefühle Ihres Kindes an.

    »Du willst! Du willst den Ball! Du sagst: ›Meiner! Meiner! Gib ihn mir!‹ Du willst ihn so sehr!«

- **Schritt 2:** Geben Sie Ihrem Kind beinahe, was es will – doch dann halten Sie inne und wenden sich ab. Sie greifen nach dem Ball, tun dann aber, als müssten Sie plötzlich etwas Wichtiges erledigen. Ignorieren Sie Ihr Kind etwa fünf Sekunden lang, während Sie scheinbar mit etwas anderem beschäftigt sind.

»*Ja, Schatz, ich gebe dir den Ball. Aber, warte mal, warte! Eine Sekunde, eine Sekunde!*«

- **Schritt 3:** Wenden Sie sich jetzt wieder Ihrem Kind zu, und langen Sie nach dem Ball. Halten Sie mitten in der Bewegung inne. Sagen Sie Ihrem Kind, Ihnen sei nun eingefallen, dass Sie ihm den Ball nicht geben können... aber dass Sie einen guten Kompromiss anbieten können. Das könnte sich folgendermaßen anhören:

»Gut gewartet, Schatz, hier ist der Ball.« Dann rufen Sie plötzlich überrascht aus: »Halt... warte! Warte! Ich hatte ganz vergessen, dass im Haus nicht Ball gespielt wird. Keine Bälle im Haus. Tut mir leid, Schatz, aber du kennst die Regel. Wir können draußen mit dem Ball spielen, oder wir können drinnen mit Puppen spielen. Was willst du lieber tun?«

Bei einem älteren Kleinkind können Sie einen Küchenwecker einsetzen:

Fünf lange Minuten drängte der dreieinhalbjährige Jackson seinen Vater Gregor, mit ihm zu spielen. Gregor ging nicht darauf ein und bereitete weiter das Abendessen zu. Dann erinnerte er sich an den Tipp, Quengeln durch Geduldübungen »auszubremsen«: »Okay, du hast gewonnen. Ich spiele ein kleines bisschen mit dir«, sagte er. Als er sich vom Herd abwandte, hielt er einen Finger hoch und verkündete: »Warte! Warte!«, als ob ihm plötzlich etwas eingefallen sei. Er griff zum Küchenwecker, stellte ihn auf 20 Sekunden ein und sag-

te: »Tut mir leid, Jackson! Ich hatte vergessen, dass ich noch eine Sache erledigen muss. Herr Ringeding klingelt gleich, und dann können wir miteinander spielen!«

Jackson hielt in seinem Quengeln inne und wartete ruhig. Als der Küchenwecker klingelte, klatschte Gregor in die Hände und lobte: »Gut gewartet. Jetzt sag mir, was du willst.«

»Spiel mit mir«, sagte Jackson mit ruhigerer Stimme und streckte seinem Vater zwei Spielzeugautos entgegen.

Gregor antwortete: »Na, klar.« Er setzte sich zu seinem Sohn, aber ein paar Sekunden, nachdem sie angefangen hatten, zu spielen, hielt er plötzlich inne und rief: »Oh, warte! Warte! Dummer Papa. Ich habe fast vergessen, dass ich noch den Salat machen muss. Nur noch eine Minute.« Dann stand er auf und stellte wieder den Küchenwecker ein. Er begann, den Salat zuzubereiten, und als der Küchenwecker klingelte, bot er seinem Sohn einen Kompromiss an: »Gut gewartet. Wir können jetzt noch eine kleine Minute spielen, oder wir können später fünf lange Minuten spielen, wenn du schön wartest, bis Papa den Salat fertig hat.«

Die Kunst der Umkehrpsychologie

Ab dem Alter von 18 Monaten macht es unseren kleinen Höhlenkindern Spaß, sich uns zu widersetzen. Das gibt ihnen das Gefühl, stark und unabhängig zu sein. Mithilfe von Umkehrpsychologie können Sie diesen natürlichen Widerspruchsgeist nutzen, indem Sie Ihrem Kind sagen, dass es etwas (das es eigentlich tun soll) nicht tun kann (beziehungsweise darf).

Gelbes Licht: Wie man störendes Verhalten einschränkt

Dann kann es sich Ihrer »Anweisung« widersetzen und letztlich doch genau das tun, was Sie wollten, und alle sind zufrieden!

Wenn ein Dreijähriges beispielsweise nicht gern Küsse gibt, überraschen Sie es, indem Sie es anweisen, Sie *nicht* zu küssen. (Übertreiben Sie ein bisschen, es sollte nicht ernst klingen.) Bedecken Sie Ihr Gesicht mit den Händen, und betteln Sie: »Bitte küss mich nicht! Nein, nein! Tu's nicht!« Wenn es sich dem widersetzt und Sie küsst, tun Sie, als ob Sie sich nicht dagegen wehren könnten, und jammern Sie: »Bäh! Igitt!«, während es Sie triumphierend umarmt und küsst.

Durch Umkehrpsychologie lernen Kinder nicht, ungehorsam zu sein. Es ist einfach nur eine weitere Möglichkeit, den Clown zu spielen. Kleinkinder wissen, dass es ein Spiel ist, und deshalb lieben sie es. Sie sind ihr eigener Boss, widersetzen sich ein bisschen und sind am Ende doch kooperativ. Das ist doch großartig!

Durch respektvolle Kommunikation, Setzen von Grenzen und Definieren von Win-win-Kompromissen können viele störende Verhaltensweisen unterbunden werden. Aber wenn Sie Ihr Bestes getan haben und Ihr Kind sich immer noch widersetzt, ist es an der Zeit, die nächste Methode einzusetzen: milde Konsequenzen.

Empfehlung 4 für gelbes Licht: Milde Konsequenzen
Klare Warnungen aussprechen und milde Strafen verhängen

Wenn alles andere fehlschlägt und die störenden Verhaltensweisen Ihres Kindes einfach nicht aufhören, ist es möglicherweise Zeit für eine milde Konsequenz. Am häufigsten setze ich diese beiden milden Konsequenzen ein: **Klatsch-Knurr-Warnungen** und **freundliches Ignorieren**.

Klatsch-Knurr-Warnungen: So gewinnen Sie schnell die Aufmerksamkeit Ihres Kindes

Wenn Ihr Kleinkind das störende Verhalten beibehält, obwohl Sie respektvoll seine Gefühle anerkannt und eine Alternative oder einen Kompromiss angeboten haben, versuchen Sie es mit Klatschen und Knurren. Schon ein Einjähriges wird die Botschaft verstehen, dass Ihre Geduld zu Ende ist und eine echte Strafe folgt, wenn es nicht schnell aufhört.

Nehmen wir an, Ihr Zweijähriges ist im Begriff, sich einen Teller Spaghetti über den Kopf zu schütten. Was, glauben Sie, hält es schneller von diesem Vorhaben ab: Wenn Sie mit breitem Schmunzeln »Nein!« sagen, oder wenn Sie die Stirn runzeln, in die Hände klatschen und knurren: »Neeeiiiin!«?

Was ist damit gemeint? Alle Kinder (sogar ungestüme Kleinkinder) verstehen, dass lautes Händeklatschen und tiefes Knurren bedeuten: »*Hör jetzt auf... oder es passiert etwas, das dir nicht gefällt!*« Der kleine Extrabonus beim Klatschen und Knurren ist der, dass es hilft, unserem Ärger Luft zu machen, ohne auf Schreien oder Schlagen zurückzugreifen.

Klatsch-Knurr-Warnungen mögen zwar nicht sehr würdevoll sein, aber wie Sie inzwischen wissen, dominiert bei aufgeregten Kindern die rechte Gehirnhälfte, die nicht sehr gut auf Worte reagiert, sich aber umso besser auf nonverbale Kommunikation (Stimme, Mimik und Gesten) versteht. Durch Klatsch-Knurr-Warnungen können Sie schnell eine Verbindung zu Ihrem aufgeregten Kind herstellen und störendes Verhalten oft innerhalb von Sekunden unterbinden.

Empfehlung 4 für gelbes Licht: Milde Konsequenzen

Wann setzt man es ein? Bei allen Kleinkindern, ab einem Alter von neun Monaten.

Wie macht man es?

- *Schritt 1: Klatschen.* Klatschen Sie drei- oder viermal laut und schnell in die Hände. (Ihr Kind *soll* ein bisschen erschrecken.) Sie können dabei stehen oder knien, sollten aber etwas oberhalb der Augenhöhe Ihres Kindes bleiben, um Ihre Autorität zum Ausdruck zu bringen.

- **Schritt 2: Knurren.** Machen Sie ein finsteres Gesicht, und knurren Sie tief und grollend. Wenn das wirkt und Ihr Kind das unerwünschte Verhalten rasch aufgibt, lassen Sie sofort die FFR und Kleinkindsprache folgen und füttern anschließend die Parkuhr (durch Umarmen, Aufmerksamkeit, Spielen oder den Clown machen), um Ihrem Kind zu zeigen, dass Sie seine Kooperationsbereitschaft zu schätzen wissen.

Warnung: Beim ersten Knurren lächelt Ihr Kind vielleicht oder knurrt zurück! Keine Sorge. Das bedeutet möglicherweise, dass Ihr Knurren zu freundlich war (Ihr Kind hält es für ein Spiel), oder dass es Sie zum Lächeln bringen will, damit Sie nicht mehr wütend sind. Beantworten Sie sein Knurren einfach mit ein paar *verzögerten Wiederholungen* (siehe Kasten), und knurren Sie dann erneut.

Durch verzögerte Wiederholung zeigen, dass Sie es ernst meinen

Was ist damit gemeint? Eine verzögerte Wiederholung ist ein kleiner Trick, mit dem Sie Ihrem Kind zeigen, dass Sie es ernst meinen.

Wie macht man es? Nach ein paar Sekunden des Klatschens und Knurrens heben Sie einen Finger (als ob Sie sagen wollten: »Warte einen Augenblick!«) und schauen ein paar Sekunden weg, wobei Sie den Finger die ganze Zeit hochhalten. Schauen Sie dann wieder Ihr Kind an, knurren Sie, runzeln Sie die Stirn, und wiederholen Sie Ihre Botschaft: »Nein! Hör jetzt auf!«

Ich empfehle unter folgenden Bedingungen eine verzögerte Wiederholung:

- Ihr Kind ignoriert Ihr Klatschen und Knurren.

- Sie und Ihr Kind starren einander schon eine ganze Weile an (zu langes Starren kann dazu führen, dass Ihr Kind sich Ihnen noch hartnäckiger widersetzt).

- Sie wollen Ihre Frustration zum Ausdruck bringen und betonen, dass Sie der Boss sind.

Eine verzögerte Wiederholung kann auch hilfreich sein, wenn Sie versehentlich beim Knurren lächeln (auch unartige Kleinkinder können sehr süß aussehen). Kneifen Sie die Lippen zusammen, halten Sie zur Warnung einen Finger hoch, und schauen Sie einen Augenblick weg, um Ihren Gesichtsausdruck wieder unter Kontrolle zu bekommen.

Wenden Sie sich anschließend erneut Ihrem Kind zu, und sagen Sie mit ernster Stimme: »Das gefällt mir nicht! Ich sage: ›Nein! Keine Marmelade ins Haar schmieren.‹«

Drei Erfahrungsberichte

»Benjamin weiß, dass ich es ernst meine, wenn ich knurre«, erklärt Claudia. »Ich sage ihm zuerst ›Sachte, sachte!‹. Aber wenn das nicht funktioniert, knurre ich, und das tut sofort seine Wirkung. Er weiß, dass ich jetzt nicht mehr bereit bin, sein Verhalten hinzunehmen. Ich fühle mich in diesem Moment wie eine Bärenmutter, die ihrem Jungen etwas beibringt. Benjamin knurrt inzwischen sogar selbst (statt zu beißen), wenn er wütend ist.«

»Wenn meine Mutter wütend auf mich war, starrte sie mich an, hob die rechte Augenbraue und hob warnend einen Finger. Ich lernte schnell, darauf zu reagieren, denn ich wusste, dass sonst etwas passieren würde, das mir nicht gefallen würde.«
Hillary über ihre Mutter Mary, die sieben Kinder aufgezogen hat.

Als der 18 Monate alte Aaron im Begriff war, seinen Freund Thomas wegen eines Spielzeugs zu schlagen, runzelte Aarons Mutter die Stirn, stampfte mit dem Fuß auf, schüttelte den Kopf und knurrte. Dann winkte sie ab, als ob sie andeuten wolle, dass die Verhandlungen beendet seien, und sagte mürrisch: »Wütend! Wütend! Aaron ist wütend! Aaron sagt: ›Nein, Thomas! Kein Lastwagen!‹ Aaron ist wütend!«
Sofort ließ Aaron seine Hand sinken. Seine Mutter kommen-

Empfehlung 4 für gelbes Licht: Milde Konsequenzen

tierte: »Nicht schlagen. Braver Junge! Kommt Kinder, wir holen uns Saft!«
Später, als sich die Gemüter wieder beruhigt hatten, flüsterte die Mutter Aarons Teddy zu: »Teddy, ich habe gesagt: ›Nicht schlagen! Nicht schlagen!‹ Und Aaron hat gleich aufgehört. Aaron hat sehr gut zugehört!«

Ich wende Klatschen und Knurren oft bei kleinen Kindern an, die meine freundlichen Aufforderungen aufzuhören ignorieren.

Ich klatsche laut in die Hände und knurre warnend tief in der Kehle. Das bewegt kleine Kinder in der Regel sehr schnell zum Aufhören ... so wie wir Erwachsenen sofort langsamer fahren, wenn wir das Blaulicht der Polizei in unserem Rückspiegel sehen.

Wenn Ihr Kind älter wird, werden Sie weniger knurren. Doch werden Sie wahrscheinlich weiterhin klatschen und/oder ein optisches Signal wie Stirnrunzeln, hochgezogene Augenbrauen oder einen erhobenen Zeigefinger einsetzen, um deutlich zu machen, dass Sie mit Ihrer Geduld am Ende sind.

Wenn Ihr Kind auf Ihre Warnung reagiert, belohnen Sie es sofort (mit Aufmerksamkeit, Lob oder Spiel). Daraus lernt es, dass Sie gut zu ihm sind, wenn es gut zu Ihnen ist. Wird das störende Verhalten aber fortgesetzt, ist es Zeit für eine etwas deutlichere Konsequenz: *freundliches Ignorieren*.

Freundliches Ignorieren: Zeigen Sie Ihrem Kind ein wenig die kalte Schulter

Wenn Ihr Kind ängstlich oder verletzt ist, sollten Sie alles tun, um es zu trösten. Aber es gibt zwei Situationen, in denen Ihre Aufmerksamkeit bewirkt, dass emotionale Ausbrüche länger andauern:

- Bei Kindern, deren Tränen weiterfließen, weil sie in Ihnen ein Publikum haben.

- Bei besonders starrsinnigen Kindern, die so *stolz* sind, dass sie weiterjammern müssen, solange sie Ihre Aufmerksamkeit haben.

In diesen beiden Situationen müssen Sie das »Scheinwerferlicht« (Ihre Aufmerksamkeit) ausschalten und Ihr Kind freundlich ignorieren.

Was ist damit gemeint? Freundliches Ignorieren bedeutet, dass Sie Ihrem Kind für ganz kurze Zeit die kalte Schulter zeigen, um es wieder zur Kooperation zu bewegen.

Wenn ich von »Ignorieren« spreche, meine ich damit nicht, dass Sie grob oder grausam sein sollten oder wirklich schlechtem Benehmen keine Beachtung schenken sollten. Diese Art von Ignorieren sollten Sie auch nicht anwenden, wenn Ihr Kind Angst hat, verletzt oder wirklich traurig ist. Doch wenn es nur unvernünftig und starrsinnig ist, kann kurzes Ignorieren genau richtig sein.

Wann setzt man es ein? Bei Kleinkindern jeden Alters.

Wie macht man es? Freundliches Ignorieren umfasst drei Schritte. Sie müssen damit rechnen, dass es einiger Übung bedarf, bis Sie es beherrschen ... und bis Ihr Kind begriffen hat, dass Quengeln nicht mehr funktioniert.

- *Schritt 1: Respektvolle Kontaktaufnahme.* Geben Sie das Verhalten Ihres Kindes wie ein Sportkommentator wieder (und vergessen Sie nicht, auf seinen weichen Punkt zu zielen). »Du bist traurig ... traurig ... traurig! Dein Gesicht ist traurig, und du ärgerst dich! Du willst auf den Tisch klettern. Aber Papa hat Nein gesagt. Jetzt sitzt du auf dem Boden und weinst.«

- *Schritt 2: Liebevolles Abwenden.* Wenn Ihr Kind weiterquengelt, entziehen Sie ihm freundlich Ihre Aufmerksamkeit. »Du weinst und ärgerst dich! Papa hat dich so sehr lieb. Weine noch ein bisschen, und ich komme gleich wieder!« Gehen Sie dann zur anderen Seite des Zimmers, oder bleiben Sie neben Ihrem Kind sitzen, ohne es zu beachten.

Tun Sie jetzt 20 Sekunden lang so, als ob Sie beschäftigt seien (die Zeitspanne darf nicht so lang sein, dass Ihr Kind in Panik gerät, muss aber lang genug sein, um Ihren Standpunkt deutlich zu machen).

Wichtiger Punkt: Sobald Ihr Kind das störende Verhalten beendet, kehren Sie sofort zu ihm zurück, geben liebevoll seine Gefühle wieder und bieten dann Ihre Botschaft (Beruhigung, Erklärung ...) an.

Anschließend füttern Sie die Parkuhr Ihres Kindes (Umarmung, Aufmerksamkeit, Spiel, den Clown machen), um seine Kooperationsbereitschaft zu belohnen.

◆ **Schritt 3: Zurückkommen... und es noch einmal versuchen.**
Wenn Ihr Kind das störende Verhalten beibehält, kommen Sie nach 20 Sekunden zurück, und wiederholen Sie Schritt 1 und 2 einige Male, bis sich Ihr Wildfang zu beruhigen beginnt.
Wenn Ihr Kind besonders starrköpfig ist, quengelt es möglicherweise auch nach mehrmaligem freundlichem Ignorieren weiter. Wenden Sie ihm in diesem Fall länger – ein oder zwei Minuten – den Rücken zu, bis es sich fasst. Sobald es sich beruhigt hat, kommen Sie zurück und spielen mit ihm. (Wundern Sie sich nicht, wenn es sich zunächst weigert. Möglicherweise ist sein Stolz verletzt, und es muss *Sie* nun eine Weile ignorieren.)
Wenn das störende Verhalten trotz des freundlichen Ignorierens weiter besteht oder eskaliert, befinden Sie sich in einer Situation, in der rotes Licht angezeigt ist.
Sie erfordert eine deutliche Konsequenz, wie beispielsweise eine *Auszeit* (siehe nächstes Kapitel Seite 252).
Warnung: Wenn Sie freundliches Ignorieren zum ersten Mal anwenden, kann das Quengeln vorübergehend schlimmer werden, bevor es nachlässt. Psychologen nennen das *Spontanerholung*. Ihr Kind scheint zu denken: »*Hmmm. Quengeln hat doch immer geholfen. Vielleicht hat Mama mich einfach nicht gehört. Ich gehe ihr besser hinterher und schreie noch lauter, damit sie mich hört!*« Bleiben Sie am Ball, und Sie werden bald deutliche Verbesserungen feststellen.

Empfehlung 4 für gelbes Licht: Milde Konsequenzen

Ein Beispiel

Die 15 Monate alte Sadie fand heraus, dass sie mit ihrer Stimme etwas Tolles tun konnte: Kreischen! Sie setzte dieses neue Geräusch ein, wann immer sie Aufmerksamkeit wollte. »Am Anfang rannten wir sofort zu ihr«, berichtete Ihr Vater Bill. »Aber bald wurde uns klar, dass Sadie gelernt hatte, dieses Kreischen bei jeder kleinen Frustration einzusetzen.«

Ich empfahl Bill, es mit freundlichem Ignorieren zu versuchen.

Als Sadie am nächsten Tag kreischte, um ein Buch zu bekommen, gab Bill ihre Gefühle wieder, indem er mit dem Finger in die Luft stach, auf das Buch zeigte und rief: »Du willst das Buch! Sadie will das Buch, jetzt! Aber nicht kreischen! Autsch! Autsch! (Er hielt sich die Ohren zu und schüttelte den Kopf.) Die schöne Stimme, bitte!«

Als Sadie weiterkreischte, runzelte Bill die Stirn und fuhr fort: »Du willst das Buch. Buch, Buch, Buch! Aber... aua! Aua! Das tut meinen Ohren weh! Finde deine schöne Stimme... und ich komme gleich wieder.« Bill wandte Sadie kurz den Rücken zu und tat geschäftig.

»Es war erstaunlich«, berichtete er mir später. »Nachdem sie zehn Sekunden lang noch lauter gekreischt hatte, hörte sie einfach auf und sagte ruhig: ›Buch, Buch!‹ Ich holte sofort das Buch und setzte mich mit ihr hin, um sie dafür zu belohnen, dass sie die schöne Stimme verwendet hatte.«

KAPITEL 7

Rotes Licht: Wie man inakzeptablem Verhalten einen Riegel vorschiebt

Wer an Disziplin spart, verzieht das Kind.
T. Berry Brazelton

Wichtige Punkte:

- Alle Kleinkinder benehmen sich – manchmal – schlecht.

- Zu den Verhaltensweisen, die rotes Licht erfordern, zählen Handlungen, die gefährlich oder aggressiv sind oder gegen wichtige Familienregeln verstoßen.

- Inakzeptable Verhaltensweisen erfordern schnelles und klares Grenzensetzen.

- Schieben Sie inakzeptablem Verhalten Ihres Kleinkindes einen Riegel vor – durch eine deutliche Konsequenz in Form einer *Auszeit* oder eines *Vorteilsentzugs*.

- Auszeiten funktionieren am besten, wenn man früh damit beginnt und sie genau richtig anwendet.

- Für ältere Kleinkinder ist Vorteilsentzug (Verlust eines wertvollen Privilegs oder Besitzes) eine sinnvolle Strafe.

- Wirkungsvolles Disziplinieren erfordert kein Schlagen, Einschüchtern oder Demütigen!

Wenn wir respektvoll gutes Verhalten belohnen und schlechtes Verhalten bestrafen, lernen unsere Kinder schnell die Regeln. Da Sie jetzt wissen, wie Sie wünschenswertes Verhalten fördern (grünes Licht geben) und störendes Verhalten einschränken (gelbes Licht geben), erfahren Sie nun, wie Sie völlig inakzeptables Verhalten unterbinden.

Inakzeptable Verhaltensweisen: Die Grundlagen

Welches Verhalten ist inakzeptabel? Muss ich wirklich einschreiten? Warum zeigt mein Kind überhaupt dieses Verhalten? Im Folgenden einige Grundlagen, die Ihnen die Orientierung in schwierigen Situationen erleichtern sollen.

Drei inakzeptable Verhaltensweisen, die Sie sofort stoppen müssen

Es gibt drei Arten von Verhaltensweisen, die über die Kategorie »störend« hinausgehen und bereits im Ansatz gestoppt werden müssen:

- *Gefährliches Verhalten.* Auf die Straße laufen, nach heißem Kaffee greifen, mit Messern spielen – jede Art von Verhalten, durch die Ihr Kind sich oder andere gefährdet.

- *Aggression.* Schlagen, Spucken, Treten, Beißen und andere gewalttätige Verhaltensweisen.

♦ **Übertreten wichtiger Familienregeln.** Hierbei handelt es sich um Regeln, die *Sie* festlegen. Einige von ihnen passen möglicherweise zu jeder Familie (wie zum Beispiel »Nicht die Wände bemalen«), während andere von Familie zu Familie variieren, wie beispielsweise »Nicht im Wohnzimmer essen«, »Den Computer nicht anfassen«, »Familienmitglieder nicht als Idioten beschimpfen«.

Alle diese Verhaltensweisen erfordern rasches Eingreifen, oft in Verbindung mit einer deutlichen Konsequenz: einer Auszeit oder einem Vorteilsentzug.

Das Unterbinden inakzeptablen Verhaltens bedeutet nicht, dass Sie die Ärmel hochkrempeln und sich auf einen Faustkampf mit Ihrem Kind einlassen müssen. Wie die besten Botschafter der Welt können Sie die meisten Konflikte durch respektvolles Anwenden klarer Konsequenzen beenden. Also legen Sie die Boxhandschuhe beiseite, und lesen Sie weiter, wie Sie Ihre diplomatischen Fähigkeiten erweitern.

Inakzeptablem Verhalten rotes Licht geben

Susan ist mit ihrem Latein am Ende. Ihr 18 Monate alter Sohn Shane war bis vor kurzem so pflegeleicht. Aber nun wird er zornig, wenn er seinen Willen nicht durchsetzen kann. »In letzter Zeit schlägt Shane, wenn er wütend ist. Ablenkung funktioniert nicht mehr. Ich will ihn nicht schlagen, aber was soll ich tun, wenn er mich direkt ansieht… und nicht folgt?«

Wenn Sie die Empfehlungen für gelbes Licht umsetzen, Ihr quirliger Nachwuchs aber immer noch sämtliche Grenzen niederwalzt, müssen Sie entweder das Problem beheben, das Ihr Kind so widerspenstig macht (siehe Vermeiden problematischer Situationen auf Seite 294), oder Sie müssen auf Ihre Worte eine klare negative Konsequenz folgen lassen: eine Strafe.

Die klassischen Wurzeln des Disziplinierens

Eltern finden es oft sehr aufschlussreich, dass das Wort »Disziplin« von dem lateinischen Verb »*discere*« abgeleitet ist, das »lernen« bedeutet.

Manche Erziehungsexperten sind der Meinung, dass Disziplinieren und Strafen hart und erniedrigend sind und darin bestehen, dass große Leute kleinen Leuten ihren Willen aufzwingen. Ich verstehe dieses Argument. Zu viele Erwachsene versuchen das Fehlverhalten ihres Kindes auf grobe, beleidigende Weise zu unterbinden. Aber wenn Disziplinieren und Strafen respektvoll ausgeführt werden, stellen sie für kleine Kinder eine positive Erfahrung dar, weil sie ihnen helfen zu lernen. Das konsequente Durchsetzen unserer Regeln zeigt unseren Kindern, dass wir die Dinge unter Kontrolle haben. Nach meiner Erfahrung wachsen Kinder gesünder und zufriedener auf, wenn sie wissen, dass ihre Eltern es nicht zulassen, dass ihre »wilde Seite« das Familienleben dominiert oder sie in Gefahr bringt.

Mit kühlem Kopf betrachtet ist Strafe einfach nur eine negative Reaktion, die Ihrem Kind zeigt, dass es eine Grenze überschritten hat. Es ist Ihre Pflicht, aktiv einzuschreiten, wenn Ihr Kind nicht in der Lage ist, Ihre Regeln zu befolgen (weil es zu aufgewühlt ist oder zu viel Spaß an seinem schlechten Benehmen hat). Denken Sie daran, dass es sich hier nicht um etwas handelt, das *Sie* Ihrem Kind *antun*, sondern dass *Ihr Kind selbst* diese Konsequenzen auf sich zieht.

Weshalb gute Kinder... schlechte Dinge tun

Selbst für Erwachsene ist es schwer, *immer* das Richtige zu tun. Kein Wunder, dass unsere kleinen Schlingel Tage haben, an denen ihre ungestüme Natur die Oberhand gewinnt und sie Dinge tun lässt, die sie nicht tun sollten. Hier einige Gründe dafür, dass gute Kinder schlechte Dinge tun:

- *Kleinkinder können nicht die Welt erforschen, ohne Regeln auszutesten.* Ihr Kind ist ein großartiger Forscher – voller Mut und Beharrlichkeit. Es ist seine Aufgabe, Dinge zu berühren und gegeneinanderzuschlagen und an ihnen zu ziehen. Das ist ärgerlich für Sie, weil es dadurch ständig die Grenzen überschreitet. Aber aus seiner Sicht ist *Ihr* Verhalten ärgerlich, weil Sie versuchen, seinen Forscherdrang einzudämmen.

- *Kleinkinder sind impulsiv.* Sie können von einem 18 Monate (oder sogar drei Jahre) alten Kind nicht erwarten, dass es vernünftig handelt (zum Beispiel keine Medikamente isst oder auf dem Parkplatz an der Hand geht).

Kleinkinder leben im Hier und Jetzt, und ihr unreifes Gehirn befasst sich nicht allzu viel mit Konsequenzen.

- *Durch unsere Drohungen werden Kinder in die Enge getrieben.* Wenn wir störrische Kinder zum Gehorsam zwingen wollen, geht der Schuss oft nach hinten los. Sie fühlen sich durch den Druck, den wir ausüben, in die Enge getrieben, das heißt, sie können nicht nachgeben, ohne sich gedemütigt zu fühlen. Deshalb führen Drohungen oft zu noch mehr Widerstand (und schaden der Beziehung, die wir aufbauen wollen), besonders bei Kleinkindern, die ohnehin ein schwieriges Temperament besitzen.

- *Unsere Grenzen sind inkonsequent und verwirrend.* Unklare Grenzen fordern Kinder heraus, sie zu überschreiten. (Ihr Kind denkt: *Manchmal ist das erlaubt und manchmal nicht. Mal sehen, ob ich es jetzt tun kann.*)
  Besonders verwirrt sind sie, wenn unsere Grenzen für sie unverständlich sind: *Wie bitte? Auf dem Sofa herumzuhüpfen macht mir mehr Spaß als alles andere auf der Welt – und du willst mich daran hindern? Liebst du mich nicht mehr?*

- *Unsere Regeln sind unrealistisch.* Viele Kleinkinder benehmen sich »schlecht«, wenn unsere Erwartungen zu hoch sind. Würden Sie von einem sechs Monate alten Kind gute Tischmanieren erwarten? Natürlich nicht! Ebenso unrealistisch ist es, von einem 18 Monate alten Kind zu erwarten, dass es Dinge mit anderen teilen kann, und von einem Zweijährigen, dass es nie lügt, und von einem Dreijährigen, dass es in der Kirche still sitzt.

- *Kleinkinder sind aggressiven Vorbildern ausgesetzt.* Kleine Kinder imitieren gern, und dazu gehören auch schlechte Dinge wie Schreien und Schlagen. Machen Sie es sich zur Aufgabe, Ihr Kind davor zu schützen, dass es Gewalt im Fernsehen, in Ihrem sozialen Umfeld und zwischen Familienmitgliedern erlebt.

- *Kleinkinder erleben zu viel Stress.* Durch Stress kann aus einem *freundlichen Kind* ein *Höhlenkind* werden. Wenn Ihr Kind eine Szene macht, sollten Sie sich fragen, ob es hungrig, gelangweilt, müde, durch Regeln überlastet oder krank ist, Zähne bekommt, von Versuchungen umgeben ist, zu wenig Freiraum hat, durch Zusatzstoffe in der Nahrung oder in Medikamenten (Cola, Schokolade, Eistee, Zucker, Nasenspray) aufgeputscht oder eifersüchtig ist. Gibt es zu Hause zusätzliche Stressfaktoren (neues Geschwisterkind, neuer Babysitter)?

- *Sie spielen zu wenig mit ihm/geben zu wenig Aufmerksamkeit.* Viel beschäftigte Eltern lehren ihre Kinder unabsichtlich, sich zu widersetzen und respektlos zu sein, indem sie ihre Kleinen ignorieren, wenn sie sich gut benehmen. Thomas Gordon spricht in seinem Buch *Familienkonferenz* vom »Gesetz der weichen Kartoffelchips«: Ebenso wie Kinder lieber weiche Kartoffelchips haben als gar keine, ist es Kleinkindern lieber, angeschrien zu werden, als gar keine Aufmerksamkeit zu bekommen.

Wenn Ihr Kind inakzeptables Verhalten zeigt, gibt es zwei deutliche Konsequenzen, die Sie anwenden können, um diesem Verhalten einen Riegel vorzuschieben: Auszeiten und Vorteilsentzug. Sehen wir uns diese beiden im Detail an.

Empfehlung 1 für rotes Licht: Auszeit

Die Auszeit ist eine klassische Disziplinierungsmethode. Sie ist kein Zeichen des Versagens – weder Ihres Versagens noch dessen Ihres Kindes. Kleinkinder *sollen* Grenzen überschreiten, aber wir müssen bereit sein, klare Signale zu senden, wenn sie zu weit gehen.

Das Kleinkindalter ist die gefährlichste Phase der Kindheit – zumindest bis Ihr Kind sein erstes Mountainbike bekommt! Und es ist Ihre Pflicht, Ihrem Kind beizubringen, vorsichtig zu sein. Auszeiten lehren Kleinkinder, unsere Worte ernst zu nehmen und unsere Warnungen zu beherzigen, *bevor* eine Katastrophe passiert.

Nehmen wir beispielsweise das Weglaufen auf einem Parkplatz. Vielleicht saust Ihr Kind davon, sobald Sie anfangen, die Einkäufe in den Kofferraum zu laden. Natürlich laufen Sie ihm nach, aber dann läuft es noch schneller, weil es denkt, Sie spielen Fangen mit ihm. Was Sie wirklich brauchen, ist ein besonderes Signal, auf das Ihr Kind immer hört, ein Signal, das bedeutet: *Hör jetzt auf! Oder es passiert etwas, das dir nicht gefällt.* Die Auszeit ist eine Möglichkeit, Ihr Kind zu lehren, dass es Ihre Warnungen beherzigen muss.

Ich empfehle Ihnen, in den Monaten nach dem ersten Geburtstag Ihres Kindes mehrmals pro Woche Auszeiten anzuwenden. Dadurch lernt Ihr Kind, wann Sie es ernst meinen. Wenn es Ihre ernste Stimme hört, Ihr missbilligendes Stirnrunzeln sieht und Sie bis drei zählen hört, denkt es: *Wenn meine Mama so zählt, bekomme ich Zimmerarrest... ich höre lieber auf!*

Was ist damit gemeint? Die Auszeit ist eine deutliche Konsequenz, die darin besteht, Ihrem Kind für *sehr kurze* Zeit zwei wertvolle Dinge zu entziehen: seine Freiheit und das Privileg Ihrer Gesellschaft.

Wann setzt man es ein? Bei allen Kleinkindern! (Ich erkläre Eltern die Auszeit bei den Vorsorgeuntersuchungen für Einjährige und empfehle ihnen, sie in den folgenden Monaten häufig einzusetzen.)

Wie macht man es? Die Auszeit erfordert ein Hilfsmittel – einen Küchenwecker – und umfasst drei einfache Schritte (Hinweis: Bei gefährlichem oder besonders schlimmem Verhalten können Sie Schritt 1 und 2 überspringen):

- *Schritt 1: Letzte Warnung.* Klatschen und knurren Sie, und nehmen Sie ein letztes Mal respektvoll Kontakt auf, um die Aufmerksamkeit Ihres Kindes auf sich zu lenken und ihm zu zeigen, dass Sie seine Gefühle respektieren. Wenn das problematische Verhalten aufhört, können Sie sich im Stillen beglückwünschen, weil Sie einen Konflikt vermieden haben.

Wenn beispielsweise Ihr Zweijähriger am Abendbrottisch einen Trotzanfall hat, weil Sie ihn nicht mit der Zuckerdose spielen lassen, klatschen und knurren Sie, runzeln Sie die Stirn und schütteln Sie den Kopf (wenden Sie vielleicht sogar eine verzögerte Wiederholung an). Sobald Sie die Aufmerksamkeit Ihres Kindes haben, sagen Sie: »Wütend. Wütend. Jan ist wütend auf Papa. Er ist wütend, wütend, wütend! Jan will jetzt den Zucker! Jetzt! Doch nein... kein Zucker! *Kein* Zucker! Aber weißt du was? Papa lässt dich etwas anderes in die Hand nehmen. Willst du ein Stück Brot oder dein Polizeiauto?«

- *Schritt 2: Bis drei zählen.* Wenn Ihr Kind Ihre Warnungen ignoriert, machen Sie ein ernstes Gesicht, und geben Sie *ruhig* seinen Wunsch wieder. Sagen Sie dann Nein, und zählen Sie bis drei. (Lassen Sie zwischen den Zahlen ein oder zwei Sekunden verstreichen, und zählen Sie auch an den Fingern mit, damit Ihr Kind Sie gleichzeitig sehen und hören kann. »Jan sagt: ›Jetzt Zucker!‹ Aber Papa sagt: ›Nein!‹ Will Jan eine Auszeit, um sich wieder zu beruhigen? Eins... zwei... drei...«)

Ihr Kind soll lernen, dass die Auszeit etwas ist, was es selbst herbeiführt (und nicht etwas, das Sie anwenden, weil Sie ihm Böses wollen). Stellen Sie sich die Auszeit wie eine Auszeit beim Sport vor... als eine kurze Unterbrechung der Aktivitäten: »Ich glaube, du brauchst ein bisschen Zeit, um dich wieder einzukriegen.«

Wenn Ihr Kind mit dem schlechten Benehmen aufhört, während Sie bis drei zählen, verzichten Sie auf die Auszeit.

Belohnen Sie seine Kooperation, indem Sie die FFR anwenden und mit Bonuszeit, Clownspielen oder einer Handmarkierung »seine Parkuhr füttern«. Loben Sie später sein gutes Zuhören direkt und indirekt sowie durch Bettgeflüster, bevor Sie das Licht ausschalten.

- **Schritt 3: Das Kind in ein anderes Zimmer bringen.** Jetzt ist die Zeit des Redens vorbei. Führen (falls nötig, tragen) Sie Ihr Kind ruhig an den Auszeitort: »Komm mit Papa, damit du dich beruhigen kannst.«

Ein Fallbeispiel

Die zwanzig Monate alte Phoebe liebte die hochhackigen Schuhe Ihrer Mutter. Mehrmals täglich bettelte sie, die Schuhe anziehen zu dürfen. Ihre Mutter Charlene fürchtete jedoch, die Schuhe könnten ruiniert werden.

Nachdem Charlene von »Das glücklichste Kleinkind der Welt« gehört hatte, probierte sie den neuen Ansatz aus. Sie gab den Wunsch ihrer Tochter vier- bis fünfmal wieder (wobei sie genügend Gefühl zum Ausdruck brachte, um bei Phoebe den weichen Punkt zu treffen). Dann bot sie eine Lösung an: Phoebe konnte aus drei Paar anderen Schuhen auswählen. Aber Phoebes Blick war auf ihre Lieblingsschuhe gerichtet, und sie jammerte: »Schuhe! Schuhe!«

Nachdem Charlene 20 Sekunden lang respektvoll Kontakt aufgenommen hatte, änderte sie ihre Taktik in freundliches Ignorieren. Sie zeigte energisch auf die Schuhe und rief: »Schuhe! Schuhe! Du willst die Schuhe! Du willst die Schuhe jetzt!

Aber Mami sagt: ›Nein! Nicht diese Schuhe!‹ Du kannst jetzt noch ein bisschen weinen. Ich habe dich sehr lieb, und ich bin in einer Minute wieder bei dir.«

Phoebe wurde so wütend, dass sie schrie und anfing, Dinge vom Tisch zu werfen. An diesem Punkt war Charlene der Meinung, dass Phoebe eine wichtige Familienregel brach und sofort gestoppt werden musste, bevor sie etwas zerbrach. Darum klatschte sie ein paarmal laut in die Hände, um Phoebes Aufmerksamkeit auf sich zu lenken, und sagte: »Nicht werfen! Nicht werfen!« Dann trug sie Phoebe in ihr Zimmer und stellte den Küchenwecker für eine Auszeit ein.

Auszeit: Die Grundregeln

Beunruhigt Sie die Vorstellung, eine Auszeit anzuwenden? Wir fühlen uns meistens etwas unbehaglich, wenn wir etwas zum ersten Mal tun (zum Beispiel wenn wir unser Baby zum ersten Mal füttern oder baden). Hier einige Tipps, die Ihnen helfen, es gut zu bewältigen:

Fangen Sie mit Mini-Auszeiten an. Wenn Sie diese Methode die ersten paar Male anwenden, bringen Sie Ihr Kind einfach in ein anderes Zimmer.

Nehmen wir an, Ihr Kind schlägt mit einem Spielzeug gegen das Fenster. Sagen Sie: »Nein, nein! Fenster sind nicht zum Schlagen da! Gib mir das Spielzeug.« Wenn es sich weigert, zählen Sie bis drei. Weigert es sich immer noch, nehmen Sie ruhig seine Hand und führen es in ein anderes Zimmer.

Sagen Sie dann: »Nicht gegen das Fenster schlagen!«, und gehen Sie weg – wobei die Tür weit offen bleibt.

Es kommt in diesem Augenblick nicht darauf an, ob Ihr Kind in dem Zimmer bleibt. Wichtig ist nur, ihm zu zeigen, dass sein Ignorieren Ihrer Person/Ihrer Warnung dazu führt, für einen Augenblick von Ihnen getrennt zu werden.

Falls es jedoch sofort wieder anfängt, gegen das Fenster zu schlagen, zählen Sie ruhig bis drei, und verhängen Sie dann eine reguläre Auszeit.

Wählen Sie den Ort für die Auszeit im Voraus. Bei manchen Kleinkindern tut es vielleicht ein Stuhl. Aber sehr kleine Kinder und wahre Temperamentsbündel jeden Alters müssen räumlich eingeschränkt werden – in einem Laufstall, wenn sie jünger als zwei Jahre sind, oder in ihrem Zimmer mit einem Türschutzgitter davor, wenn sie älter als zwei Jahre sind (siehe Seite 260).

Natürlich müssen Sie dafür sorgen, dass es in dem betreffenden Raum keine zerbrechlichen Gegenstände, harten Flächen oder scharfen Kanten gibt. (Manche Eltern halten ihre Kinder während der Auszeit auf dem Schoß fest. Das ist in Ordnung, wenn es bei Ihrem Kind funktioniert. Aber bei den meisten Kleinkindern, besonders bei den lebhaften, kann sich die Auszeit auf diese Weise zu einem Machtkampf entwickeln.)

Kaufen Sie einen Küchenwecker mit lautem Klingeln. Küchenwecker eignen sich hervorragend, um sowohl Ihnen als auch Ihrem Kind zu signalisieren, wann die Auszeit vorbei ist.

Bewahren Sie ihn an einem Ort auf, an dem er jederzeit greifbar ist. Stellen Sie Ihrem Kind den Küchenwecker als Herrn Ringeding vor, und lassen Sie es hören, wie er klingelt. Erklären Sie Ihrem Kind, dass es aus seinem Zimmer herauskommen darf, wenn Herr Ringeding klingelt.

Die Auszeit dauert eine Minute pro Lebensjahr Ihres Kindes. Eine Auszeit für ein einjähriges Kind würde demnach eine Minute dauern, eine Auszeit für ein zweijähriges Kind zwei Minuten und so weiter. Ich empfehle, immer den Küchenwecker zu verwenden.

So kann Ihr Kind hören, wann die Auszeit vorbei ist, und Sie selbst haben eine gute Antwort parat, wenn es darum bittet, herausgelassen zu werden. (»Das kann nicht ich entscheiden, sondern nur Herr Ringeding.«)

Wenn die Auszeit vorbei ist, ist sie wirklich vorbei! Wenn die Zeit abgelaufen ist, lassen Sie Ihr Kind heraus. Ich frage in diesem Fall gern: »Bist du jetzt bereit, herauszukommen?« Auch wenn das Kind Nein sagt, öffne ich die Tür, sofern es nicht immer noch tobt.

(»Okay, du kannst dortbleiben, wenn du willst, aber die Auszeit ist vorbei.«) Tobt das Kind immer noch, erkennen Sie an, dass es sehr wütend ist, und dass es sich anhört, als brauche es eine extra Auszeit, um sich zu beruhigen.

Sobald der Trotzanfall vorbei ist und Ihr Kind herausdarf, sprechen Sie etwa eine halbe Stunde lang die Auszeit nicht an. Spielen Sie einfach mit ihm, oder geben Sie ihm ein wenig

> **Auszeiten funktionieren nicht ohne Bonuszeiten**
>
> Wenn Auszeiten keine Wirkung zeigen, liegt es vielleicht daran, dass Sie Ihrem Kind nicht genügend Bonuszeiten geben. Kleinkinder hassen Ungerechtigkeit noch mehr als Strafen. Wird ein Kind zu oft ignoriert, fühlt es sich berechtigt, sich zu widersetzen. Aber wenn Sie seine Parkuhr füttern, indem Sie ihm viele kleine Bonuszeiten schenken und den Clown spielen, wird es »wie von selbst« kooperativer werden. Wenn also Ihr Kind zu viele Auszeiten bekommt, braucht es wahrscheinlich mehr Bonuszeiten! (Schon durch fünf Minuten Bonuszeit pro Stunde lassen sich viele Probleme vermeiden!)

Aufmerksamkeit. Es ist Zeit, Ihren Zorn loszulassen und zu verzeihen. Wenn Ihr Kind noch wütend ist, nehmen Sie respektvoll Kontakt zu ihm auf, lassen es aber dann allein. Viele Kinder müssen eine Weile schmollen, nachdem sie eine Strafe erfahren haben.

»Du magst die Auszeit nicht. Du sagst: ›Keine Auszeit, Mama.‹ Ich weiß, dass du sie nicht magst. Aber du hast ein bisschen Hilfe gebraucht, um dich wieder zu beruhigen. Willst du, dass ich dich in den Arm nehme? Nein? Okay, du bist immer noch wütend, wütend, wütend! Ich habe dich lieb, Schatz, und ich schaue in ein paar Minuten wieder nach dir.«

Bringen Sie einige Zeit später Ihr Bedauern darüber zum Ausdruck, dass Sie die Auszeit verhängen mussten. »Mama weiß, dass du die Auszeit nicht magst. Du warst wütend. Es tut mir leid. Ich hoffe wirklich, dass du nächstes Mal keine Auszeit brauchst und wir viel lieber *spielen* können.« Sprechen Sie später mit Ihrem Kind über das, was passiert ist, und unterhalten Sie sich mit seinen Spielsachen über den Zwischenfall (und das, was es daraus lernen soll).

Unterstreichen Sie die Lektion beim Zubettgehen durch ein Märchen über ein kleines Tierkind, das sich schlecht benommen hat, und das, was daraufhin geschah.

Was tun, wenn mein Kind während der Auszeit nicht in seinem Zimmer bleibt?

Wenn Sie während der Auszeit vor dem »bösen« Stuhl Wache halten oder mit Ihrem Kind Kräftemessen an der Türklinke spielen, verfehlt die Auszeit ihren Zweck, der darin besteht, das Kind zu ignorieren, es in seinem Zimmer zu isolieren und ihm für einige Minuten Ihre Aufmerksamkeit zu entziehen.

Deshalb empfehle ich für Kleinkinder unter zwei Jahren den Laufstall für die Auszeit. Für Kinder über zwei Jahren empfehle ich das Blockieren der Kinderzimmertür mit einem Türschutzgitter.

Wenn Ihr Kind schon über das Gitter klettern kann, müssen Sie die Tür schließen und entweder eine Türsicherung verwenden oder die Tür abschließen.

Wie bitte?, denken sie nun womöglich irritiert. *Hat er tat-*

sächlich gesagt, ich soll mein Kind in seinem Zimmer einschließen? Das ist doch grausam!

Tatsächlich hat das Absperren des Auszeitortes nur diesen einen Grund: Es soll Ihnen ermöglichen, die Kontrolle zu behalten, was schwierig ist, wenn Ihr Kind sein Zimmer problemlos verlassen kann.

Bevor Sie jedoch ein verschlossenes Zimmer für die Auszeit nutzen, sollten Sie Ihrem Kind einige Tage lang zweimal täglich zeigen, dass Sie die Tür abschließen können, sodass es sie nicht mehr durch einfaches Herunterdrücken der Türklinke öffnen kann. Lassen Sie Ihr Kind versuchen, die Tür zu öffnen, und weisen Sie es auf den Schlüssel hin. (»Siehst du Schatz, die Tür bleibt zu.«) Erklären Sie ihm, dass ihm das helfen soll, während der Auszeiten in seinem Zimmer zu bleiben. (»Weißt du noch, als Mama die Tür zugehalten hat und du wirklich wütend warst? Du hast gesagt: ›Nein, nein, nein!‹ Jetzt hält Herr Schlüssel die Tür zu, wenn du versuchst, sie zu öffnen. Mama macht die Tür wieder auf, wenn Herr Ringeding klingelt.«)

Ihr Kind zwei Minuten in seinem Zimmer zu isolieren ist weder grausam noch unfair. All die Liebe, die Sie ihm während der restlichen 23 Stunden und 58 Minuten des Tages schenken, ist mehr als ein Ausgleich für diese kurze Strafe! Glauben Sie mir, für Ihr Kind sind zwei Minuten allein im Kinderzimmer – seinem Lieblingszimmer in der Wohnung – durchaus erträglich.

(Selbstverständlich dürfen Sie es *niemals* im Badezimmer, im Keller oder einem nicht kindersicheren Raum einsperren.)

Auszeit: Erweiterte Regeln

Da Sie jetzt die Grundregeln kennen, hier ein paar zusätzliche Tipps:

Nicht viel reden. Das ist sehr wichtig! Sobald Sie zu zählen angefangen haben, müssen Sie ruhig und neutral bleiben. Je weniger Sie sagen, desto mehr kann das gestresste Gehirn Ihres Kindes aufnehmen. Die Zeit für Erklärungen und Versöhnung kommt später ... nach der Auszeit.

Nicht emotional werden. Wenn Erwachsene beim Verhängen der Auszeit Emotionen zeigen, protestieren und kämpfen Kinder noch mehr. Unsere emotionale Reaktion kann sich negativ auswirken, unseren impulsiven Nachwuchs »zum Kampf herausfordern« und ihn mit der blanken Wut winziger Neandertaler reagieren lassen.

Die Auszeit immer gleich durchführen. Einheitliches Vorgehen hilft Kindern, zu lernen. Verwenden Sie jedes Mal denselben Tonfall, denselben Gesichtsausdruck und dieselbe Zählgeschwindigkeit. Bald wird Ihr Kind genau erkennen, wann Sie es ernst meinen, und *nachgeben*, bevor Sie bei drei angelangt sind.

Molly stellte fest, dass Ihr 15 Monate alter Sohn Albert nach etwa zehn Auszeiten nicht mehr so oft die Grenzen austestete. Sobald sie warnend den Finger hob und mit strengem Gesichtsausdruck »Eins!« sagte, hörte er auf, sodass sie die Auszeiten kaum noch einsetzen musste.

Nicht zu lang warten. Der beste Zeitpunkt für Disziplinierungsmaßnahmen ist unmittelbar bei Auftreten des inakzeptablen Verhaltens. Warten Sie nicht bis zum Ende der Fernsehsendung. Schon ein Aufschieben der Auszeit um fünf Minuten schwächt Ihre Botschaft ab und ermutigt Ihr Kind dazu, noch intensiver die Grenzen zu testen.

Einen Spiegel verwenden. Hängen Sie an der Wand in der Nähe Ihres Auszeitortes einen Spiegel auf. Das gibt Ihnen die Möglichkeit, wegzugehen und Ihr Kind trotzdem zu beobachten (ohne dass es etwas davon bemerkt). Schließlich geht es bei der Auszeit darum, Ihrem Kind den Eindruck zu vermitteln, dass Sie es völlig ignorieren.

Keine Schadenfreude zeigen und nicht beschämen. Wenn Kindern gesagt wird: »Du bist böse! Du brauchst eine Auszeit!« oder: »Das hast du jetzt davon!«, dann führt das bei manchen Mädchen und Jungen dazu, dass sie sich wertlos fühlen, bei anderen schürt es starke Feindseligkeit. Das kann zur Folge haben, dass ein Kind beim nächsten Anlass noch mehr Widerstand leistet.

Häufige Elternfragen zur Auszeit

Frage: »Wird es mein Kind verwirren, wenn ich bei anderen Gelegenheiten, beispielsweise beim Spielen, bis drei zähle?«
Antwort: Nein. Denken Sie daran, dass Ihre Botschaft durch Tonfall und Gesten vermittelt wird. Kinder können sehr gut zwischen spielerischem Zählen und dem ernsten Gesichts-

ausdruck und Tonfall – begleitet von einem warnend erhobenen Zeigefinger – unterscheiden, durch den Sie eine Auszeit ankündigen.

Frage: »Schaden Auszeiten meinem Kind? Führen sie zu seelischen Verletzungen, oder brechen sie seinen Willen?«
Antwort: Nein. Es ist für ein Kind nicht traumatisierend, wenn es respektvoll für kurze Zeit in einem Raum isoliert wird. Durch Herausforderungen lernt Ihr Kleinkind, mit Frustrationen umzugehen, und wird emotional gestärkt. Ihr Kind ist keine zarte Blume, die vor allen Problemen beschützt werden muss. Es ist ein widerstandsfähiges, ausdauerndes menschliches Wesen, und mit Ihrer Hilfe wird es lernen, alle Schwierigkeiten des Lebens durchzustehen und nach Niederlagen wieder auf die Beine zu kommen.
Achten Sie auf die Worte, die Sie beim Disziplinieren Ihres Kindes verwenden. Kleine Kinder fühlen sich tief verletzt, wenn wir sie beschämen, in Verlegenheit bringen oder herabsetzen (siehe Seite 91).

Frage: »Was soll ich tun, wenn mein Kind sich dagegen wehrt, die Auszeit anzutreten?«
Antwort: Versuchen Sie, Machtkämpfe zu vermeiden. Meiden Sie Bemerkungen wie: »Du bist böse! Geh sofort in dein Zimmer! Hörst du mich?«
Wenn sich Ihr Kind gegen die Auszeit wehrt, bieten Sie ruhig Wahlmöglichkeiten an. »Ich weiß, dass du es nicht magst. Aber du musst. Willst du selber gehen, oder willst du

getragen werden?« Wenn es nicht antworten will oder kann, tragen Sie Ihr strampelndes Kind so gelassen wie möglich an den Auszeitort.

Sie können dabei schweigen oder in der Kleinkindsprache wiederholen: »Du magst es nicht! Du magst es nicht«, während Sie es dorthin tragen.

Frage: »Was soll ich tun, wenn mein Kind während der Auszeit einen Wutanfall hat?«

Antwort: Lebhafte Kinder zeigen lebhafte Reaktionen – auch während der Auszeit. Solange sich Ihr Kind in einem kindersicheren Raum befindet, sollten Sie nicht versuchen, sein Geschrei und Herumwerfen von Gegenständen zu stoppen. Wenn es merkt, dass sein Verhalten Sie ärgert, agiert es möglicherweise noch wilder.

Ältere Kinder, die während der Auszeit das Zimmer verwüsten, sollten gewarnt werden, dass sich die Auszeit verlängert: »Philipp, ich weiß, dass du wütend bist. Aber hör auf, Dinge herumzuwerfen, oder Herr Ringeding gibt dir eine längere Auszeit.« Nach Ablauf der Auszeit kann das Kind herauskommen, aber nach ein paar Minuten fordern Sie es ruhig auf, Ihnen beim Aufräumen zu helfen, bevor Sie wieder mit ihm spielen.

Frage: »Kann man auch außerhalb des eigenen Zuhauses Auszeiten verhängen?«

Antwort: Um schlechtes Benehmen in der Öffentlichkeit zu verhindern, sollten Sie kurze Ausflüge planen, die spannenden Dinge beschreiben, die Sie mit Ihrem Kind unternehmen werden, und während Ihrer Erledigungen kräftig seine »Parkuhr füttern«. (Es kann auch hilfreich sein, über die schönen Dinge zu reden, die auf Sie und Ihr Kind warten, wenn Sie wieder nach Hause kommen.)

Trotz aller Bemühungen kann es dennoch nötig werden, unterwegs eine Auszeit zu geben. Wenn Sie nicht weit von Ihrem Auto entfernt sind, können Sie es als Auszeitort nutzen. Und so gehen Sie vor:

Wie immer beginnen Sie mit respektvoller Kontaktaufnahme und bieten einen Win-win-Kompromiss oder eine Ablenkung an. Schlägt das fehl, versuchen Sie es mit Klatsch-Knurren, oder zählen Sie sofort bis drei. Wenn das Verhalten nicht aufhört, gehen Sie direkt zum Auto, um die Auszeit zu verhängen.

Setzen Sie Ihr Kind in das gesicherte Auto (Fenster einen Spalt geöffnet, Türen verriegelt), und stellen Sie sich daneben, wobei Sie dem Auto den Rücken zuwenden. (Sie dürfen keine Sekunde weggehen!)

Nach der Auszeit holen Sie Ihr Kind heraus und geben ihm in Kleinkindsprache zu verstehen, dass Sie wissen, wie aufgeregt es war. Sobald es sich beruhigt hat, kehren Sie *nicht* sofort zu Ihren Erledigungen zurück. Geben Sie Ihrem Kind zuerst eine kleine Bonuszeit, um »die Zahnräder der Kooperation zu ölen«. Beenden Sie dann schnell Ihre Besorgungen, oder fahren Sie einfach nach Hause.

Warnung: Schnallen Sie Ihr Kind während der Auszeit nicht im Kindersitz an. Es darf diese Sicherheitsvorrichtung nicht mit Strafe in Verbindung bringen. Selbstverständlich dürfen Sie Ihr Kind auch niemals eine Auszeit in einem überhitzten Auto absolvieren lassen.

Frage: »Was ist, wenn mein Kind während der Auszeit einfach spielt?«

Antwort: Das macht nichts. Die Auszeit soll nicht bewirken, dass Ihr Kind sich schlecht fühlt. Ihr Zweck besteht lediglich darin, es vorübergehend von dem, was es gerade tut, und von Ihnen zu trennen.

Kann ich von meinem Kleinkind erwarten, dass es sich entschuldigt?

Alle Kinder müssen gute Manieren lernen. Aber zu lernen, sich nach einem Fehlverhalten zu entschuldigen, kann einige Jahre in Anspruch nehmen. Im Allgemeinen lernen ruhige, zurückhaltende Kinder schneller, sich zu entschuldigen, als schwierige, eigensinnige Kinder.

Versuchen Sie es so: Bitten Sie Ihr Kind um eine Entschuldigung, nachdem es sich schlecht benommen hat, aber *bestehen Sie nicht darauf*. Ein großes Aufheben um eine Entschuldigung zu machen, führt nur zu einem Machtkampf. Kämpfen, die Sie nicht gewinnen können, sollten Sie aus dem Weg gehen... und es ist unmöglich, Ihr Kind zu einer Entschuldigung zu *zwingen*, wenn es sich hartnäckig dagegen wehrt.

Wenn Ihr Kind kein Bedauern zeigt, ist es Zeit für ein kleines Quantum freundliches Ignorieren. Sagen Sie: »Du bist immer noch wütend! Du sagst: ›Nein, ich *mag nicht* sagen, dass es mir leidtut!‹ Okay, Schatz, ich schaue gleich wieder nach dir und werde sehen, wie es dir dann geht.«

Vermitteln Sie auch Werte »durch die Hintertür«, indem Sie Ihr Kind darauf aufmerksam machen, wenn andere Menschen sich entschuldigen, und beziehen Sie Entschuldigungen in Ihre Märchen und Rollenspiele ein.

Wenn sich Ihr Kind entschuldigt, machen Sie keine große Sache daraus. Sagen Sie einfach Danke. Aber flüstern Sie später seinen Stofftieren oder seiner Oma zu, wie sehr es Ihnen gefällt, wenn es sich entschuldigt. Und loben Sie es während des Bettgeflüsters.

Empfehlung 2 für rotes Licht:
Vorteilsentzug – eine Strafe für ältere Kleinkinder

Mauras dreijährige Zwillinge, Jake und Pete, stritten sich um einen Ball. Maura wusste, dass sie eingreifen musste, bevor Blut floss! Sie versuchte es mit einfühlsamer Anwendung der FFR und Kleinkindsprache:
»Ball! Ball! Ball! Ihr wollt ihn beide! Ihr wollt ihn jetzt! Ihr sagt: ›Meiner! Mein Ball!‹ Als die Jungen sich etwas beru-

higten und sie ansahen, sagte sie: »Aber nein! Nein! Nicht streiten, oder Mama nimmt den Ball weg. Bälle sind zum Teilen da.« Dann bot sie eine lustige Ablenkung an: »Hey! Ich habe eine Idee! Wir rollen den Ball zwischen uns hin und her!«

Maura ließ die Zwillinge den Ball hin- und herrollen und überließ sie dann sich selbst. Zwei Minuten später stritten sie schon wieder.

Erneut spiegelte sie ihre Frustration: »Ball! Ball! Ihr wollt beide den Ball! Aber Mama sagt: ›Kein Streit ... kein Streit!‹ Deswegen muss der Ball gehen. Sagt: ›Tschüss, Ball. Bis später.‹«

Trotz der Proteste der Jungen legte Maura den Ball außer Reichweite und sagte dann: »Na kommt, ihr Mäuse, wir machen ein Wettrennen in die Küche und essen etwas. Wollt ihr Käse oder lieber leckeren Matsch?«

Was ist damit gemeint? Der Vergleich ist überspitzt, aber wenn die Auszeit so etwas wie eine Gefängnisstrafe ist, dann ist Vorteilsentzug wie eine Geldstrafe. Es ist eine deutliche Konsequenz, die auf die wachsende Freiheitsliebe Ihres Kindes und seine Liebe zu Besitztümern abzielt.

Vorteilsentzug meint, Ihrem Kind ein geschätztes Privileg oder Spielzeug zu entziehen. Diese Strafe sollte mit dem Fehlverhalten in Zusammenhang stehen. Wenn Ihr Kind sich Ihnen beispielsweise widersetzt, indem es im Haus Basketball spielt, nehmen Sie ihm eine Weile den Ball weg. (Strafen, die sich direkt auf das Fehlverhalten beziehen, werden auch als *logische* Konsequenzen bezeichnet.)

Wann setzt man es ein? Bei Kleinkindern ab zwei Jahren (verstärkt ab drei Jahren).

Wie macht man es? Wenn Ihr Kind Ihre Warnung ignoriert oder wiederholt gegen eine wichtige Regel verstößt, entziehen Sie ihm ein Privileg oder ein Objekt, das in direktem Zusammenhang mit dem Fehlverhalten steht.

Wenn Ihr Kind einen Freund mit einem Spielzeugschwert schlägt, nehmen Sie ihm das Schwert weg, und beenden Sie den Besuch.

Sagen Sie: »Nicht schlagen! Nicht schlagen... kein Schwert, wenn du damit schlägst. Wir gehen jetzt nach Hause.«

Wenn Sie ein Privileg entziehen, erklären Sie Ihrem Kind, dass Sie wissen, wie sehr es diese Sache will, aber dass sein Verhalten gerade nicht in Ordnung ist. Wenn beispielsweise Ihr Dreijähriger nicht damit aufzuhören will, dem Hund Cracker hinzuwerfen, nehmen Sie ihm die Cracker weg, und sagen Sie: »Du schaust dem Hund gerne beim Crackerfressen zu, aber Cracker sind für Menschen... *nicht* für Hunde. Mama hat gesagt: ›Hör auf, nein, nein, nein!‹ Doch du hast nicht auf Mama gehört. Darum... tschüss, Cracker. *Keine* Cracker für Hunde. Jetzt kannst du aufstehen und spielen.«

Ein weiteres Beispiel: Wenn Ihr Zweijähriges weiterhin eimerweise Sand aus dem Sandkasten kippt, nachdem Sie es aufgefordert haben, damit aufzuhören, nehmen Sie es aus dem Sandkasten heraus und sagen: »Mama hat gesagt: ›Keinen Sand auskippen! Keinen Sand auskippen!‹ Jetzt ist alles voller Sand! Also sag: ›Tschüss, Sand!‹ Kein Sandkasten mehr. Gehen wir Hände waschen. Willst du deine Hände mit dem roten oder mit dem grünen Handtuch abtrocknen?«

Manchmal sind *Sie* der geliebte Besitz, der dem Kind entzogen wird. Das ist dann der Fall, wenn Sie freundliches Ignorieren als Vorteilsentzug einsetzen: »Mama mag es nicht, wenn du diese Wörter benutzt. Ich finde sie nicht lustig. Sie tun meinen Ohren weh. Ich gehe jetzt in die Küche und komme bald zurück, wenn dir deine schönen Wörter wieder eingefallen sind.«

Sobald Ihr Kind mit dem schlechten Benehmen aufhört, tun Sie etwas Nettes, um seine Parkuhr zu füttern und ihm zu zeigen, dass etwas Gutes passiert, wenn es sich an die Regeln hält. Später können Sie seinem Papa am Telefon davon berichten, wie gut es zugehört und gefolgt hat (indirektes Lob).

Wenn Ihr Kind jeden Tag dasselbe schlechte Benehmen zeigt, besprechen Sie in einem ruhigen Augenblick mit ihm, welche Strafe Sie werden verhängen müssen, wenn es nicht auf Sie hört: »Schatz, weißt du noch, als du mit dem Ball im Haus gespielt hast und Mama Nein gesagt hat? Wenn du den Ball das nächste Mal im Haus hüpfen lässt, muss Mama ihn dir einen ganzen Tag lang wegnehmen.«

Geben Sie Ihrem Kind zusätzliche Gelegenheiten, diese Lektion zu lernen, indem Sie Rollenspiele mit seinen Kuscheltieren aufführen. (Die Mamapuppe sagt dem kleinen Hund, was er tun soll.)

Wie Sie ein Kleinkind *nicht* bestrafen sollten

Wenn Sie wütend sind, klatschen Sie in die Hände – schlagen Sie nicht!

Gewalttätigkeit ist in unserer Gesellschaft ein Problem, und sie hat ihre Wurzeln in der Familie. Schließlich ahmen unsere Kleinkinder mit Vorliebe das nach, was wir tun. Wenn wir mit den Fingern essen, tun sie es auch. Wenn wir beim Arbeiten pfeifen, versuchen sie das auch. Und was lernen sie daraus, wenn wir sie schlagen, weil uns ihr Verhalten nicht gefällt?

Werden Kinder geschlagen, dann lernen sie daraus, dass es in Ordnung ist, wenn große Menschen kleine Menschen schlagen, und dass es in Ordnung ist, Zorn durch Gewalt abzureagieren. Wollen Sie wirklich, dass Ihr Kind das lernt? Und welchen Sinn hat es, Kinder zu schlagen, um sie dafür zu bestrafen, dass sie jemanden geschlagen haben? Wir spucken Kinder ja auch nicht an, um ihnen beizubringen, dass sie nicht spucken sollen.

Kleinkinder werden öfter geschlagen als jede andere Altersgruppe. Ich weiß, dass es Situationen gibt, in denen Ihr Kind Sie wirklich wütend macht. Aber wenn das der Fall ist, dann klatschen Sie bitte in die Hände – schlagen Sie nicht! Machen Sie Ihrem Ärger durch Klatschen und Knurren Luft, nicht durch Schütteln und Schlagen!

Von unseren kleinen Höhlenkindern ist zu erwarten, dass sie sich mitunter »primitiv« verhalten, aber *wir* können es besser.

Hier zwei Antworten auf die beiden häufigsten Elternäußerungen zum Thema Schlagen:

Frage: »Wenn mein Kind nicht hört, wenn ich Nein sage, gebe ich ihm einen kleinen Klaps auf die Hand. Ist das in Ordnung?«

Antwort: Die Sache hat einen Haken: Es ist eine Sackgasse! Wenn Ihr Kind älter wird, wird es sich durch diesen »kleinen Klaps« nicht mehr einschüchtern lassen. Wenn es sich dann widersetzt, werden Sie fester und fester zuschlagen müssen. Es gibt Eltern, die irgendwann zu Gürteln, Kleiderbügeln oder Stöcken greifen. Und irgendwann werden die Kinder so groß, dass selbst solche Dinge nicht mehr funktionieren.

Frage: Mein Vater wurde geschlagen und hat dadurch gelernt, sich zu benehmen, und er hat mich geschlagen, und ich habe auch gelernt, mich zu benehmen. Was soll also falsch daran sein, dass ich meinen Sohn schlage?«

Antwort: Ich höre Eltern oft sagen: »Ich wurde geschlagen, und es ist etwas Ordentliches aus mir geworden.« Ich bin ein großer Befürworter von Familientraditionen. Viele von ihnen sind sehr wertvoll, aber Schlagen ist keine Tradition, auf die wir stolz sein sollten. (Sie würden doch niemals jemand anderem erlauben, Ihr Kind zu schlagen, nicht wahr?) Schlagen kann Gefühle der Feindseligkeit und Demütigung auslösen, die ein Leben lang schwelen (besonders wenn wir ungerecht bestraft wurden oder aus Zorn; wenn wir ins Gesicht geschlagen wurden oder mit einem Gegenstand).

Ich glaube, der einzige Grund dafür, dass das Schlagen als Erziehungsmittel seit dem Mittelalter von Generation zu Generation weitergegeben wurde, ist der, dass Eltern nicht wussten, dass es eine bessere Alternative gibt. Jedenfalls habe ich noch nie Eltern getroffen, die gesagt hätten, dass sie beim Schlagen bleiben würden, wenn sie eine einfache, wirkungsvolle und respektvolle andere Methode kennen würden, um ihren Kindern gutes Benehmen beizubringen.

Doch genau das bietet der in *Das glücklichste Kleinkind der Welt* beschriebene Ansatz. Einfache Methoden helfen Eltern, Kinder aufzuziehen, die (aus Liebe und Respekt) gehorchen *wollen*, nicht Kinder, die (durch Angst und Drohungen) zum Gehorsam *gezwungen* werden.

Ihre Vorfahren hatten viele Traditionen, die Sie gern aufgegeben haben. Sie wuschen ihre Kleider in Bächen, schliefen auf Strohsäcken und benutzten Plumpsklos. In dieser »guten alten Zeit« wurden Kinder mit Rohrstöcken und Gürteln geschlagen, an den Ohren gezogen und ins Gesicht gehauen, sie bekamen »Tatzen« auf die Hände, und der Mund wurde ihnen mit Seife ausgewaschen.

Es ist Zeit, damit aufzuhören, Kinder durch Einschüchterung und Schmerz zur Kooperation zu bewegen.

Nichts für ungut, aber es *gibt* bessere Alternativen!

TEIL VIER

Wie gehe ich damit um?

Sie kennen jetzt die Grundlagen – lassen Sie uns diese nun auf einige typische Situationen mit Kleinkindern anwenden.

Kapitel 8 hat das frustrierendste Verhalten zum Thema, mit dem unsere Kleinkinder uns konfrontieren: Trotzanfälle. Ich widme Trotzanfällen ein eigenes Kapitel, weil fast jedes Kleinkind sie hat (und fast alle Eltern mich danach fragen). Mit den Tipps, die Sie in diesem Buch finden, können Sie über die Hälfte aller Ausbrüche auf Sekunden verkürzen und neun von zehn Trotzanfällen von vornherein verhindern.

In **Kapitel 9** werden dann die meisten der sonstigen problematischen Verhaltensweisen von Kleinkindern beschrieben, mit denen Eltern zu irgendeinem Zeitpunkt umgehen müssen:

- Ängste,
- störendes Verhalten,
- unkooperatives Verhalten,
- aggressives und/oder gefährliches Verhalten.

Ich werde erläutern, wie Sie die in *Das glücklichste Kleinkind* beschriebenen Methoden nutzen, um das Problem zu lösen und ein selbstsicheres, kooperatives, liebevolles und zufriedenes Kind aufzuziehen.

KAPITEL 8

Trotzanfälle in den Griff bekommen ... wie durch Zauberei!

> *Was mich wütend macht? Tage, an denen Knöpfe widerspenstig sind, ich abends nicht ins Bett will und das Essen auf meinem Teller nicht schmeckt.*
> Catherine und Laurence Anholt, *What Makes Me Happy*

Wichtige Punkte:

- Trotzanfälle sind normal, aber vermeidbar.

- Die meisten Trotzanfälle treten im Alter zwischen 18 und 24 Monaten und dann wieder mit etwa dreieinhalb Jahren auf.

- Trotzanfälle unserer Kinder bringen uns in Rage und führen oft zu Überreaktionen.

- Sie können die Hälfte aller Trotzanfälle innerhalb von Sekunden beenden, indem Sie respektvoll Kontakt aufnehmen und – falls das fehlschlägt – freundliches Ignorieren hinzufügen.

- Sie können 50 bis 90 Prozent aller Trotzanfälle von vornherein verhindern, indem Sie 1.) Problemsituationen vermeiden, 2.) den ganzen Tag respektvoll kommunizieren, 3.) die Parkuhr füttern und 4.) mit Ihrem Kind Geduldübungen durchführen.

Alle Kleinkinder haben Trotzanfälle – das ist normal!

Diese kleinen Ausbrüche können für uns frustrierend sein und uns das Gefühl geben, angegriffen zu werden. Aber bitte nehmen Sie das Brüllen und Um-sich-Schlagen nicht persönlich. Trotzanfälle sind kein Zeichen dafür, dass Sie eine schlechte Mutter beziehungsweise ein schlechter Vater sind oder dass Sie ein schreckliches Kind haben. Auch Erwachsene fahren mit dem Gefühlsaufzug in den Keller und benehmen sich »unzivilisiert«, wenn sie sich über etwas aufregen. Aber unsere Kleinkinder sind an sich noch ziemlich »unzivilisiert«: Wenn sie von Gefühlen überwältigt werden, kratzen, spucken und schreien sie und benehmen sich absolut *prähistorisch!*

Die gute Nachricht ist, dass Sie mithilfe der in diesem Kapitel beschriebenen Techniken die meisten Schreianfälle so schnell wie ein Bombenräumkommando entschärfen können.

Zuerst jedoch zu den Gründen, weshalb fast alle Kleinkinder von Zeit zu Zeit Trotzanfälle haben.

Warum haben Kleinkinder Trotzanfälle?

Die Trotzanfälle erreichen meistens im Alter zwischen 18 und 24 Monaten ihren ersten Höhepunkt, lassen dann etwas nach und kulminieren mit dreieinhalb Jahren ein zweites Mal. In diesem Alter brodelt in Ihrem Kind eine explosive Mischung ganz ursprünglicher Antriebskräfte: Gier, Eigensinn, Aggression und Ungeduld. Und wenn das »Nitro« der leidenschaftlichen Besitzansprüche Ihres Kindes auf das »Glyzerin« Ihres unnachgiebigen »Nein!« trifft, entsteht ein wirklich gewaltiger Sprengstoff. Weitere Faktoren, die unsere süßen Kleinkinder zur Raserei bringen:

Sie können noch nicht gut sprechen. Wären Sie nicht frustriert, wenn Sie irgendwo leben würden, wo Sie die Sprache nicht beherrschen? Ihr Kind ärgert es auch, wenn es nicht kommunizieren kann. Kein Wunder, dass kleine Kinder mit noch begrenzter Sprachfähigkeit oft auf nonverbale Kommunikationsformen wie Aufstampfen, Herumfuchteln, Augenaufreißen und Schreien zurückgreifen!

Wir sind schlechte Vorbilder. Wenn Sie Ihrem Ärger in Gegenwart Ihres Kindes Luft machen, bringen Sie ihm bei, noch mehr zu schreien. Es lernt, dass es völlig in Ordnung ist, seiner Wut freien Lauf zu lassen. *Schließlich tun Papa und Mama es auch.*

Sie manövrieren sich in eine emotionale Sackgasse. Viele Kleinkinder fühlen sich gedemütigt, wenn sie gezwungen werden, nachzugeben. Wird ihr Stolz verletzt, gibt es für sie kein Halten mehr. Je mehr diese Kinder gegen uns ankämpfen, desto mehr fühlen sie sich in die Enge getrieben – außerstande, einen würdevollen Rückzug anzutreten und sich von ihrer Aufregung zu erholen.

Der 18 Monate alte Jeremy war ein sanftmütiges Kind, dennoch konnte er ziemlich ungehalten reagieren. Er mochte Birnen und biss liebend gern in die ganze Frucht. Einmal schnitt seine Mutter für ihn eine besonders reife, saftige Birne in Stücke. Seine Reaktion? Er griff nach dem Teller und warf ihn nach seiner Mutter! Die Mutter erkannte ihren »Fehler« und bot Jeremy sofort eine ganze Birne an. Was tat dieses kleine Höhlenkind? Er machte ein finsteres Gesicht, schüttelte den Kopf und weigerte sich, die Birne auch nur eines Blickes zu würdigen.

Wie Jeremy kann auch Ihr Kleinkind sich so aufregen, dass es sich in eine Sackgasse manövriert und auch dann nicht nachgeben kann, wenn Sie ihm *genau das anbieten, was es haben will*. Deshalb sind Respekt und Diplomatie im Umgang mit Kleinkindern so wertvoll. Sie helfen ihnen, dieser misslichen Lage zu entkommen, ohne dass ihr Stolz verletzt wird.

Sie haben ein wildes Temperament. Besonders impulsive und lebhafte Kleinkinder haben heftigere Trotzanfälle, weil sie *alles* mit größerer Intensität tun. Sie können das Temperament Ihres Kindes nicht ändern, aber mithilfe der Tipps in diesem Buch können Sie ihm helfen, nicht bei jeder kleinen Frustration und Enttäuschung zu explodieren.

Unsere Welt ist gleichzeitig zu aufregend und zu langweilig. Das unreife Gehirn Ihres Kleinkindes kann durch laute DVDs und hektische Fernsehbilder überlastet werden. Gleichzeitig kann es sich langweilen, wenn es zu viel Zeit in der Wohnung verbringen muss. Bis vor etwa 200 Jahren verbrachten Kleinkinder viele Stunden am Tag beim Spielen im Freien.

Trotzanfälle erfüllen ihren Zweck! Wenn wir Trotzanfällen nachgeben (oder ihnen zu viel Aufmerksamkeit schenken), lernen unsere Kinder, dass sie durch Schreien das bekommen, was sie wollen. Kleinere Kinder erkennen das unbewusst, während ältere Kinder oft schon lernen, Trotzanfälle gezielt einzusetzen, um ihren Willen zu bekommen.

Eltern müssen heutzutage viele Aufgaben bewältigen. Kochen, Putzen und andere Aufgaben im Haushalt laufen parallel zur beruflichen Tätigkeit außer Haus. Und manchmal sind sie sogar noch für die Pflege der eigenen Eltern zuständig. Heutzutage tragen die meisten Eltern diese Verantwortung ohne allzu viel Hilfe von Nachbarn, Verwandten, Babysittern oder anderen bezahlten Hilfskräften.

Kein Wunder, dass es sich anfühlt, als ob Sie 120 Prozent geben... das ist tatsächlich so!

Sie geben sich so viel Mühe. Sie tun, was Sie können. Deshalb kann es Sie wirklich in Rage bringen, wenn Ihr Kleinkind zu einem brüllenden Tyrannen wird. Wir empfinden es als ungerecht, ja sogar als demütigend – besonders wenn unser Kind uns mit »Ich hasse dich!« oder »Du bist blöd!« beschimpft.

Die Wut unseres Kleinkindes kann uns plötzlich die Kontrolle verlieren lassen und uns unserer eigenen impulsiven, irrationalen Wut ausliefern.

Wir haben solche Situationen alle schon erlebt, aber wenn es passiert, müssen wir versuchen, tief durchzuatmen und uns zu sagen: *Mein Kind* ist der Neandertaler – *ich* bin der zivilisierte Erwachsene. Und als solcher müssen Sie versuchen, ruhig zu bleiben und auf die Ausbrüche Ihres Kindes nicht mit Sarkasmus, Demütigung oder Liebesentzug – und ganz sicher nicht mit Gewalt – zu reagieren. (Lesen Sie noch einmal Kapitel 2, wenn Sie weitere Anregungen für den Umgang mit Ihren eigenen starken Emotionen brauchen.)

Trotzanfälle innerhalb von Sekunden beenden

Sie können die meisten Trotzanfälle von Kleinkindern in weniger als einer Minute liebevoll beenden. Dreh- und Angelpunkt ist die Beruhigungstechnik, die Ihnen inzwischen vertraut sein sollte – einen besseren »Zauberstab« gibt es nicht. Die Rede ist von *respektvoller Kontaktaufnahme*.

Einen Trotzanfall durch respektvolle Kontaktaufnahme beenden

Wenn Ihr Kind anfängt, die Beherrschung zu verlieren, sollten Sie als Erstes respektvoll Kontakt zu ihm aufnehmen. Kauern Sie sich vor ihm hin, und geben Sie mithilfe der Fastfood-Regel und der Kleinkindsprache seine Gefühle wieder. (Denken Sie daran, über Tonfall und Gesten auf seinen weichen Punkt zu zielen.) Üben Sie dies mehrmals bei kleineren Stimmungsschwankungen, bevor Sie es bei größeren Verstimmungen einsetzen. Erstaunlicherweise reicht dieser einfache Schritt in der Hälfte der Fälle aus, um Trotzanfälle zu beenden.

Eltern, die sofort ihren eigenen Standpunkt äußern oder ihr Kind abzulenken versuchen, sind mit dem Mitarbeiter eines

Weshalb hat mein Dreijähriger immer noch Trotzanfälle?

Wenn Kinder älter werden und über mehr sprachliche Fähigkeiten verfügen, werden Trotzanfälle seltener. Dennoch haben viele drei- bis vierjährige Kinder (und auch Teenager) gelegentlich noch emotionale Ausbrüche. Das hat folgende Gründe:

1. *Sie kämpfen weiterhin damit, ihre Impulse zu kontrollieren.* Ältere Kleinkinder benehmen sich immer besser, aber nach einem langen Tag können auch sie einmal die Kontrolle verlieren und in die Luft gehen (besonders wenn sie ein lebhaftes Temperament haben).

2. *Sie sind emotionale Jo-Jos.* Dreijährige sind keine Babys mehr, aber auch noch keine großen Kinder. Manchmal pendeln sie so heftig zwischen den beiden Entwicklungsphasen »Noch-Baby-Sein« und »Schon-groß-Sein« hin und her, dass es sie fast zerreißt. Stellen Sie es sich wie ein emotionales Schleudertrauma (für Sie *und* Ihr Kind) vor.

3. *Sie erleben zu Hause emotionale Ausbrüche von Erwachsenen.* Wenn es in Ihrer Familie viele lautstarke Streitigkeiten (oder Gewalt im Fernsehen) gibt, kann das dazu führen, dass Ihr Kind sich Ihnen noch mehr widersetzt, weil es gelernt hat, dass Streit eine normale Art ist, Frustration auszudrücken.

Fastfood-Restaurants vergleichbar, der sofort *seine* Botschaft übermittelt (»Das macht fünf Euro!«), ohne die Bestellung zu wiederholen. Deshalb lässt das Quengeln nach, wenn Sie auf die Bitte Ihres Zweijährigen um einen Keks vor dem Mittagessen zuerst seine Gefühle wiedergeben (»Keks! Keks! Du willst einen Keks! Du willst ihn *jetzt!*«), statt direkt Ihre Position zu äußern: »Nein, Schatz. Keine Kekse vor dem Mittagessen!«

Sobald sich Ihr Kind zu beruhigen beginnt, sind Sie mit Ihrer Botschaft an der Reihe: »Aber nein, Schatz. Du kennst doch die Regel: Kekse gibt es *nach* dem Mittagessen.«

Linda nutzte diese Vorgehensweise, um einen potenziell gefährlichen Machtkampf zu vermeiden, als ihre Dreijährige lautstark dagegen protestierte, aus der Badewanne zu steigen.

»Unsere drei Jahre alte Tochter Jasmin hasst es, aus der Badewanne zu steigen. Wenn sie könnte, würde sie den ganzen Tag in der Wanne bleiben. Als es wieder einmal so weit war, gab ich ihr eine Zwei-Minuten- und eine Ein-Minuten-Warnung. Dann zog ich den Stöpsel aus der Wanne. Sie geriet außer sich und fing an zu schreien: ›Nein! Nein! Nicht raus! Nicht raus!‹

Ich erinnerte mich an die Kleinkindsprache, fuchtelte mit dem Finger, runzelte die Stirn und gab ihre Worte wieder: ›Nein, nein, nein! Nicht raus! Jasmin will in der Badewanne bleiben! Jasmin will nicht raus!‹

Ich staunte nicht schlecht! Innerhalb von Sekunden sah sie mich einfach an und hörte auf zu schreien.

Trotzanfälle innerhalb von Sekunden beenden

Dann sagte ich mit ruhiger Stimme: ›Jasmin, ich weiß, dass du nicht herauswillst, aber es ist Zeit. Wir müssen uns fertig machen. Papa wartet auf uns.‹ Daraufhin stand sie auf und stieg aus der Badewanne. Ich trocknete sie schnell ab und spielte ein paar Minuten mit ihr, um sie für ihre Kooperation zu belohnen. Es war toll.«

Nachdem Sie Ihre Botschaft übermittelt haben, können Sie Ihr Kind dazu anregen, in Zukunft noch kooperativer zu sein. Nehmen Sie sich dazu einfach einen Augenblick Zeit, um seine Parkuhr mit einer kleinen Ablenkung oder einem Win-win-Kompromiss zu füttern:

- *Ablenkung anbieten.* Sobald sich Ihr Kind zu beruhigen beginnt, bieten Sie etwas an, das Spaß macht (zum Beispiel Aufmerksamkeit, eine Umarmung, einen Snack oder Clownspielen). Beim Clownspielen zeigen Sie Ihrem Kind beispielsweise, dass es – obwohl es dieses Mal nachgeben musste – viele andere Gelegenheiten geben wird, bei denen es schneller, schlauer oder stärker sein kann als Sie. Ein Beispiel:

    Zeigen Sie auf den Schuh Ihres Kindes, und bitten Sie es mit jämmerlicher Stimme, Ihnen den Schuh zu geben. Wenn es ablehnt, winken Sie ab, als ob Sie aufgeben, und sagen: »Okay, du gewinnst, du gewinnst immer.« Ein paar Sekunden später bitten Sie wieder um seinen Schuh und lassen es die Bitte ablehnen. Kinder lieben es, wenn wir den Clown spielen und sie unsere albernen Bitten abschlagen können.

- *Einen Win-win-Kompromiss anbieten.* Helfen Sie Ihrem Kind direkt nach einem beendeten Trotzanfall, sein Gesicht zu wahren, indem Sie ihm eine Art von Kompromiss anbieten. Dieser kleine Handel zeigt Ihrem Kind, dass Sie es immer noch respektieren und es immer noch seine Würde hat, obwohl es bei Ihrem Streit den Kürzeren gezogen hat.

»Cracker! Cracker! Du willst Cracker! Du willst sie sofort! Jetzt gibt es keine Cracker, Schatz. Aber nach den Möhren kannst du noch ein paar Cracker haben. Solltest du zwei oder drei bekommen?«

Doch was ist, wenn all Ihre gute Kommunikation nur mit noch lauterem Geheul beantwortet wird? Dann ist es Zeit, eine Umarmung anzubieten oder das Problem zu lösen:

- *Eine Umarmung anbieten.* Vielleicht hat Ihr Kind einfach nur einen schlechten Tag. Das kennen wir alle. Versuchen Sie, Ihrem aufgewühlten Kind eine Umarmung anzubieten, aber seien Sie darauf vorbereitet, in Deckung zu gehen (falls Ihnen ein Schlag auf die Nase droht). Manche Eltern beruhigen ihre wild um sich schlagenden Kleinkinder, indem sie sie von hinten umarmen (ihre Arme festhalten) und ihnen dabei Dinge wie: »Du bist wirklich, wirklich wütend«, oder: »Du sagst ›Nein, nein, nein!‹« ins Ohr flüstern.

- *Das Problem lösen.* Manchmal, wenn man es tatsächlich sehr eilig hat, ist es in Ordnung, nachzugeben. Beispielsweise könnten Sie zu Ihrem unglücklichen Dreijährigen sagen: »Du bist so traurig! Du willst jetzt wirklich einen Keks! Die Regel heißt: ›Keinen Keks vor dem Abendessen.‹ Aber dass du heute Morgen deine Spielsachen aufgeräumt hast, war mir wirklich eine große Hilfe. Deshalb gibt dir Mama einen Keks. Willst du ihn auf einer Serviette oder auf einem Teller?«

Und falls Ihr Kleinkind immer noch tobt? Für diesen Fall empfehle ich Ihnen ein kurzes freundliches Ignorieren.

Trotzanfälle beenden: Über freundliches Ignorieren die Situation deeskalieren

Wenn Ihr Kind nach allen Versuchen, es zu beruhigen, immer noch am Boden liegt und um sich schlägt, besteht die beste Taktik in den meisten Fällen darin, ihm liebevoll die kalte Schulter zu zeigen – es freundlich zu ignorieren (siehe Seite 240): Setzen Sie ein letztes Mal die Kleinkindsprache ein... und teilen Sie ihm dann liebevoll mit, dass Sie eine Weile nach nebenan gehen.

Seien Sie fürsorglich, aber sachlich. Vermeiden Sie Drohungen, Sarkasmus und Beschämung. Durch freundliches Ignorieren machen Sie deutlich, dass Sie Verständnis haben, aber nicht nachgeben.

- Tun Sie zwanzig Sekunden lang, als ob Sie mit etwas beschäftigt seien.

- Wenn sich Ihr Kind zu beruhigen beginnt, wenden Sie sich ihm schnell wieder zu, und sprechen Sie mit ihm in der Kleinkindsprache. Bieten Sie ihm eine Umarmung und eine Bonuszeit an (»Du warst wirklich traurig. Du wolltest den Ball, und Mama sagte Nein. Aber jetzt komm, wir spielen mit deiner Eisenbahn. Willst du der Lokführer sein?«).

- Wenn Ihr Kind immer noch weint, nachdem Sie es 20 Sekunden lang ignoriert haben, wenden Sie sich ihm wieder zu und geben erneut seine Gefühle wieder. Viele Kinder geraten so außer sich, dass sie sich erst beruhigen, wenn wir das freundliche Ignorieren zwei- bis dreimal angewendet haben.

Trotzanfälle innerhalb von Sekunden beenden

Manche lebhaften Kinder weinen immer noch, nachdem Sie einige Male weggegangen und wieder zurückgekommen sind. Es fällt ihnen schwer, nachzugeben, weil es ihren Stolz verletzt. Falls das bei Ihrem Kind so ist, müssen Sie es womöglich zwei bis fünf Minuten ignorieren, bevor es sich zu beruhigen beginnt. Beobachten Sie es aus dem Augenwinkel oder mithilfe eines Spiegels. Sobald es zu weinen aufhört und mit etwas zu spielen anfängt, setzen Sie sich einfach zu ihm auf den Boden (um Ihren Respekt zu zeigen).

Sprechen Sie es nicht zu schnell an, und meiden Sie zunächst Blickkontakt – es könnte immer noch wütend sein. Nehmen Sie dann Kontakt auf, indem Sie sich allmählich an seinem Spiel beteiligen. Sprechen Sie zu diesem Zeitpunkt noch nicht über den Trotzanfall. Belohnen Sie einfach das nun gute

Benehmen mit ein wenig Aufmerksamkeit. Das hilft Ihrem Kind, die Schmollphase zu überwinden und sich Ihnen wieder zu öffnen.

Öffentliche Ausbrüche: Bei Trotzanfällen außer Haus die Ruhe bewahren

Trotzanfälle in der Öffentlichkeit treffen uns besonders hart, eben weil sie so... öffentlich sind. Sie geben uns das Gefühl, *mit all unseren Schwächen* quasi durch ein Vergrößerungsglas beobachtet zu werden. Außerdem brüllen viele Kleinkinder besonders laut, wenn sie merken, dass es uns peinlich ist oder wir nicht wissen, wie wir reagieren sollen.

Emotionale Ausbrüche zwischen den Regalen im Supermarkt lassen sich leichter vermeiden, wenn Sie vorausplanen. Halten Sie Ihre Ausflüge kurz, und planen Sie sie nicht zu einem Zeitpunkt ein, zu dem Ihr Kind müde oder hungrig ist. (Zielloses Schlendern durch ein Einkaufszentrum bedeutet für so ein unreifes Gehirn, mit Sinneseindrücken »überfahren« zu werden.) Erleichtern Sie Ihrem Kind Wartezeiten, indem Sie Snacks oder Belohnungen mitnehmen (zum Beispiel Sticker, Malsachen oder Nachziehtiere, die Ihr Kind nur bekommt, wenn Sie mit ihm außer Haus unterwegs sind). Wenn es jedoch trotz bester Absichten nicht nach Plan geht, können Sie Trotzanfälle mit den bereits beschriebenen Methoden schnell beenden. Hier ein Beispiel dafür, wie eine Mutter durch respektvolle Kontaktaufnahme den Trotzanfall Ihres Kindes beendete:

Sandy nahm den 22 Monate alten Corey mit in den Spielzeugladen, wo seine Schwester Crissy nach einem Geschenk suchte. Es war an diesem Vormittag ihre dritte Station. Sandy setzte Corey vor ein Regal mit Spielzeugeisenbahnen und schaute immer wieder zu ihm hinüber, während sie Crissy bei der Geschenkauswahl half.

Als es Zeit zum Gehen war, weigerte sich Corey. Sandy machte einen schwachen Versuch, die FFR anzuwenden. »Ich weiß, dass du nicht gehen willst, Schatz, aber wir sind spät dran, und ich habe jetzt keine Zeit dafür.«

Dann hob Sandy Corey auf, und er brach in Tränen aus. Die Verkäuferin runzelte die Stirn, Crissy stöhnte, und Sandy sah auf die Uhr. Corey hätte schon vor einer Stunde sein Mittagessen bekommen und anschließend schlafen sollen.

Sandy ignorierte die Blicke der anderen Kunden und erkannte, dass sie sich mit der respektvollen Kontaktaufnahme etwas mehr Mühe geben musste. Sie kniete sich vor ihr Kind hin und rief: »Du sagst ›Nein! Nein, nein, neeeeiiin! Nicht heimgehen! Nein! Corey mag die Eisenbahn! Nicht heimgehen!‹«

Coreys Weinen ließ ein wenig nach, und er hörte auf, um sich zu schlagen. Sandy fuhr fort, indem sie mit dem Fuß aufstampfte, den Kopf schüttelte und mit den Armen fuchtelte, um die Gefühle ihres Sohnes wiederzugeben. »Du sagst: ›Nein! Nein, nein, nein! Nicht heimgehen! Corey ist nicht fertig mit Spielen!‹« Wie durch Zauberei hörte Corey auf zu weinen.

Dann senkte Sandy ihre Stimme zu einem Flüstern. »Hey! Psst! Lass uns Eisenbahn spielen. Wir sind der Zug. Tschu-

tschu! Tschu-tschu! Lass uns tschu-tschu bis zum Auto machen.«
Crissy war es so peinlich, dass sie tat, als ob sie ihre Eisenbahn spielende Mutter und ihren Bruder nicht kennen würde, aber Corey fand es toll, Eisenbahngeräusche zu machen, und hielt sich den ganzen Weg bis zum Auto an der Hüfte seiner Mama fest.

Im Abschnitt über Trotzanfall-Auslöser (Seite 294) finden Sie weitere Tipps zur Vermeidung von Trotzanfällen.

Eine beängstigende Nebenwirkung von Trotzanfällen: Den Atem anhalten

Frage: Mein Kind hat so heftig geschrien, dass es ohnmächtig wurde! Ich hatte schreckliche Angst. Wie kann ich verhindern, dass so etwas wieder passiert?

Antwort: Es sieht wirklich erschreckend aus, wenn Kinder während eines Trotzanfalls den Atem anhalten, aber glücklicherweise ist es meistens keine große Sache. Normalerweise passiert in dieser Situation Folgendes: Kinder (15 bis 30 Monate alte Kleinkinder) regen sich plötzlich über etwas auf (sie sind wütend, verängstigt oder erschrocken) und versuchen, zu weinen, aber obwohl ihr Mund offen ist, kommt kein Ton heraus. In den nächsten 30 bis 40 Sekunden laufen sie blau an oder werden blass, bis sie schließlich ohnmächtig werden. (Auch der Körper kann dabei ein bisschen zucken.)

Im Grunde genommen »vergessen« diese Kinder zu atmen! Sobald sie jedoch ohnmächtig werden, springt die Atmung wieder an, und sie kommen innerhalb von Sekunden wieder zu sich.

Wenn Sie Ihr Kind erreichen können, bevor es ohnmächtig wird, benetzen Sie Ihre Hand mit Wasser, und spritzen Sie ihm ein wenig kaltes Wasser ins Gesicht, oder blasen Sie kräftig direkt vor seinem Gesicht (als ob Sie Geburtstagskerzen ausblasen würden). Dadurch lässt sich eine Ohnmacht oft verhindern: Das Kind schnappt nach Luft, bekommt wieder einen Ton heraus und fängt zu atmen an.

Einfaches Atemanhalten ist nicht gefährlich. Es besteht keine Verletzungsgefahr (sofern das Kind nicht stürzt und sich den Kopf anschlägt). Dennoch sollten Sie bald mit Ihrem Kind zum Arzt gehen, um sicherzugehen, dass es sich nicht um einen Krampfanfall gehandelt hat oder eine andere gesundheitliche Störung (wie beispielsweise Anämie) vorliegt. Fragen Sie den Arzt, ob Ihr Kind ein Eisenpräparat braucht.

Trotzanfälle im Vorfeld verhindern

Trotzanfälle innerhalb von Sekunden beenden zu können ist ein großartiges Gefühl, aber wenn Sie verhindern können, dass Trotzanfälle überhaupt auftreten, werden Sie sich wie die besten, klügsten und glücklichsten Eltern fühlen!

Hier die vier Schritte, mit denen es Ihnen gelingen wird, *in weniger als einer Woche* 50 bis 90 Prozent der Trotzanfälle Ihres Kindes zu verhindern:

1. Problemsituationen vermeiden.

2. Respektvolle Kontaktaufnahme ... den ganzen Tag.

3. Die Parkuhr füttern.

4. Geduld lehren.

Schritt 1: Problemsituationen vermeiden

Niemand kennt Ihr Kind besser als Sie. Das heißt, Sie haben wahrscheinlich schon eine ziemlich genaue Vorstellung davon, welche Situationen es aus dem Gleichgewicht bringen. Der Trick besteht darin, vorauszuplanen und vorbereitet zu sein.

Die häufigsten vermeidbaren Auslöser von Trotzanfällen sind:

- *Müdigkeit.* Viele Kinder werden unleidlich, wenn sie ihren Mittagsschlaf verpassen oder nachts nicht gut schlafen.

- *Hunger.* Manche Kinder werden ungehalten, wenn sich eine Mahlzeit auch nur um 30 Minuten verzögert (niedriger Blutzucker). Die Eltern dieser sensiblen Kinder müssen Notfallsnacks, beispielsweise Cracker und Käse, in der Wickeltasche bei sich haben.

- *Koffein und Stimulantien.* Der Genuss koffeinhaltiger oder stark gezuckerter Getränke (Cola, Eistee, Schokoladenmilch) macht viele Kinder zappelig und überdreht. Auch Wirkstoffe in Erkältungsmedikamenten können dies bewirken.

- *Zu wenig Bewegung im Freien.* Kleinkinder brauchen das Spielen im Freien. Kleine Kinder, die nicht zwei- oder dreimal pro Tag durch den Dschungel (Ihren Garten oder den Park) streifen dürfen, werden oft sehr unleidlich.

- *Ignoriert werden.* Kleinkinder machen oft Theater, wenn wir sie zu lange nicht beachten. Deshalb kann das Füttern der Parkuhr durch Clownspielen und Gewähren von Bonuszeiten (mehrmals pro Stunde) auf wundersame Weise den Bedarf an Auszeiten senken.

- *Zu starke Versuchungen.* Gibt es in Ihrem Zuhause viele interessante zerbrechliche Gegenstände, besitzt Ihr Kind vielleicht einfach nicht genügend Selbstbeherrschung, um seine Finger davon zu lassen.

- *Unerwartete Veränderungen.* Schüchterne oder sensible Kinder kann es aufregen, mit unerwarteten Veränderungen umgehen zu müssen. Bei diesen kleinen »Prinzessinnen auf der Erbse« können Sie Probleme vermeiden, indem Sie den Tagesplan mit ihnen durchsprechen und auf Abweichungen vom gewohnten Ablauf hinweisen.

- **Anspannung und Gewalt.** Wahren Sie in Ihrem Zuhause den Frieden. Viele Kleinkinder nehmen sich die Aggression, die sie im Fernsehen oder bei Streitigkeiten ihrer Eltern zu Hause erleben, zum Vorbild.

Schritt 2: Respektvolle Kontaktaufnahme ... den ganzen Tag

Setzen Sie Ihre Kommunikationsfähigkeiten nicht nur bei emotionalen Ausbrüchen ein. Versuchen Sie, die FFR und die Kleinkindsprache Dutzende Male pro Tag anzuwenden – auch dann, wenn es nur um eine kleine Unstimmigkeit oder Forderung geht. Bittet beispielsweise Ihr 18 Monate altes Kind um Saft, könnten Sie lächelnd seinen Wunsch wiedergeben: »Du sagst ›Saft!‹. Du magst Saft, hmmm. Okay, Schatz. Hier ist dein Saft.«

Helfen Sie Ihrem Kind, von Ihnen zu lernen, während Sie die FRR bei anderen (anderen Kindern, Ihrem Partner oder sogar den Stofftieren Ihres Kindes) anwenden. Und kommentieren Sie die Gefühle von Menschen, die Sie in Zeitschriften oder in der Öffentlichkeit sehen. (»Schatz, schau mal, wie dieser Mann fröhlich ist und pfeift! Was glaubst du, warum er so fröhlich ist?«)

Natürlich braucht all das ein wenig mehr Zeit, aber es zahlt sich in kleinen und großen Dingen aus. Außerdem helfen Sie Ihrem Kind durch Ihre gute Kommunikation, sprechen zu lernen, und vermitteln ihm, dass Menschen, die sich lieben, respektvoll miteinander reden.

Schritt 3: Die Parkuhr füttern

18 Monate alte Kinder nehmen und nehmen, und dann bedrängen sie uns, noch mehr zu bekommen! Sie haben eine kurze Gedächtnisspanne und vergessen die liebevolle Aufmerksamkeit und fröhliche Zuwendung, die sie zwei Stunden zuvor bekommen haben. (Zwei Stunden fühlen sich für ein ungeduldiges Kleinkind wie sechs an.) Wie Blumen Wasser und Sonne brauchen, brauchen unsere Kleinkinder häufig unsere liebevolle Aufmerksamkeit. Deshalb lassen sich Trotzanfälle so gut vermeiden, indem wir mehrmals pro Stunde ihre Parkuhr füttern.

Eltern, die viele Male am Tag die Parkuhr ihres Kindes füttern, geben ihm das Gefühl, klug und stark zu sein und geliebt und respektiert zu werden. Und Kinder, die sich wie Sieger fühlen, werden sofort kooperativer.

Verwenden Sie Bonuszeiten (Aufmerksamkeit, Spiel, Lob, indirektes Lob, Handmarkierungen, Aufkleber), Techniken zur Stärkung des Selbstvertrauens (respektvolles Zuhören, Anbieten von Wahlmöglichkeiten, den Clown spielen) und schöne Rituale (wie die besondere Zeit und das Bettgeflüster), und vermitteln Sie Werte durch die Hintertür (durch Märchen, Ertappen anderer bei gutem Verhalten und Rollenspiel).

Können durch kleine Schritte wie Fangenspielen, Clownereien und kurze abendliche Botschaften wirklich Konflikte verhindert werden? Ja! Ihr Kind versteht, dass es Ihnen umso mehr Kooperation schuldet, je mehr Spiel und Aufmerksamkeit Sie ihm widmen (und je mehr Sie sein Selbstvertrauen stärken).

Trotzanfälle in den Griff bekommen ... wie durch Zauberei!

Aber denken Sie an diesen wichtigen Punkt: Nach der Vorstellung Ihres Kindes ist es fair, wenn es zu 90 Prozent gewinnt (siehe Seite 223). Wenn Sie ihm also viele Male am Tag das Gefühl geben, klug zu sein und geliebt zu werden, und es bei vielen kleinen Konflikten, die Ihnen nicht wichtig sind (zum Beispiel die Wahl der Socken oder des Vorlesebuchs) gewinnen lassen, wird es viel leichter bei anderen Dingen nachgeben (zum Beispiel ein wenig Gemüse probieren oder beim Überqueren der Straße an der Hand gehen).

Schritt 4: Geduld lehren

Dieser vierte Schritt, Geduld lehren, ist für das Vermeiden von Trotzanfällen sehr wichtig. Geduldübungen und Zauberatem helfen dem Gehirn unserer kleinen Höhlenkinder, ihre primitiven Impulse zu beherrschen. Kinder, die lernen, ein bisschen mehr Geduld zu haben, werden automatisch ruhiger und vernünftiger. Und diese zwei, drei Minuten, die Ihr Kind nun geduldig warten kann, reichen oft aus, um die Sache zu Ende zu bringen, mit der Sie gerade beschäftigt sind (ein Telefongespräch oder die Zubereitung des Salats).

Sehen Sie sich bitte noch einmal die Anweisungen für Geduldübungen und Zauberatem an (Seite 168 und 172). Führen Sie die Geduldübungen *mehrmals täglich* durch (mit älteren Kleinkindern trainieren Sie die Atemübungen ein- oder zweimal täglich). Innerhalb einer Woche werden Sie von der wachsenden Fähigkeit Ihres Kindes, mit Frustrationen umzugehen und die Bedürfniserfüllung hinauszuschieben, begeistert sein.

Jedes Mal, wenn Ihr kleiner Freund geduldig auf etwas wartet, würdigen Sie seine Kooperation durch eine winzige Bonuszeit oder ein bisschen Clownspielen, damit er weiß, dass seine Mühe belohnt wird.

Annett und Tony kämpften jeden Tag mit ihren drei Söhnen. Oliver, der Älteste, war ein toller Junge, aber auch sehr willensstark. Als die Zwillinge Lucas und Mattheo in das Kleinkindalter kamen, hatte Annett das Gefühl, »drei gegen sich« zu haben.

Sie kam in meine Praxis und bat um Hilfe, insbesondere was den Umgang mit dem zweijährigen Lucas anging, der sehr fordernd und trotzig war und viel schrie. Ich erklärte ihr die Fastfood-Regel und die Kleinkindsprache und gab ihr die in diesem Buch beschriebenen Tipps zum Beenden von Trotzanfällen. Außerdem entwickelten wir einen Plan, wie sie den Zwillingen mehrmals pro Stunde kleine einminütige Bonuszeiten (Aufmerksamkeit, Spiel, indirektes Lob, Clownspielen etc.) geben konnte und jedem von ihnen eine fünfminütige besondere Zeit pro Tag. Beim Abschied bat ich Annett, sich in der folgenden Woche die Anzahl und Intensität der Trotzanfälle zu notieren.

Annett begann zu Hause sofort, die Vorschläge umzusetzen, indem sie den Jungen Aufmerksamkeit schenkte, wenn sie sich gut benahmen, und freundliches Ignorieren und Auszeiten bei Trotzanfällen einsetzte. Sie und ihr Mann Tony mochten besonders das indirekte Lob, Geduldübungen und die besondere Zeit; nach einigen Tagen kamen sie auch besser mit der Kleinkindsprache und dem Clownspielen zurecht.

Wir hatten verabredet, dass ich Annett am Ende der Woche anrufen würde, um zu hören, welche Fortschritte sie machte, aber sie kam mir zuvor und rief mich einen Tag früher an, überschäumend vor Freude über ihren Erfolg! Sie berichtete, dass Lucas' Trotzanfälle zunächst ein oder zwei Tage lang schlimmer geworden seien, dass aber dann das freundliche Ignorieren wie von Zauberhand zu wirken begonnen und seine Ausbrüche von mehreren Minuten auf wenige Sekunden reduziert habe. Noch erfreulicher war, dass alle drei Jungen insgesamt geduldiger geworden waren und etwa drei Viertel der

Trotzanfälle ausblieben! Annett sagte stolz: »Es sind zufriedenere Kinder geworden, und wir sind eine glücklichere Familie!«

Sie können davon ausgehen, dass Ihnen viele Leute viele Tipps für den Umgang mit Trotzanfällen geben werden. Natürlich müssen Sie hin und wieder streng mit Ihren Kindern sein. Aber wenn Sie die Ratschläge aus diesem Kapitel anwenden, werden Sie bald feststellen, dass die beste Möglichkeit, aus einem wilden Kind ein zufriedenes Kleinkind zu machen, nicht in Drohungen und Gewaltanwendung besteht, sondern in Respekt, Ermutigung, Konsequenz und Spiel.

Die Zeit, die Sie mit Ihren Kindern verbringen, ist die beste, klügste Investition, die Sie je tätigen werden. All die Großzügigkeit, die Sie ihnen jetzt erweisen, wird sich für Sie, Ihre Familie und Ihr soziales Umfeld in Zukunft hundertmal auszahlen. Während Ihr Kind heranwächst, werden Ihnen unzählige Streitereien, Lügen, Kämpfe und gefährliche Eskapaden erspart bleiben, nur weil Sie diese Zeit und Mühe investiert haben, um zu lernen, wie Sie Ihrem Kind einen liebevollen, glücklichen Start ins Leben ermöglichen können.

Da Sie jetzt wissen, wie Sie Trotzanfälle in den Griff bekommen, zeige ich Ihnen nun, wie Sie all die Techniken, die Sie in den vorherigen Kapiteln kennengelernt haben, kombinieren können, um nahezu jede Situation zu meistern, mit der Ihr Kleinkind Sie konfrontiert.

KAPITEL 9
Echte Antworten auf alltägliche Probleme

Jede Schwierigkeit birgt eine Chance in sich.
Albert Einstein

Wichtige Punkte:

Schwieriges Verhalten von Kleinkindern fällt meist in eine der vier folgenden Kategorien:

1. **Ängste** wie Trennungsängste, Angst vor dem Verlassenwerden bei der Geburt eines Geschwisterkindes.

2. **Störendes Verhalten,** zum Beispiel Trödeln, Unterbrechen, Quengeln.

3 **Unkooperatives Verhalten,** beispielsweise Weigerung, Medizin einzunehmen, Widerstand gegen den Kindersitz, Verweigern bestimmter Nahrungsmittel.

4. **Aggressives und/oder gefährliches Verhalten,** Beispiele sind Angriffe gegen andere Kinder (Schlagen, Kneifen, Beißen), Weglaufen.

Tränen, Ängste und das gelegentliche Kräftemessen sind im Zusammenleben mit Kleinkindern zu erwarten. Aber das heißt nicht, dass Sie dem machtlos gegenüberstehen. In diesem letzten Kapitel werden Sie lernen, wie Sie die Tipps und Anregungen aus diesem Buch nutzen, um nahezu jede Herausforderung im Umgang mit Ihrem Kleinkind zu bewältigen. (Kurze Begriffserklärungen finden Sie im Kapitel »Dr. Karps wichtigste Begriffe und Erziehungstipps« auf Seite 366ff.)

Herausforderung 1: Ängste

Manche Kleinkinder gehen voller Selbstvertrauen auf neue Menschen und Situationen zu. Sie zögern keinen Augenblick, während für andere Kinder hinter jeder Ecke Sorgen und Ängste lauern. Auf diese leicht zu erschütternden Kinder trifft oft Folgendes zu:

- Sie haben ein schüchternes Temperament.
- Sie sind gestresst (hungrig, müde, gelangweilt, krank, mit großen Herausforderungen konfrontiert).
- Sie hatten in der Vergangenheit ein wirklich beängstigendes Erlebnis.

Was können Sie tun, um diesen Kindern zu helfen, ihre Ängste zu überwinden? Sehr viel! Sehen wir uns ein paar Beispiele an.

Beispiel für angstgesteuertes Verhalten: Trennungsängste

Es fällt schwer, damit umzugehen, wenn unser Kind uns anfleht, es im Kindergarten (oder mit dem Babysitter oder abends in seinem Zimmer) nicht allein zurückzulassen. Traurige Augen und flehentliches Anklammern können uns sehr zu Herzen gehen!

So setzte Mary die Fastfood-Regel und die Kleinkindsprache ein, um mit den Trennungsängsten Ihres Sohnes umzugehen:

> *»Wenn mein zweijähriger Sohn Aidan im Kindergarten ankommt, schreit er meistens und weigert sich, aus dem Auto zu steigen. Ich helfe ihm dann, indem ich seine Gefühle in abgemilderter Form wiedergebe, um seinen weichen Punkt zu treffen: ›Nein, nein, nein! Kein Kindergarten! Keine Erzieherin! Keine Freunde! Ich will bei Mama bleiben! Kein Kindergarten!‹*
>
> *An diesem Punkt fängt er in der Regel an, sich zu beruhigen, sodass ich einen Kompromiss anbieten kann: ›Okay, okay. Kein Problem! Aber wir müssen der Erzieherin sagen, dass Aidan sagt: Heute kein Kindergarten! Also, gehen wir. Du trägst Teddy für mich, okay?‹*
>
> *Aidan steigt dann immer mit mir aus dem Auto. Wenn wir erst einmal im Kindergarten sind, spielen wir ein bisschen oder unterhalten uns mit einer Erzieherin. An den meisten Tagen lässt er sich schnell in die Aktivitäten seiner Freunde hineinziehen und gibt mir nach fünf oder zehn Minuten einen Abschiedskuss!«*

Durch Marys Worte fühlt sich Aidan akzeptiert und sicher. Der kleine Kompromiss, den sie anbietet, zeigt ihren Respekt und trägt dazu bei, ihn dazu zu bewegen, auszusteigen und ohne Widerstand den Kindergarten zu betreten.

Glücklicherweise hat Mary die Möglichkeit, entweder bei Aidan zu warten oder ihn wieder mit nach Hause zu nehmen, wenn er sich nicht beruhigt. Aber viele andere Eltern haben diesen Luxus nicht: Sie müssen ihr Kind abgeben, weil sie zur Arbeit müssen. Wenn Sie in dieser Situation sind, können Sie eine Kombination der Tipps und Techniken anwenden, die Sie in den vorangegangenen Kapiteln kennengelernt haben. Üben Sie zunächst zu Hause, damit es in einer stressigen Situation gut funktioniert.

Tipps zum Umgang mit Trennungsängsten

Üben Sie die folgenden drei Techniken mehrere Tage lang, um Ihr Kind auf einfachere Trennungen vorzubereiten.

Geduldübungen. Beginnen Sie mit wenigen Sekunden, und steigern Sie die Zeitspanne allmählich auf eine Minute. Ihr Kind wird schnell lernen, dass Warten Vorteile bringt, denn wenn es geduldig wartet, bekommt es meistens, was es will (siehe Seite 168).

Märchen. Bereiten Sie Ihr Kind auf das vor, was passieren wird, indem Sie ihm kleine Geschichten erzählen, in denen Mama weggeht, aber immer wieder zurückkommt.

Es war einmal ein kleines Vögelchen, das sich große Sorgen machte, wenn seine Mutter wegflog, um Früchte und Beeren zu suchen. Es sagte: ›Geh nicht weg, Mama!‹, aber seine Mama musste wegfliegen, nur eine superkurze Minute lang. Also wartete das kleine Vogelkind und sang Lieder, bis Mama wie-

derkam. Mama kam immer wieder, und dann fühlte sich das kleine Vögelchen glücklich und sicher. ›Jaa! Mama ist wieder da!‹, jubelte es, und seine Mama gab ihm viele, viele Küsse ... und ein paar große saftige Beeren zum Frühstück.«

Schmusegegenstände. Schmusegegenstände sind etwas Wunderbares für Kinder mit Trennungsängsten. Regen Sie Ihr Kind dazu an, sich mit einem Schmusegegenstand anzufreunden. Wenn ein älteres Kleinkind noch keinen speziellen »Tröster« hat, bieten Sie ihm einen »verzauberten« Gegenstand (ein Armband, eine Zaubermünze, ein Foto) an, den es berühren und anschauen kann, wenn es Sie vermisst.

Nachdem Sie mit Geduldübungen, Märchen und Schmusegegenständen mehrere Tage zu Hause trainiert haben, können Sie diese kombinieren, um auf die Proteste Ihres Kindes im Kindergarten zu reagieren:

Nehmen Sie zunächst respektvoll Kontakt auf. Umarmen Sie Ihr Kind, und geben Sie seine Ängste mit ernster Stimme und zahlreichen Wiederholungen wieder. »Du sagst: ›Nein, nein, nein! Kein Kindergarten! Mama soll nicht weggehen!‹«

Sobald sich Ihr Kind ein wenig beruhigt, geben Sie ihm eine kleine Bonuszeit (Spielen, Lesen oder einfach Nebeneinandersitzen, während Sie ihm beschreiben, was die anderen Kinder im Kindergarten anhaben oder tun).

Setzen Sie als Nächstes Geduldübungen und Schmusegegenstände ein. Tun Sie nach einigen Minuten so, als ob Ihnen plötzlich eingefallen sei, dass Sie etwas erledigen müssen: »Oh! Warte! Warte! Mama muss mit der Erzieherin sprechen. Warte!« Sagen Sie dann: »Du hältst den Teddy (oder Ihren verzauberten Gegenstand) ganz fest, Mama ist gleich wieder da!«

Gehen Sie schnell durch das Zimmer, und kommen Sie innerhalb weniger Sekunden wieder zurück. Sagen Sie: »Ich weiß, Schatz, du sagst: ›Mama, geh nicht weg!‹ Aber du hast gut gewartet! Gut gewartet! Komm, wir spielen!«

Wenn Ihr Kind protestiert, geben Sie seine Gefühle wieder, indem Sie durch Ihren Gesichtsausdruck, Ihren Tonfall und Ihre Gestik seinen weichen Punkt treffen. Spielen Sie noch ein bisschen, bis Ihr Kind einige Minuten lang zufrieden ist. Wiederholen Sie dann die Geduldübung. Beispielsweise könnten Sie sagen: »Oh, Mama muss Pipi machen. Halt du Teddy fest, Mama ist gleich wieder da.« Verlassen Sie nun den Raum für einige Sekunden.

Wiederholen Sie dies während der nächsten Viertelstunde viele Male. Gehen Sie allmählich länger weg (10 Sekunden, 20 Sekunden, 30 Sekunden, eine Minute).

Sobald Ihr Kind in der Lage ist, gelassen mehrere Minuten ohne Sie zu sein, können Sie endgültig weggehen. Aber schleichen Sie sich nie davon! Winken Sie Ihrem Kind zu und verkünden Sie fröhlich: »Tschüss! Ich hole dich später ab! Wenn du mich brauchst, berühre einfach dein Zauberarmband, und stell dir vor, wie ich dich ganz fest umarme.« Sie können auch etwas Schönes erwähnen, das Sie beide nach dem Kindergarten unternehmen wollen.

Echte Antworten auf alltägliche Probleme

Und schließlich das Tüpfelchen auf dem i: Lob und indirektes Lob. Wenn Sie Ihr Kind nachmittags abholen, loben Sie es (geben Sie ihm einen Sticker oder eine Handmarkierung), und berichten Sie daheim Papa oder Oma, wie mutig es war.

Hinweis: Manche willensstarken Kinder weinen, wenn Sie weggehen – trotz aller guten Vorbereitung. Wenn das bei Ihrem Kind der Fall ist, rufen Sie 20 Minuten später im Kindergarten an und fragen Sie, ob es immer noch weint. Wenn Ihnen die Erzieherin sagt, dass es zwei Minuten nach dem Abschied von Ihnen fröhlich zu spielen begonnen hat, atmen Sie tief durch, und beglückwünschen Sie sich. (Glücklicherweise ist das bei neun von zehn Kindern der Fall.)

Hört Ihr Kind aber nicht zu weinen auf, verursacht vielleicht etwas anderes seine Ängste. Falls es zu Hause große Veränderungen gibt (beispielsweise ein neues Geschwisterchen, Scheidung), sollten Sie einplanen, einige Tage lang die ganze Zeit bei Ihrem Kind zu bleiben und die Situation zu überwachen. Wenn Sie nicht die ganze Zeit bleiben können, versuchen Sie, einige Überraschungsbesuche einzuschieben, um sicherzugehen, dass Ihr Kind von den Erzieherinnen und den anderen Kindern gut behandelt wird. Stärken Sie zu Hause sein Selbstvertrauen durch Clownspielen, Märchen, Rollenspiele, Geduldübungen und Zauberatem.

Wenn es weiterhin Probleme gibt, erwägen Sie einen Wechsel des Kindergartens oder der Tagesmutter.

Beispiel für angstgesteuertes Verhalten: Plötzlich auftretende neue Ängste

Angst ist bei Kleinkindern ein verbreitetes Problem, das oft ohne Vorwarnung auftritt. Typisch ist Angst vor Monstern, Schlangen, Spinnen, Angreifern, Dunkelheit und Verlassenwerden, aber prinzipiell kann ein Kleinkind Angst vor allem Möglichen entwickeln – auch vor Clowns! (Ich selbst hatte als

Ängste in verschiedenen Kleinkindaltern

Kleinkinder bis zwei Jahre: Im Alter von 18 Monaten nehmen Ängste oft zu. So kann eine einfache und bisher nie problematische Erfahrung wie die Begegnung mit einer unbekannten Person plötzlich zu panikartigen Reaktionen führen: *Wer ist dieser Mann?!*

Sehr kleine Kinder konzentrieren sich jeweils auf eine Sache. Ein Kind, das in sein Spiel vertieft ist, hört möglicherweise nicht, dass Sie aus dem Zimmer gehen, und erschrickt, wenn es aufblickt und Sie nicht mehr da sind – auch wenn Sie nur ins Badezimmer gegangen sind.

Kleinkinder zwischen zwei und drei Jahren: Gleichförmig Ablaufendes und Vorhersagbares gibt Zweijährigen ein Gefühl von Sicherheit. Bei Kleinkindern zwischen zwei und drei Jahren können plötzliche Abweichungen in festen Abläufen Ängste auslösen. Beispielsweise kann ein Kind, das sich jeden Tag ganz zufrieden von Papa in der Tagesstätte abliefern lässt, plötzlich weinen und sich anklammern, wenn Papa keine Zeit hat und es von Mama hingebracht wird.

Kleinkinder ab drei Jahren: Durch die wachsenden sprachlichen Fähigkeiten Ihres Kindes verringern sich seine Ängste. Aber noch ist nicht alles ausgestanden! Ein beängstigendes Bild oder Erlebnis kann seine Fantasie anregen und es in Panik geraten lassen.

Herausforderung 1: Ängste

Kind Angst vor einem Schrank in unserer Waschküche, in dem meine Eltern eine Schallplatte von *Schneewittchen* aufbewahrten, auf der eine Furcht einflößende Hexenstimme zu hören war.)

Die dreijährige Stella war aufgeweckt und selbstsicher. Als sie eines Tages hysterisch weinte, weil eine Ameise an ihrem Bein hochkrabbelte, kam das für ihre Mutter Flora aus heiterem Himmel. Flora entfernte das winzige Tierchen und beruhigte ihre Tochter, und beide vergaßen den kleinen Zwischenfall sofort... zumindest schien es so.
Am nächsten Tag klagte Stella, sie habe Angst davor, sich ins Gras zu setzen wegen der »Käfer«. Flora überredete sie, draußen zu spielen, indem sie ihr »zum Schutz vor Käfern« die Hosenbeine in die Socken steckte. Aber am Abend schrie Stella, kaum dass sie im Bett lag: »Weg! Weg! Mama! Mama!« Flora ging sofort zu ihr, und Stella klammerte sich weinend an sie: »Käfer, Mama! Käfer!«
Flora schaltete das Licht ein, um Stella zu zeigen, dass es in ihrem Bett keine Käfer gab. »Siehst du, Schatz! Keine Käfer! Alles in Ordnung. Schau! Keine Käfer!« Aber eine Minute später schrie Stella wieder: »Käfer!« In dieser Nacht schlief Stella im Bett ihrer Eltern, wo sie die ganze Nacht ruhig und zufrieden war.

Ängste können plötzlich auftreten, wenn ein Kind unter Stress steht, eine beängstigende Erfahrung macht (Verletzung, Autounfall, Gewitter), einen beängstigenden Zeichentrickfilm sieht oder etwas ganz Normales hört, es aber als etwas Furchteinflößendes interpretiert. (»Beim Picknick trugen die Ameisen *alles* weg!«)

Kleinkinder unter zwei Jahren (insbesondere schüchterne, vorsichtige Kinder) fürchten sich oft vor lauten Geräuschen wie Donner, Feuerwerkskörpern oder bellenden Hunden. Etwa mit drei Jahren entwickeln sich häufig Ängste vor »bösen Männern«, Monstern und Hexen.

Ein Grund für in diesem Alter auftretende Ängste ist eine neue Fähigkeit von Dreijährigen: das *Vergleichen*. Dreijährige vergleichen sich ständig mit dem Rest der Welt. Und wie man sich vorstellen kann, kann die Welt auf sie ganz schön groß und beängstigend wirken. Dreijährige plustern sich gern auf und verkünden, dass sie größer und stärker sind als Babys, aber im Vergleich zu älteren Kindern, großen Hunden und großen Fremden fühlen sie sich oft schwach und verletzlich.

Ängste bei älteren Kleinkindern treten auch aufgrund sogenannter *Projektionen* auf. Viele ältere Kleinkinder spüren immer noch den Drang, zu beißen und zu schlagen, aber sie wissen, dass ihre Eltern von ihnen erwarten, dass sie diese primitiven Impulse unterdrücken. Deshalb übertragen sie diesen Drang auf Furcht einflößende Schatten, Fremde und die verschiedensten imaginären »Bösen«. (»Das Monster hat meine Spielsachen genommen und versucht, mich zu kneifen!«)

Hinweis: Ihre Reaktion auf die Ängste Ihres Kleinkindes kann tief in Ihrer Vergangenheit verwurzelt sein. Wenn *Sie* als Kind wegen Ihrer Ängste ausgelacht wurden, neigen Sie möglicherweise dazu, Ihr ängstliches Kind übertrieben zu beschützen, und untergraben damit ungewollt sein Selbstvertrauen.

Wurden Sie aber als Kind überschwänglich für Ihren Mut gelobt, sehen Sie möglicherweise die Ängste Ihres Kindes als Schwäche, die im Keim erstickt werden muss.

Ich rate Ihnen, einen Mittelweg zu finden. Hören Sie sich die Ängste Ihres Kindes an, ohne sie herunterzuspielen oder überzureagieren. In meiner 30-jährigen Praxis als Kinderarzt habe ich festgestellt, dass sich verängstigte Kinder am schnellsten beruhigen, wenn ihre Ängste respektvoll anerkannt werden und wenn sie ermutigt werden, sich ihrer Angst in kleinen Schritten zu stellen.

Tipps zur Linderung plötzlich auftretender Ängste

Zeigen Sie Ihrem Kind als Erstes, dass Sie seine Ängste ernst nehmen.

Respektvolle Kontaktaufnahme. Die Ängste von Kleinkindern können am Anfang schwach ausgeprägt sein, wachsen jedoch, wenn sie ignoriert werden. *Wir* wissen, dass Ameisen keine Gefahr darstellen, aber wenn Sie die Angst Ihres Kindes zu schnell abtun, fühlt es sich gerade in dem Moment, in dem es Ihre Hilfe braucht, allein und hat *noch mehr* Angst. Bevor Sie also versuchen, seine Ängste zu relativieren, sollten Sie sich eine Minute Zeit nehmen, um die Fastfood-Regel und die Kleinkindsprache anzuwenden und Ihrem Kind zu zeigen, dass Sie es verstehen und ernst nehmen. Um bei dem Beispiel von Stella zu bleiben, könnte ihre Mutter sagen: »Käfer! Käfer! Stella mag keine Käfer! Sie mag keine Käfer! Sie sagt: ›Geht weg, ihr Käfer!‹«

Rituale. Ängste zur Schlafenszeit können durch Schmusegegenstände (kuschelige Beschützer, die an Ihre Stelle treten, wenn Sie im Zimmer nebenan sind) und spezielle Gute-Nacht-Rituale gelindert werden. Spielen Sie eine Stunde vor der Zubettgehzeit Ihres Kindes beruhigende Musik ab, und dämpfen Sie das Licht in der Wohnung, um eine ruhige Stimmung zu fördern. (Vermeiden Sie in dieser *goldenen Stunde* spielerische Balgereien und Fernsehen.)

Flora massierte Stella vor dem Einschlafen (direkt nach dem Zauberatem). Dann deckte sie Stella zu und ließ ein kurzes Bettgeflüster folgen und beschrieb, was sie am nächsten Tag unternehmen wollten. Im Anschluss gab Flora allen Puppen von Stella einen Gute-Nacht-Kuss und beendete das Ritual, indem sie ein wenig »geheimes Superspray« (Wasser mit etwas Lavendelöl in einer kleinen Sprühflasche mit Smiley-Sticker) versprühte und ein besonderes, selbst gedichtetes Lied davon sang, wie sicher und geborgen Stella war. In der ersten Nacht war Stella fünf Minuten lang ruhig, dann kam sie weinend zu ihren Eltern. Sie hörten zu und gaben ihre Ängste wieder (wobei sie darauf achteten, ihren weichen Punkt zu treffen). Dann nahm Flora ihre Tochter in den Arm, ging mit ihr in ihr Zimmer zurück und legte sie wieder ins Bett. Flora gab noch einmal den Puppen einen Gute-Nacht-Kuss, versprühte das geheime Superspray, sang das besondere Lied und ging hinaus. Und das war es für diese Nacht. In der nächsten Nacht schlief Stella durch.
Innerhalb von fünf Nächten konnte Flora wieder zum gewohnten kürzeren Gute-Nacht-Ritual zurückkehren.

Indirektes Lob. Lassen Sie sich von Ihrem Kind dabei belauschen, wie Sie seinen Puppen von seinen Ängsten erzählen. Und setzen Sie indirektes Lob ein, um die kleinen »Heldentaten« Ihres Kindes zu belohnen (wenn es beispielsweise den Welpen eines Nachbarn gestreichelt hat oder die Leiter der Rutsche hinaufgeklettert ist). Immer wenn es einen kleinen Schritt zur Angstbewältigung getan hat, erzählen Sie seinen Spielsachen davon, wie mutig es war.

Win-win-Kompromisse. Für Kleinkinder ist jeder Tag mit erstaunlichen, unglaublichen Dingen angefüllt! Deshalb sind sie davon überzeugt, dass *alles* möglich ist. (Gespenster? Aber sicher. Monster? Na klar! Ihr Chef ist heute in Ihrer Gegenwart »explodiert«? Klingt zwar unappetitlich, aber warum nicht!) Die Ängste eines panischen Kindes mit Logik zerstreuen zu wollen (»Es gibt keine Monster!«) ist ebenso zum Scheitern verurteilt wie der Versuch, jemandem mit Flugangst zu erklären, dass Flugzeuge sicherer sind als Autos. In der Vorstellung sind diese Ängste äußerst real.

Hier ein besserer Ansatz: Warten Sie, bis die Panik ein wenig nachgelassen hat, und bieten Sie dann einen Win-win-Kompromiss an, der Ihrem Kind ein Gefühl der Sicherheit vermittelt und Ihnen die Möglichkeit gibt, es zu beruhigen. Beispielsweise könnten Sie vorschlagen, dass es vorübergehend bei Ihnen schläft, dass Ihr Hund ihm Gesellschaft leistet oder dass Sie ein Micky-Maus-Nachtlicht aufstellen.

Märchen und Rollenspiele. Benutzen Sie die »Hintertür« zum Verstand Ihres Kindes, um seine Ängste abzumildern. Lassen

Sie seine Kuscheltiere darüber sprechen, wovor sie Angst haben und wie sie sich beruhigen. Erzählen Sie Geschichten von netten Hunden, die einem die Finger ablecken, und von bösen Hunden, die eine Auszeit brauchen, wenn sie sich schlecht verhalten. Führen Sie Rollenspiele über Hunde auf, und ermutigen Sie Ihr Kind, den Hund daran zu erinnern, lieb zu sein und nicht zu beißen.

Um ihrem dreijährigen Sohn Myles zu helfen, seine Angst vor Hunden zu überwinden, spielte Maria mit ihm »Hund«. »Schatz, willst du der große Hund sein und mir Angst machen? Oder soll ich der Hund sein, und du darfst mutig sein?« Abends legte sie seinen kuscheligen Stoffhund zu ihm ins Bett, um die bösen Hunde fernzuhalten.

Zauberatem. Ruhiges Atmen hilft Kindern, zu lernen, wie sie die Panik unter Kontrolle halten können. Wenn Sie ein älteres Kleinkind haben, empfehle ich, dies jeden Tag zu üben – besonders, wenn Ihr Kind ängstlich ist.

Sollte Ihr Kind beispielsweise vor einem Hund Angst haben, nehmen Sie zuerst respektvoll Kontakt auf. »Du sagst: ›Nein, nein, Hund! Nein!‹ Sag: ›Geh weg, Hund! Geh weg!‹ Dieser Hund war ziemlich groß, was?« Sobald sich Ihr Kind etwas beruhigt hat, nehmen Sie ein paar tiefe, ruhige Atemzüge mit ihm. Das hilft ihm, sich vollständig zu beruhigen, und gibt ihm das Gefühl, seine Angst etwas im Griff zu haben.

Das Selbstvertrauen stärken – ein bisschen Zauberei erlaubt. Ihrem Kind das Gefühl zu geben, dass es groß und stark ist, kann ebenfalls zur Überwindung von Ängsten beitragen. Stärken Sie sein Selbstvertrauen ein- oder zweimal pro Stunde (indem Sie respektvoll zuhören, es nach seiner Meinung fragen, den Clown spielen). Unternehmen Sie ein paar spezielle Schritte, um sein Selbstvertrauen in Bezug auf die Sache, vor der es sich fürchtet, zu stärken. Hat Ihr Kind beispielsweise panische Angst vor Insekten, lesen Sie mit ihm ein gutes Kinderbuch über Insekten, oder schneiden Sie Fotos von Insekten aus Zeitschriften aus, und kleben Sie diese in ein Heft.

Flora fand in der Bücherei ein Vorlesebuch für Stella, in dem zu sehen war, dass Käfer in der Erde (nicht in Kinderbetten) leben und dass sie Blätter fressen (»Sie finden Kinder eklig. Pfui!«). Die Bilder zeigten, wie winzig ein Käfer und wie groß ein Kind ist. Stella fand es toll, als ihre Mutter einen Käfer auf ein Blatt Papier zeichnete und dann das Blatt zerknüllte, es in den Abfall warf und dabei rief: »Böser Käfer! Geh weg! Mach Stella keine Angst!«

Ein bisschen Zauberei ist eine weitere schöne Methode zur Stärkung des Selbstvertrauens, die dem unreifen Gehirn eines Kleinkindes absolut plausibel erscheint. Ältere Kleinkinder lieben Zauberei und »So tun, als ob«. Wenn Ihr Kind Einschlafängste hat, probieren Sie doch einfach einmal aus, wie schnell die bösen Dinge mit dieser magischen Angstabwehr verschwinden: Bieten Sie einen Schutzzauber an wie ein besonderes Zauberarmband, einen Traumfänger (für böse Träume) oder ein neben dem Bett aufgehängtes Foto seiner Beschützer (Mama und Papa oder Superman). Tun Sie, als ob Sie Ihrem Kind jeden Abend einen unsichtbaren »magischen

Raumanzug« anziehen würden. Massieren Sie ihn geduldig von Kopf bis Fuß ein, damit er Ihr Kind im Schlaf beschützt. Zeichnen Sie auf, wie Ihr Kind darin aussehen würde, wenn der Anzug sichtbar wäre.

Hier einige Beispiele, wie kluge Eltern die Ängste ihrer Kleinkinder auf magische Weise zerstreuten:

»Molly sagt: ›Geht weg, Monster! Ich mag euch nicht!‹ Aber Schatz, weißt du nicht, dass Monstermamas ihre kleinen Monsterjungen und -mädchen nachts gar nicht nach draußen lassen? So ist es aber. Sie müssen zu Abend essen und dann gleich zu Bett gehen. Aber um ganz, ganz sicher zu sein, wenden wir ein bisschen geheime Zauberei an. Dann ist absolut klar, dass diese Monster weit, weit weg bleiben. ›Abrakadabra hier, Monster geht heim und kommt nicht zu mir!‹« (Denken Sie daran, dass die Wörter »geheim« und »Zauber« Kleinkindern das Gefühl geben, stark zu sein.)

»Charlie, weißt du, was mir gerade eingefallen ist? Dinosaurier hassen den Geruch von Knoblauch. Sie sagen: ›Pfui! Igitt!‹ Und weißt du was? Wir haben Glück, weil ich den besten superstarken Knoblauch in der Küche aufbewahrt habe. Ja! Wir reiben ein bisschen davon auf ein Stück Papier und legen es ans Fenster. Das hält jeden Dinosaurier fern!«

Die dreijährige Tess geriet in Panik, als der Rauchmelder versehentlich ausgelöst wurde. Um ihr zu helfen, ihr Selbstvertrauen wiederzuerlangen, gaben ihre Eltern dem Rauchmelder den Namen Fred und klebten ein lachendes Gesicht dar-

auf, das Tess gemalt hatte. Zweimal pro Tag gingen alle zum Rauchmelder und sagten: »Guten Morgen, Fred« beziehungsweise »Gute Nacht, Fred«. Und wenn Tess Kekse aß, sagten sie zu Fred: »Auf gar keinen Fall, Fred! Keine Kekse für dich. Kekse sind nur für Kinder!« Innerhalb weniger Tage war aus Tess' Angst eine verschwommene Erinnerung geworden.

Beispiel für angstgesteuertes Verhalten: Konflikte bei der Geburt eines Geschwisterchens

Selbst für Erwachsene sind umwälzende Veränderungen manchmal schwer zu ertragen. Daher ist es nicht verwunderlich, dass sie für Kleinkinder besonders stressig sind.

Stephens und Nicoles dreijähriger Sohn Sam hatte schon immer Probleme mit dem Zubettgehen gehabt. Aber nach der Geburt seiner Schwester eskalierte das abendliche Herumtrödeln. Nicole berichtete: »Wenn ich jetzt sage: ›Zeit fürs Bett‹, bettelt er um ›noch eine Gute-Nacht-Geschichte‹, ›ein Glas Wasser‹ oder ›einmal Rücken reiben‹. Letzte Nacht erklärte er weinend, er könne nicht allein im Bett bleiben, weil er hören könne, wie böse Männer ins Haus kämen!«

Tipps zum Umgang mit Eifersucht auf Geschwisterkinder

Hier einige einfache Methoden für den Umgang mit Eifersucht unter Geschwistern:

Respektvolle Kontaktaufnahme. Kinder, die sich wegen etwas Sorgen machen, sind starrsinnig, besonders wenn sie das Gefühl haben, zur Eile angetrieben zu werden. Wenn Ihr Kind von Ängsten überwältigt ist, sollten Sie sich daher etwas Zeit nehmen, um durch Anwendung der FFR und der Kleinkindsprache seine Gefühle anzuerkennen.

Bonuszeit. Ein neues Geschwisterchen kann einem älteren Kind das Gefühl geben, »vom Thron gestoßen worden zu sein«. Es hat das Gefühl, dass ihm etwas Wichtiges genommen wurde – und das trifft ja auch zu. Sie können Ihrem Kind helfen, mit diesem Verlust umzugehen, indem Sie seine Parkuhr mit vielen kleinen Bonuszeiten füttern.

Mehr denn je freut sich Ihr Kind jetzt über Lob. Ertappen Sie es dabei, wie es sich gut benimmt, und loben Sie es großzügig, aber *nicht übertrieben*. Fördern Sie das erwünschte Verhalten durch indirektes Lob, Handmarkierungen und Sternposter.

Den Clown spielen. Clownereien helfen Ihrem Kind, sich stark und mächtig zu fühlen, sie fördern sein Selbstvertrauen. Das ist hilfreich, denn durch ein neues Geschwisterkind in der Familie entsteht bei älteren Kindern das Gefühl, dass es viele Dinge gibt, über die sie keine Kontrolle haben. Erinnern Sie Ihr Kind auch daran, dass das Clown-Spiel, an dem Sie beide Spaß haben, ein Spiel für »große Kinder« ist und dass Babys zu klein und schwach dafür sind.

Rituale. Die besondere Zeit und Bettgeflüster stellen großartige Möglichkeiten dar, die Eifersucht bei Ihrem Kleinkind zu mindern: Beide sind nur für »große Kinder« da, Babys sind nicht zugelassen! Ich kann Ihnen versprechen, dass Sie sich durch eine Investition von zweimal zehn Minuten pro Tag stundenlanges Quengeln und Jammern ersparen können. (Kleinkinder lieben es, hin und wieder eine *zusätzliche* besondere Zeit – wie beispielsweise Eisessen gehen – für gute Kooperation zu bekommen.)

Zauberatem. Wenn Ihr Kind dazu in der Lage ist, üben Sie jeden Tag Zauberatem, um ihm zu helfen, seine Impulse unter Kontrolle zu halten.

»Durch die Hintertür« Werte vermitteln. Ab einem Alter von 18 Monaten sind Kleinkinder mehr und mehr bestrebt, sich gut zu benehmen. Deshalb ist die Geburt eines Geschwisterkindes die richtige Zeit, um sie zu freundlichem Verhalten anzuregen. Lassen Sie sich vom großen Bruder (oder der großen Schwester) eine neue Windel bringen oder die Einkaufstasche auspacken.

Ersetzen Sie negative Belehrungen (»Sei nicht so grob!«) durch positive: »Dem Baby gefällt es, sanft berührt zu werden – so. Hey, das machst du gut!« Berichten Sie später Oma oder Opa davon, wie sanft Ihr Kind das Baby angefasst hat.

Nutzen Sie Rollenspiele, um Ihrem Kind Gelegenheit zu geben, Wut auf Sie oder das Baby auf akzeptable Weise auszuleben. Sie können es auch ein wenig in die Babyrolle zurückfallen lassen: »Willst du ein bisschen mein Baby sein? Komm, setz dich auf meinen Schoß, du großes, starkes Baby, und dann nehmen wir uns ganz lange in den Arm.«

Echte Antworten auf alltägliche Probleme

Vor der Ankunft des Babys

Sie können viel tun, um Ihrem älteren Kind zu helfen, das neue Baby mit Liebe statt mit Eifersucht zu begrüßen. Einige Beispiele:

- Sprechen Sie bis zwei, drei Monate vor dem errechneten Geburtstermin nicht zu viel von dem »Baby in Mamas Bauch«.

- Geben Sie Ihrem Kleinkind eine kleine Babypuppe, sodass es Füttern, Wickeln und gründliches Händewaschen üben kann.

- Lassen Sie Ihr älteres Kind mit anhören, wie Sie zuerst dem Baby in Ihrem Bauch und später dem Baby nach seiner Geburt zuflüstern, was sein älteres Geschwisterchen schon so toll kann: »Psst, Baby. Ich kann es kaum erwarten, bis David dir zeigt, wie man Spielsachen aufräumt. Er ist superschnell darin!«

- Führen Sie mit Ihrem Kleinkind Geduldübungen durch, und üben Sie Zauberatem, damit es lernt, sich selbst zu beruhigen, bevor das Baby zur Welt kommt und Ihr Leben auf den Kopf stellt.

- Überlegen Sie sich genau, ob Sie weitere große Veränderungen in diese Zeit legen. Kleinkinder, die ihr Babybett und den Schnuller aufgeben oder den Kindergarten wechseln müssen, fühlen sich oft etwas gestresst und verletzlich. Und wenn diese Dinge in zeitlicher Nähe zu der Geburt des neuen Geschwisterchens passieren, fühlen sie sich möglicherweise verraten und wütend auf die Eltern und das Baby. Vermeiden Sie daher nach Möglichkeit größere Veränderungen im letzten Vierteljahr vor der Geburt und ein halbes Jahr nach der Geburt des Babys (es sei denn, Ihr Kleinkind hat ein sehr ausgeprägtes Selbstvertrauen).

- Kaufen Sie ein großes Spielzeug, das das Baby seinem großen Bruder oder seiner großen Schwester »schenkt«, und halten Sie ein paar kleine Geschenke bereit, die Sie heimlich Besuchern zustecken, sodass diese das ältere Geschwisterkind dafür belohnen können, dass es ein so toller großer Bruder beziehungsweise eine so tolle große Schwester ist.

Machen Sie sich keine Gedanken darüber, dass Ihr zweites Baby weniger ungeteilte Aufmerksamkeit erhält als damals Ihr erstes Baby. Was Ihr jüngeres Kind nicht von Ihnen bekommt, wird es *fünffach* von seinem älteren Geschwisterkind bekommen.

Herausforderung 2: Störendes Verhalten

Wie bereits erwähnt, ist es die Aufgabe Ihres Kleinkindes, Grenzen auszutesten, aber manche wissen einfach nicht, wann sie aufhören müssen.

Wenn Ihr Kleinkind trödelt, unterbricht oder quengelt, kann das für Sie ebenso nervtötend sein wie das Geräusch kratzender Fingernägel auf einer Tafel – Sie wollen einfach, dass es aufhört! Viele von uns sind in Versuchung, den Gehorsam von Kleinkindern durch Schreien und Drohen zu *erzwingen*. Aber das macht die Sache oft nur schlimmer.

Glücklicherweise gibt es mehrere effektive Methoden zur Einschränkung störenden Verhaltens.

In Kapitel 6 wurde der Ansatz zur Einschränkung störender Verhaltensweisen ganz allgemein beschrieben, im nächsten Abschnitt möchte ich am Beispiel des *Trödelns* konkret erläutern, wie derartige Ärgernisse (Unhöflichkeit, Unterbrechungen, Quengeln, freche Antworten, ordinäre Sprache und was Sie sonst noch zur Verzweiflung bringt) eingedämmt werden können.

Beispiel für störendes Verhalten: Trödeln

Manche Kleinkinder bewegen sich flott, aber andere sind sehr langsam. Trödelnde Kinder (die nur sehr zögerlich reagieren, wenn sie sich anziehen oder zu Tisch kommen sollen oder gerufen werden) lassen sich einer der beiden folgenden Kategorien zuordnen:

- Träumer – geistesabwesende Kinder, die sich leicht ablenken lassen.

- Vermeider – Kinder, die sich viel Zeit lassen, um zu vermeiden, dass sie die Dinge tun müssen, um die sie gebeten werden.

Tipps zum Umgang mit Trödeln

Respektvolle Kontaktaufnahme. Zeigen Sie Ihrem Kind zunächst durch Anwendung der FFR und Kleinkindsprache, dass Sie seinen Standpunkt verstehen (auch wenn Sie nicht damit einverstanden sind). Machen Sie ihm dann mithilfe eines Du-ich-Satzes (siehe Seite 85) deutlich, wie *Sie* sich dabei fühlen: »Wenn du nicht kommst, werde ich ganz traurig, weil dein Essen kalt wird.«

Win-win-Kompromiss. Bieten Sie als Nächstes ein lustiges Spiel oder einen Win-win-Kompromiss an. Beispielsweise könnten Sie ein Wettspiel vorschlagen: »Ich zähle bis zehn, und dann wollen wir mal sehen, wie schnell du deine Schuhe anziehen kannst.« Oder setzen Sie Umkehrpsychologie ein:

Als Jessica beim Schuhanziehen endlos herumtrödelte, wandte sich ihre Mutter an die imaginäre Freundin ihrer Tochter, Nana-Maus, hielt die Hand an den Mund und flüsterte laut: »Psst, hey, Nana-Maus. Mama hat gesagt, dass Jessica Schuhe anziehen soll, aber Jessica ist anscheinend noch zu klein dafür. Jessie hat gejammert: ›Waaah! Ich kann es nicht!‹ Ich glaube, sie ist noch zu klein, um ganz allein ihre Schuhe anzuziehen.«

Innerhalb von Sekunden sprang Jessica grinsend auf und schlüpfte in ihre Schuhe, um zu beweisen, dass Mama unrecht hatte.

Suchen Sie nach Win-win-Kompromissen, die Ihnen beiden die Möglichkeit geben, Ihr Gesicht zu wahren.

Samantha erklärte ihrem dreijährigen Sohn Billy, dass es nun an der Zeit sei, vom Spielplatz nach Hause zu gehen, aber ihr Sohn bestand darauf, noch einen Eimer mit Sand zu füllen. Dann machte er sich daran, Sand einzufüllen ... Korn für Korn!
Samantha wurde ungeduldig und bot einen Kompromiss und ein lustiges Spiel an, auf das Billy sich freuen konnte. »Du sagst: ›Nein, nein!‹ Du bist gern auf dem Spielplatz und willst nicht heimgehen. Aber Papa wartet auf uns. Also machen wir es so: Du kannst noch ein bisschen mehr Sand in deinen Eimer schaufeln, bevor wir gehen. Solltest du dafür noch eine Minute oder zwei Minuten Zeit bekommen?«
Billy antwortete schnell: »Zwei!«
Samantha spielte ein bisschen den Clown, sodass Billy sich noch mehr als Sieger fühlen konnte. Sie sagte: »Was!? Zwei Minuten! Kommt gar nicht in Frage! Eine reicht. Okay, du hast gewonnen. Du gewinnst immer. Du kannst noch zwei Minuten haben. Und sobald wir nach Hause kommen, spielen wir mit dem Ball. Ich wette, dass ich den Ball so schnell werfen kann, dass du ihn nie fängst! Einverstanden?«

Denken Sie daran, Ihr Kind immer mit einer kleinen Bonuszeit (einer Umarmung, Lob, indirektem Lob, Spielen) oder

Clownspielen zu belohnen, wenn es seinen Teil des Kompromisses einhält.

Kooperiert Ihr Kind aber nicht (oder Sie haben keine Zeit für respektvolles Zuhören oder kleine Kompromisse), dann ist es Zeit für eine milde Konsequenz wie Klatsch-Knurren oder freundliches Ignorieren.

Freundliches Ignorieren. Da es hier um störendes Verhalten (gelbes Licht), nicht um inakzeptables Verhalten (rotes Licht) geht, ist es möglich, auf Trödeln, Unterbrechen oder Quengeln mit der »kalten Schulter« zu reagieren.

»Du willst wirklich, wirklich einen Keks. Aber diese Quengelstimme tut meinen Ohren weh. Darum muss Mama einen Augenblick weggehen. Doch wenn du deine ›fröhliche Stimme‹ verwendest, komme ich sofort zurück, und dann kannst du mir sagen, was du willst.«

Wenden Sie Ihrem Kind nun den Rücken zu, und tun Sie, als ob Sie auf der anderen Seite des Zimmers mit etwas beschäftigt seien (sehen Sie sich nicht nach ihm um). Ignorieren Sie verstärktes Quengeln, sobald Ihr Kind jedoch mit normaler Stimme spricht, belohnen Sie es sofort, indem Sie zu ihm zurückgehen und eine freundliche Bemerkung machen: »*Das ist die Stimme, die meinen Ohren gefällt!*« Dann können Sie sich überlegen, was Sie anbieten wollen: 1.) einen Keks, 2.) einen Keks, *nachdem* Ihr Kind sein Spielzeug aufgeräumt hat, 3.) respektvolles Mitgefühl, aber im Augenblick keine Kekse mehr.

Wenn freundliches Ignorieren nicht funktioniert und das

störende Verhalten die Grenze zum Unerträglichen überschreitet, müssen Sie bis drei zählen und eine deutliche Konsequenz wie eine Auszeit oder einen Vorteilsentzug folgen lassen.

Bernadette trödelte an diesem Morgen sehr herum und zog sich nicht für den Spielplatz an, obwohl sie sehr gern draußen spielte. Ihr Vater forderte sie auf, sich anzuziehen, bevor der Küchenwecker klingelte, da sie sonst keine Zeit haben würden, zum Spielplatz zu gehen. Dann wandte er ihr einige Sekunden den Rücken zu, um zu sehen, was sie als Nächstes tun würde. Hätte sie angefangen, sich anzuziehen, hätte er sie gelobt und ihr dabei geholfen. Aber sie trödelte weiter. Also beschloss der Vater, den Clown zu spielen. Er tat so, als ob er ihr beim Anziehen »helfen« wolle, machte aber ständig dumme Fehler, indem er beispielsweise versuchte, ihr die Hose über den Kopf zu stülpen, wobei er triumphierend rief: »Ja! Ja! So geht es! Da bin ich mir ganz sicher!«

Bernadette sträubte sich weiterhin, sich anzuziehen. Also beschloss der Vater, auf ihr Trödeln mit Vorteilsentzug zu reagieren. »Du willst dich wirklich nicht anziehen. Okay, kein Problem«, sagte er sachlich, »aber dann gehen wir heute eben nicht zum Spielplatz. Vielleicht morgen wieder.« Und damit wandte er sich von ihr ab und ging nach nebenan.

Fünf Minuten später verkündete Bernadette, dass sie jetzt zum Gehen bereit sei. Ihr Vater erwiderte ruhig: »Ich weiß, dass du gern zum Spielplatz gehst. Aber heute hast du so lange getrödelt, dass einfach keine Zeit mehr ist.«

Bernadette geriet außer sich und weinte. Ihr Vater brachte liebevoll sein Mitgefühl zum Ausdruck und bot ihr Saft an. Als sie schmollte und ablehnte, ignorierte er sie freundlich, worauf sie zu jammern aufhörte.

Als ihr Papa am nächsten Tag anbot, zum Spielplatz zu gehen, schlug er ein kleines »Wettanziehen« vor: »Ich wette, dass du dich nicht anziehen kannst, bevor ich bis zehn gezählt habe!«

Bernadette zog sich blitzschnell an, und ihr Vater lobte sie: »Hey, du warst ja schnell wie ein Düsenjäger!«

Störendes Verhalten durch Geduldübungen »ausbremsen«. Eine großartige Möglichkeit, Ihr Kind daran zu hindern, ein »professioneller Quengler« zu werden, besteht darin, sein Verhalten durch Geduldübungen »auszubremsen«. Zur Erinnerung: Dabei geben Sie Ihrem Kind *beinahe*, was es will, wenden sich aber im letzten Moment ab und tun so, als ob Sie erst noch etwas anderes erledigen müssten. Lesen Sie noch einmal die Erläuterungen auf Seite 229 nach – diese Methode ist Gold wert!

Einfache Schritte zur Vermeidung störenden Verhaltens

Störendes Verhalten zu *vermeiden* ist noch besser, als es zu *beenden*. Dazu können Sie dieselbe Vorgehensweise nutzen wie zur Vermeidung von Trotzanfällen (siehe Seite 294):

1. Problematische Situationen vermeiden.

2. Respektvolle Kontaktaufnahme... den ganzen Tag.

3. Die Parkuhr füttern.

4. Geduld lehren.

Auch kleine Tricks zum Wohl Ihres Kindes sind erlaubt, wenn beispielsweise Ihr Kind sich wie viele andere Kinder weigert, seine Arznei zu nehmen. Es dazu zu zwingen kann zu Machtkämpfen, vergeudeter Arznei und viel Stress führen.

Ich möchte Ihnen einen kleinen Trick empfehlen, der bei älteren Kleinkindern gut funktioniert, auch wenn er ein bisschen hinterlistig ist und voraussetzt, dass Sie Ihrem Kind eine kleine Menge eines süßen Erfrischungsgetränks geben. Hier der Trick:

Bevor Sie Ihrem Kind seine Arznei geben, gießen Sie jeweils etwa einen Esslöffel eines dunklen Erfrischungsgetränks (beispielsweise Karamalz) in zwei kleine Gläser. Fügen Sie zu einem der Gläser die Arznei hinzu. (Sie können es auch mit dunklem Traubensaft versuchen, aber ein kohlensäurehaltiges Erfrischungsgetränk mit starkem Eigengeschmack überdeckt bitteren Geschmack am besten.)

Rufen Sie jetzt Ihr Kind, und geben Sie vor seinen Augen seine Medizin auf einen Löffel. Sagen Sie dazu: »Hier ist deine Medizin, Schatz, danach kannst du etwas Karamalz haben. Ein Gläschen für dich und eins für mich.« Wenn es bereitwillig seine Arznei nimmt, geben Sie ihm das reine Karamalz, und klopfen Sie ihm auf die Schulter. Flüstern Sie später seinem Teddy zu, wie toll Ihr Kind seine Arznei hinuntergeschluckt hat und wie sehr Sie sich darüber gefreut haben.

Verweigert Ihr Kind die Arznei, wiederholen Sie Ihr Angebot: »Nimm das schnell, Schatz, dann kannst du dein leckeres Karamalz haben.« Spielen Sie Clown, indem Sie betteln: »Bitte nimm sie. Biiiitte!« Falls es sich immer noch weigert, sagen Sie schmollend: »Okay, du hast gewonnen! Du gewinnst immer! Ich gewinne nie! Hier ist dein Karamalz.« Geben Sie ihm das Glas mit der beigemischten Arznei. Ihr Kind wird das Getränk mit der Arznei schnell trinken. Es wird sich so sehr damit beeilen (bevor Sie es sich anders überlegen), dass es gar nicht auf den Gedanken kommen wird, überlistet worden zu sein!

Seien Sie hinterher nicht schadenfroh (sagen Sie nicht: »Reingelegt!«), sonst könnte Ihr Kind beim nächsten Mal das Getränk verweigern. Nachdem Ihr Kind das Glas ausgetrunken hat, zeigen Sie ihm, dass Sie die Arznei auf dem Löffel in die Flasche zurückschütten, und lassen Sie es wieder spielen.

Herausforderung 3: Unkooperatives Verhalten

Alle kleinen Kinder widersetzen sich ihren Eltern hin und wieder. Manchmal, weil es so viel Spaß macht, etwas »Verbotenes« zu tun, manchmal, um sich dafür zu revanchieren, dass sie zuvor etwas anderes nicht tun durften, und manchmal, weil sie schlicht eine unserer Spielregeln vergessen haben. Aber ganz gleich aus welchem Grund sie es tun, uns Erwachsene kann der Widerstand unserer Kinder provozieren wie kaum etwas anderes. Wir regen uns auf, dann rasen wir mit dem emotionalen Aufzug abwärts auf das Niveau primitiven Zorns. Allzu oft lassen wir uns so schnell mitreißen, dass wir einfach reagieren ... und überreagieren.

Damit Sie die Bremse ziehen können, bevor Sie »explodieren«, sollten *Sie* den Zauberatem als Hilfsmittel für sich nutzen! Wann immer Sie einen Augenblick Ruhe haben, setzen Sie sich bequem hin, entspannen Sie Ihr Gesicht, und nehmen Sie ein paar tiefe Atemzüge – atmen Sie langsam ein und langsam aus, und üben sie so, die Kontrolle über Ihre Gefühle zu bewahren.

Mit kühlem Kopf betrachtet, hat unkooperatives Verhalten sogar eine positive Seite: Sehen Sie es als Zeichen von *Mut*, als die Fähigkeit, seine eigene Meinung zu vertreten. Es war mutig von unseren steinzeitlichen Vorfahren, sich mit Steinen und Stöcken gegen wilde Tiere zu verteidigen, und unsere Kleinkinder beweisen Mut, wenn sie Eltern Widerstand leisten, die dreimal so groß sind wie sie!

Ein wenig Trotz ist also normal, aber wiederholter Respektlosigkeit sollten Sie entschlossen entgegentreten. Und da wird es knifflig: Wenn Sie versuchen, den Widerstand Ihres Kindes durch Zorn zu brechen, geht der Schuss oft nach hinten los. (Es ist, als ob Sie versuchen würden, ein Mitglied einer Rockerbande einzuschüchtern!) Statt brav nachzugeben, schreit Ihr willensstarkes Kleinkind einfach zurück. Wie Sie besser und klüger agieren, erfahren Sie im Folgenden.

Tipps zur Vermeidung unkooperativen Verhaltens

Auf die Frage, wie Sie unkooperatives Verhalten *überwinden*, werde ich gleich eingehen. Aber zunächst drei einfache Methoden, wie Sie unkooperativem Verhalten vorbeugen, sodass es erst gar nicht zum Problem wird.

Die Parkuhr füttern. Bieten Sie Ihrem Kind während eines normalen, zufriedenstellenden Tages Dutzende kleiner Bonuszeiten (Aufmerksamkeit, Lob, indirektes Lob und Handmarkierungen), Rituale (zum Beispiel besondere Zeit) und das Selbstvertrauen stärkende Interaktionen (Wahlmöglichkeiten und Clownspielen) an, damit es sich wie ein Sieger fühlt. Auf diese Weise bauen Sie eine liebevolle Beziehung auf und helfen Ihrem Kind, kooperativer zu werden.

Geduldübungen und Zauberatem. Wenn Sie Ihr Kind Selbstbeherrschung lehren, machen Sie es ihm einfacher, Konflikte – mit Ihnen und allen anderen – zu vermeiden.

»Durch die Hintertür« Werte vermitteln. Vermitteln Sie Botschaften durch Rollenspiele, selbst erfundene Märchen und indem Sie Ihr Kind darauf aufmerksam machen, wenn andere Menschen wünschenswertes Verhalten zeigen.

Tipps zur Überwindung unkooperativen Verhaltens

Sie lehren Ihr Kind am erfolgreichsten respektvollen Umgang mit anderen, Fairness und Selbstbeherrschung, indem Sie ihm in Konfliktsituationen ein Vorbild sind.

Wenn Sie sich einer Kleinkindrebellion gegenübersehen, sollten Sie daher die Fähigkeiten eines *Botschafters* einsetzen, um den Konflikt in Kooperation zu verwandeln. So funktioniert es:

Respektvolle Kontaktaufnahme. Zeigen Sie Ihrem Kind mit ein paar Sätzen, dass Sie es verstehen und ernst nehmen.

Die Möglichkeit geben, »das Gesicht zu wahren«. Damit Sie beide Ihr Gesicht wahren können, versuchen Sie Folgendes:

- Bieten Sie Wahlmöglichkeiten an.
- Erfinden Sie kleine Wettspiele (indem Sie aus dem, was Sie erreichen wollen, ein Spiel machen).
- Schlagen Sie einen Win-win-Kompromiss vor.

Wahlmöglichkeiten anbieten

Die dreijährige Selma zieht sich morgens nicht gern an. Ihre Mutter hat gelernt, ihr Wahlmöglichkeiten anzubieten, die zu dem gewünschten Ergebnis führen: »Selma, du willst dich wirklich nicht anziehen. Du spielst viel lieber mit deinen Spielsachen. Es tut mir leid, aber Mama muss gleich gehen. Du kannst es dir aussuchen: Du kannst dich selbst anziehen, oder ich kann dich im Schlafanzug zum Einkaufen mitnehmen, obwohl es dir dann kalt wird. Was klingt besser – sich anziehen oder im Schlafanzug frieren?«

Spielen (ein Wettspiel daraus machen)

Sofia aß meistens sehr wenig. Ihre Mutter Abby wollte, dass sie wenigstens ein bisschen Milch trank, um etwas Proteine und Kalzium aufzunehmen. Das war für gewöhnlich ein Kampf. Eines Tages schlug Abbys Schwester vor, den Konflikt in ein kleines Wettspiel umzumünzen. Abby beschloss, es auf einen Versuch ankommen zu lassen.

Als sie am nächsten Tag die Milch vor ihre willensstarke zweijährige Tochter hinstellte, sagte sie: »Ich zähle bis fünf, und dann will ich mal sehen, ob du deine Milch austrinken kannst.«

Sofia lächelte und trank die Hälfte der Milch. Abby ermunterte sie, noch ein bisschen mehr zu trinken. »Hey, das hast du superschnell getrunken! Ich zähle noch mal bis fünf – mal sehen, ob du den Rest auch noch schaffst. Aber bitte, lass einen Schluck für mich übrig! Biiitte! Okay? Auf die Plätze, fertig, los!«

Sofia trank alles aus und ließ nicht einen Tropfen übrig. Dann spielte Abby ein wenig den Clown und jammerte: »Das ist nicht fair! Du hast meine Milch auch getrunken!« Sofia grinste über das ganze Gesicht.

Einen Win-win-Kompromiss anbieten

Der vierjährige Ben fühlte sich auf dem Spielplatz pudelwohl und ignorierte die Aufforderung seiner Mutter, mit ihr nach Hause zu gehen. Also kniete sie neben ihn hin und erkannte seine Gefühle an:

»Du hast so viel Spaß! Du bist sehr gern auf dem Spielplatz! Du willst nicht einmal kommen, wenn ich dich rufe. Du willst einfach nur spielen, spielen, spielen!

Als Ben aufsah, wusste seine Mutter, dass nun sie mit ihrer Botschaft an der Reihe war, und sie bot ihm einen Win-win-Kompromiss an: »Aber wir müssen nach Hause gehen und ein leckeres Abendessen machen, Schatz. Du kannst es dir aussuchen: Wir können jetzt sofort gehen und daheim noch ein bisschen Fußball spielen, oder du kannst hier noch zwei Minuten spielen. Such es dir aus: Fußball daheim oder zwei Minuten hier.«

Wenn Ihr Kind sich weiterhin widersetzt, ist es Zeit für eine Konsequenz:

Milde Konsequenz. Oft genügen Klatschen und Knurren oder respektvolle Kontaktaufnahme, verbunden mit freundlichem Ignorieren.

Arianna musste immer sehr lange drängeln, bis die dreijährige Morgan sich für den Kindergarten fertig machte. Nach der Lektüre von Das glücklichste Kleinkind *probierte sie einige der Tipps aus. Als sich ihre Tochter das nächste Mal weigerte, ihre Schuhe anzuziehen, reagierte Arianna mit respektvoller Kontaktaufnahme und anschließendem freundlichem Ignorieren: »Du sagst: ›Nein, nein! Keine Schuhe!‹ Ich weiß, dass du sie nicht anziehen willst, Schatz. Aber du weißt, dass du ohne Schuhe nicht im Freien spielen kannst. Mama ist gleich wieder da, um zu sehen, ob du bereit bist für deine Schuhe. Und danach kannst du auch dein Knuspermüsli essen.«*
Arianna wandte ihrer Tochter für 20 Sekunden den Rücken zu und gab vor, in einer anderen Ecke des Zimmers einige Papiere zu ordnen. Dann kam sie zurück und wiederholte: »Komm, Schatz. Ziehen wir deine Schuhe an, damit du dein Knuspermüsli essen und draußen spielen kannst!«
Morgan protestierte: »Nein, ich will mein Knuspermüsli jetzt!«
Daraufhin tat ihre Mutter etwas sehr Kluges: Statt sich auf einen Kampf einzulassen, wendete sie die Technik des »Ausbremsens« an (siehe Seite 229). Sie sagte: »Okay, Schatz, du hast gewonnen. Hier ist dein Müsli.« Aber als sie schon im Be-

griff war, die Müslischale auf den Tisch zu stellen, hielt sie plötzlich inne und sagte: »Warte! Warte! Fast hatte ich es vergessen – wo sind deine Schuhe? Hol ganz schnell deine Schuhe, dann gibt es leckeres Müsli!« Sie wandte sich ab, tat wieder so, als ob sie sich mit etwas anderem beschäftigte, und ignorierte es, als Morgan protestierte: »Ich will mein Müsli!« Dann stand Morgan plötzlich schmollend auf und brachte ihre Schuhe zu ihrer Mutter, damit die sie ihr anziehen konnte. Arianna belohnte die Kooperation ihrer Tochter sofort mit einem begeisterten Lob und indem sie ihr zwei Wahlmöglichkeiten anbot: »Ja! Gut gemacht! Willst du dein Knuspermüsli lieber in der Dinosaurierschale oder in der blauen Tasse?«

Deutliche Konsequenz. Bei schwerem Ungehorsam und Respektlosigkeit klatschen und knurren Sie (um Ihren Unmut zu zeigen), und verhängen Sie dann eine Auszeit oder einen Vorteilsentzug.

Denken Sie daran, dass Ihr Kind Ihnen keine andere Wahl lässt, als eine Konsequenz folgen zu lassen. »Du zwingst mich, dir eine Auszeit zu geben.« Sprechen Sie nach der Auszeit nicht sofort über den Ungehorsam. Flüstern Sie später am Tag den Stofftieren Ihres Kindes zu, wie traurig Sie über sein Verhalten waren, oder thematisieren Sie es in einem Rollenspiel mit seinen Puppen.

Beispiel für unkooperatives Verhalten: Widerstand gegen den Auto-Kindersitz

Mit 15 Monaten begann Henry, sich zu wehren und zu jammern, wenn Patricia ihn im Kindersitz anschnallte. »Du musst angeschnallt sein; es ist wichtig, dass du gesichert bist«, erklärte ihm seine Mutter. Aber Henry wehrte sich dagegen. Patricia meinte: »An manchen Tagen ist es, als ob man versucht, einen zappelnden Fisch festzuhalten.«

Kleinkinder hassen es, in ihrer Bewegungsfreiheit eingeschränkt zu sein. Sie wehren sich oft dagegen, im Auto angeschnallt zu werden, im Bus stillzusitzen oder festliche Kleidung anzuziehen. Sie können natürlich versuchen, Ihr Kind mit sachlichen Argumenten zur Einsicht zu bewegen, aber was ist, wenn alle Logik auf taube Ohren stößt?

Tipps zur Vermeidung von Kindersitz-Kämpfen

Hier ein paar Tipps, was sie vorbeugend tun können, damit der Konflikt um den Kindersitz und das Angeschnalltsein gar nicht erst auftritt:

Üben. Stellen Sie den Kindersitz ins Wohnzimmer, und lassen Sie Ihr Kind darin sitzen, während es eine kurze Bonuszeit (Snack, Vorlesen) bekommt. Sobald es den Kindersitz im Haus akzeptiert, beginnen Sie, ganz kurze Autofahrten mit ihm zu unternehmen (einmal um den Block). Belohnen Sie seine Kooperation sofort mit einer Bonuszeit und später zusätzlich mit indirektem Lob. Ihr Kind wird bald lernen, dass Autositze keine große Sache sind. Sie können auch Fotos von Ihrem zufriedenen Kind im Autositz in ein kleines Album einkleben und es vor dem Schlafengehen mit ihm zusammen ansehen, um es daran zu erinnern, wie viel Spaß es in seinem Autositz haben kann.

Andere bei gutem Verhalten ertappen. Machen Sie Ihr Kind darauf aufmerksam, wenn Sie andere Kinder in ihrem Autositz sehen. Schneiden Sie Fotos von zufriedenen Kindern in Autositzen aus Zeitschriften aus, und kleben Sie die Bilder in das Album. Loben Sie in Hörweite Ihres Kindes seine Freunde, die sich problemlos anschnallen lassen.

Rollenspiel. Gestalten Sie mit den Puppen Ihres Kindes ein kurzes Rollenspiel zum Thema Autositz. Lassen Sie eine Puppe das Kind darstellen, das sich gegen den Autositz wehrt, eine andere Puppe ist die Mutter, die sagt: »Ich weiß, dass du den Kindersitz nicht magst, Püppchen. Du sagst: ›Nein, nein!‹ Aber lass uns etwas Lustiges tun und ihn zu deinem Spaß-Sitz machen! Wir können ein lustiges Lied singen oder ein Buch lesen – du kannst es dir aussuchen.«

Tipps zum Beenden von Kindersitz-Kämpfen

Wenn der Kampf um das Angeschnalltsein bei Autofahrten schon begonnen hat, versuchen Sie Folgendes:

Respektvolle Kontaktaufnahme. Begegnen Sie Ihrem Kind auch dann respektvoll, wenn Sie das Einhalten einer Regel gegen seinen Willen durchsetzen müssen:

Mindestens zweimal pro Woche brach Kristines 29 Monate alte Tochter Aurora während einer Autofahrt in Gebrüll aus. Kristine konnte nicht anhalten, aber sie tat ihr Bestes, um ihrer Tochter zu zeigen, dass sie die Botschaft verstand. »Nein, nein, nein!« Du sagst: »Kein Auto, Mama. Nein, nein, nein!« Sie fuchtelte mit einem Arm, wedelte mit dem Finger und sagte: »Du magst es nicht! Du magst es nicht! Du sagst: ›Nein, nein, nein!‹«

Wenn Sie sich in dieser Situation befinden, geben Sie mehrmals die Gefühle Ihres Kindes wieder, und zielen Sie auf seinen weichen Punkt. Möglicherweise hört es nicht auf zu weinen, aber dennoch hat es das Gefühl, verstanden und respektiert zu werden, und zu Hause wird es sich schneller wieder erholen. (Warten Sie einen ruhigeren Zeitpunkt ab, um ihm die Gefahren des Autofahrens und die Vorteile von Kindersitzen zu erklären.)

Win-win-Kompromiss. Bieten Sie einen Win-win-Kompromiss an, um Respekt zu zeigen und Ihr Kind zur Kooperation zu bewegen.

Der dreijährige Oliver klagte oft, dass sein Autositz »zu eng« sei. Sein Vater nutzte seine Liebe zur Musik, um einen Kompromiss zu finden. »Es tut mir so leid, Oliver, aber Papa muss dich im Kindersitz anschnallen. Ich weiß, dass du es wirklich nicht magst! Aber warte mal! Ich habe eine wichtige Frage: Soll ich die Kassette mit den lustigen Liedern einlegen, bevor du dich in den Sitz setzt oder danach?«

Indirektes Lob. Wenn Sie wieder zu Hause sind, lassen Sie Ihr Kind mithören, wie Sie einer dritten Person (oder einem Kuscheltier) von seinen Kämpfen und seinen Erfolgen berichten.

»Psst! Hey, Earnie! Manuel mochte seinen Kindersitz zuerst gar nicht und weinte. Aber als wir anfingen, das Geburtstagslied zu singen, wurde er wieder froh und saß ganz toll in seinem Kindersitz! Ich werde Papa davon erzählen, wie gut er es gemacht hat!«

Beispiel für unkooperatives Verhalten: Essensverweigerung

> *Dr. Karp, ich schwöre, er lebt von Luft. Er isst einen Cracker, und das war es dann für den ganzen Tag!*
> Shana, Mutter des zwei Jahre alten Danny

Füttern war lange Zeit eine Ihrer wichtigsten Aufgaben. Wir fühlen uns alle wie gute Eltern, wenn unsere Kinder den Teller leer essen.

Doch viele Kleinkinder verweigern jedes Nahrungsmittel außer Crackern, Nudeln mit Soße und Butterbrot. Nehmen Sie diese Ablehnung nicht persönlich, sie ist Teil des bei Kleinkindern so verbreiteten Mangels an Flexibilität. Weitere Gründe, warum Kleinkinder Essen verweigern, sind:

♦ *Sie sind nicht hungrig.* Kurz nach dem ersten Geburtstag verlangsamt sich plötzlich die Gewichtszunahme eines Kleinkindes. Und zwischen 18 und 24 Monaten nehmen viele

Kleinkinder statt regelmäßiger Mahlzeiten lieber über den Tag verteilt viele kleine Snacks zu sich.

- **Die Mahlzeiten bedeuten mehr als nur Essen.** Für Ihr Kleinkind ist eine Mahlzeit ebenso sehr Spiel oder naturwissenschaftliches Experiment wie eine Zeit der Nahrungsaufnahme.

- **Sie mögen Grün nicht.** Es hat etwas für sich, Rot zu mögen und Grün zu meiden. Rot deutet darauf hin, dass etwas reif, süß und genießbar ist. Grüne Nahrungsmittel sind oft bitter oder unreif. (Selbst bei Lutschern wählen Kinder fast immer rot statt grün!)

- **»Eigenwillige« Geschmacksknospen.** Manche Kinder sind einfach von Geburt an besonders empfindlich. Sie hassen raue Kleidung, laute Geräusche und intensiven Geschmack.

Wenn Ihnen das Essverhalten Ihres Kindes Sorgen macht, fragen Sie Ihren Arzt, wie viele Nährstoffe Ihr Kind wirklich braucht, und verfolgen Sie eine Woche lang, was und wie viel es isst. Die meisten Kinder brauchen weniger, als wir glauben.

Tipps zum Umgang mit mäkeligen Essern

Kluge Eltern vermeiden Kämpfe, die sie nicht gewinnen können. Statt zu versuchen, Ihr Kind zu zwingen, Dinge zu essen, die es nicht mag, umgehen Sie lieber den Konflikt, indem Sie die abgelehnten Nahrungsmittel in dem Essen verstecken, das Ihr Kind gern isst, oder einen Win-win-Kompromiss finden.

Respektvolle Kontaktaufnahme. Geben Sie den Wunsch Ihres Kindes wieder, nicht zu essen, damit es weiß, dass Sie es verstehen.

Andere bei gutem Verhalten ertappen. Weisen Sie Ihr Kind bei Restaurantbesuchen darauf hin, was andere Kinder auf ihrem Teller haben. Laden Sie ältere Kinder zum Essen ein. Kleinkinder lieben es, andere – insbesondere etwas ältere Kinder – nachzuahmen.

Win-win-Kompromiss. Veranstalten Sie ein kleines Wettessen, um herauszufinden, wer die »kleinen Bäume« (Brokkoli) am schnellsten verschlingen kann. Bieten Sie Wahlmöglichkeiten an (»Soll ich dir drei oder zwei Erbsen geben?«), und schlagen Sie einen Win-win-Kompromiss vor (»Iss eine grüne Bohne, und du bekommst noch zwei Pommes frites. Iss noch zwei grüne Bohnen, und du bekommst alle fünf Pommes frites.«). Wenn Ihr Kleinkind hart verhandelt und nur eine einzelne Bohne anknabbert, sollten Sie ihm trotzdem eine Pommes frites geben, denn das ist definitiv ein winziger Schritt in die richtige Richtung.

Umkehrpsychologie. Wenn Ihr Kind nach einem Stück Brokkoli greift, geben Sie ihm zunächst nur einen winzigen Bissen. Sagen Sie: »Auf gar keinen Fall! Mama will sie alle, es sind Mamas Bäume.« Isst Ihr Kind das ganze Stück, sagen Sie schmollend: »Hey, du hast *meinen* Brokkoli gegessen!«

Wenn sich die zweijährige Celia weigerte, etwas zu essen, taten Mark und Karen so, als versuchten sie, Essen von ihrem

Teller zu stehlen, als ob sie gierig seien und alles für sich allein haben wollten.

»Wir appellieren an ihr Besitzdenken«, erklärt Mark. »Es funktioniert in der Hälfte der Fälle, aber eine 50-prozentige Erfolgsrate ist ja gar nicht so schlecht.«

Unerwünschtes Verhalten »ausbremsen«. Immer noch zusammengekniffene Lippen? Wenn Ihr Kind nicht essen will, lassen Sie es vom Tisch aufstehen. Kommt es aber zurück und bittet um Milch oder Süßigkeiten, können Sie es folgendermaßen »ausbremsen«:

Sie beginnen, ihm die Milch einzugießen, halten aber plötzlich inne und bieten ihm eine winzige Portion vom Mittagessen an. »Du willst Milch? Okay, Schatz, hier ist deine Milch. Ach, jetzt habe ich es fast ganz vergessen: Große Mädchen müssen erst eine grüne Bohne essen, bevor sie Milch bekommen. Willst du diese große Bohne oder diese winzig kleine Bohne essen?«

Weigert sich Ihr Kind, sagen Sie: »Kein Problem. Aber keine Bohne, keine Milch. Ich frag dich gleich noch einmal, ob du deine Bohne essen willst.« Wenden Sie sich dann ab, und beschäftigen Sie sich einige Sekunden lang mit etwas anderem, bevor Sie die Aufmerksamkeit wieder auf Ihr Kind richten und flüstern: »Ich weiß, dass du Bohnen nicht soooo besonders gern magst. Sollen wir eine winzig kleine suchen, oder willst du die Hälfte von einer Bohne essen?«

Sobald es seine Bohne isst, belohnen Sie es mit einem Lächeln, mit Milch und einer kleinen Bonuszeit. Dadurch fördern Sie in Zukunft schnellere Kooperation.

Versteckte Nährstoffe

Die folgenden Tipps klingen möglicherweise, als ob Sie eher Spion als Botschafter seien, aber es sind meine Lieblingstricks zum Einschleusen von Nährstoffen und Gemüse in das Essen mäkeliger Kleinkinder:

- Nutzen Sie die Vorliebe Ihres Kindes für sauren Geschmack. Schneiden Sie Gemüse in Pommes-frites-artige Streifen, kochen Sie es, und marinieren Sie es über Nacht in einem sauren Dressing.

- Geben Sie püriertes Gemüse in die Suppe.

- Pürieren Sie Gemüse, und mischen Sie es unter einen Brotteig. Verwenden Sie ein Rezept für Zucchinibrot, fügen aber anstelle der Zucchini die doppelte Menge Brokkoli hinzu.

- Bereiten Sie Süßkartoffelchips zu, indem Sie sie mit etwas Salz und Butter im Backofen backen.

- Servieren Sie im Dampf gegartes Gemüse mit einem cremigen Dipp.

- Reiben Sie Zucchini oder Möhren, und mischen Sie sie unter den Pfannkuchenteig. Servieren Sie die Pfannkuchen mit Sirup.

- Servieren Sie frischen Karotten- oder Karotten-Apfelsaft.

- Eisen ist wichtig für Blut, Muskeln und Gehirnentwicklung. Sie können der Nahrung Ihres Kindes viel Eisen hinzufügen, indem Sie zum Kochen gusseiserne Töpfe oder Pfannen verwenden. Geben Sie Zitronensaft oder Essig dazu – die Säure löst das Eisen heraus, sodass es in die Nahrung übergeht.

- Ihr Kleinkind braucht 8 Milligramm Eisen pro Tag. Zu den stark eisenhaltigen Nahrungsmitteln gehören Sojabohnen (8,59 Milligramm/100 Gramm), Hirse (9 Milligramm/100 Gramm), Leber (Rinder-/Kalbsleber: ca. 7 Milligramm/100 Gramm), gekochte Linsen (2,1 Milligramm/100 Gramm), Rindfleisch (2,5 Milligramm/100 Gramm), Rosinen (2,3 Milligramm/100 Gramm), Heidelbeeren (1,9 Milligramm/100 Gramm) und gekochte Blattgemüse (Grünkohl: 1,9 Milligramm/100 Gramm). Pressen Sie ein wenig Zitronensaft über eisenhaltige Nahrungsmittel – dadurch erhöhen Sie die Eisenaufnahme um ein Vielfaches. (Aber roter Traubensaft reduziert die Eisenaufnahme um mehr als 50 Prozent.)

- Ihr Kleinkind benötigt 700 bis 1000 Milligramm Kalzium pro Tag. Einige sehr gute Kalziumquellen, die sich leicht in die Nahrung Ihres Kindes »einschleusen« lassen, sind Milch und Vollmilchjogurt (120 Milligramm/100 Milliliter), Sesambutter (Tahini) (476 Milligramm/100 Gramm), geriebener Parmesan (129 Milligramm/Esslöffel) und Brokkoli (123 Milligramm/100 Gramm). Außerdem profitiert Ihr Kind enorm davon, wenn es im Freien spielt! Schon 15 bis 30 Minuten Sonnenlicht pro Tag helfen seinem Körper, Vitamin D zu produzieren, das wichtig für die Verwertung des Kalziums in der Nahrung ist. (Vergessen Sie nicht, Ihr Kind mit Sonnencreme zu schützen.)

Herausforderung 4: Aggressives und/oder gefährliches Verhalten

Bisher war in diesem Kapitel von störendem Verhalten die Rede. Aber bei dieser letzten Kategorie problematischen Verhaltens geht es um Verhaltensweisen, die »rotes Licht« erfordern. Das heißt, *Sie* sind zuerst an der Reihe (»Hör sofort auf!«), wenn Ihr Kleinkind gewalttätiges oder gefährliches Verhalten zeigt. Diese Verhaltensweisen erfordern sofortiges Handeln. Erst wenn das Verhalten aufgehört hat, ist es an der Zeit, die Gefühle Ihres Kindes wiederzugeben.

Sehr aggressiv können Kinder sein, auf die Folgendes zutrifft:

- Sie haben ein sehr lebhaftes Temperament,
- sind sehr impulsiv und ablenkbar,
- stehen unter besonders großem Stress,
- können noch nicht so gut sprechen,
- sind gelangweilt, haben nicht genügend Bewegung, sind einsam oder gestresst.

Wenn Ihr Kleinkind sich ziemlich wild gebärdet, sollten Sie aktiv werden, um aggressivem Verhalten vorzubeugen. Wie bereits erwähnt, können Sie die Kämpfe und die Anzahl der Auszeiten deutlich reduzieren, indem Sie die Zahl der Bonuszeiten erhöhen!

Ist es aber bereits zu spät, um ein Problem zu vermeiden, müssen Sie klare, einheitliche Konsequenzen anwenden.

Beispiel für gefährliches Verhalten: Aggression unter Geschwistern

Die zweijährigen Zwillinge Caleb und Elijah spielten friedlich im Sandkasten auf dem Spielplatz in der Nähe ihrer Wohnung. Plötzlich beschloss Caleb, dass er das Sieb haben müsse, das Elijah gerade benutzte. Er griff danach, aber Elijah zog es schnell weg. Im Gegenzug schlug Caleb seinen Bruder mit der Schaufel auf den Kopf, und Elijah schlug zurück!

Der Vater der beiden klatschte sofort in die Hände und knurrte, nahm die beiden hoch und trug sie vom Spielplatz weg. Zuhause verhängte er für beide eine Auszeit.

Die »Zivilisationsschicht« unserer Kleinkinder ist so dünn, dass ein geringfügiger Anlass genügt, um ihre wilde Seite zum Vorschein zu bringen und sie schlagen, treten, kneifen oder beißen zu lassen. (Mehr zum Thema »Beißen« im nächsten Abschnitt.) Wenn Sie gleich *zwei* kleine Höhlenkinder zu beaufsichtigen haben, fühlen Sie sich möglicherweise wie ein Schiedsrichter im Boxring.

Tipps zum Umgang mit Kämpfen zwischen Geschwistern

Hier zwei einfache Methoden, um die Situation wieder unter Kontrolle zu bringen:

Respektvolle Kontaktaufnahme. Aufgewühlte Kleinkinder sind normalerweise die emotionalsten Personen im Raum, weshalb wir zuerst *ihre* Gefühle anerkennen, bevor wir *unsere* Botschaft vermitteln. Aber in Situationen, die rotes Licht erfordern, sind *wir* zuerst an der Reihe. »Stopp! Nicht schlagen! Wir schlagen andere nicht.« Erst wenn die Gefahr gebannt ist oder das aggressive Verhalten aufgehört hat, wenden wir die Fastfood-Regel und die Kleinkindsprache an, um die Wut und Frustration unseres Kleinkindes wiederzugeben.

Deutliche Konsequenzen. Wenn Ihre Kinder miteinander streiten, ist möglicherweise sofort erkennbar, wer eine Auszeit verdient. Wenn Sie aber nicht sicher sind, wer der Hauptschuldige ist, ist es oft am besten, beide Kinder zu disziplinieren. Das mag unfair erscheinen, aber Folgendes spricht dafür: Zum einen ist manchmal schwer zu erkennen, wer das Opfer ist

Wann Eltern sich zurückhalten sollten

Sie müssen sich nicht in jeden Streit Ihrer Kinder einmischen. Kleinere Kämpfe helfen ihnen, ihre Position zu vertreten und mutig zu sein. Außerdem sind Sie sicher daran interessiert, dass Ihre Kinder früher oder später lernen, Meinungsverschiedenheiten selbständig beizulegen.

Solange ein Streit innerhalb akzeptabler Grenzen verläuft, also kein »rotes Licht« erfordert (weil weder gebissen, getreten noch schwer beleidigt wird), warten Sie ein wenig, bevor Sie einschreiten. Wenn Sie das Zimmer betreten, wenden Sie die Fastfood-Regel und die Kleinkindsprache an, um Ihren Kindern zu zeigen, dass Sie verstehen, dass *beide* aufgeregt sind, und dass Sie ihre Gefühle ernst nehmen. Gehen Sie dann wieder hinaus, und geben Sie ihnen noch eine Minute, um den Streit selbst beizulegen. (Wenn die Situation – physisch oder verbal – außer Kontrolle gerät, müssen Sie natürlich eingreifen und Konsequenzen folgen lassen.)

(manchmal hat der Bengel, den man für unschuldig gehalten hat, den Kampf durch Necken oder Spotten provoziert), zum anderen lernen die Kinder dadurch, dass sie – unabhängig davon, wer zuerst zugeschlagen hat – beide die Verantwortung dafür tragen, dass der Kampf fortgesetzt wurde.

Später am Tag können Sie andere Mittel (indirektes Lob, Rollenspiel, Märchen, andere bei gutem Verhalten ertappen) einsetzen, um einen positiven Aspekt des Streits hervorzuheben (zum Beispiel, dass die Kinder sofort auf Ihr »Stopp! Nein!« reagiert haben) und die Dinge zu kritisieren, die Ihnen nicht gefallen haben (zum Beispiel Beißen und verletzende Worte).

Kinder, die oft in Kämpfe verwickelt werden, brauchen möglicherweise mehr Zeit zum Herumtoben im Freien. Sie profitieren oft vom Kindergarten, weil sie dann beschäftigt sind und nicht auf dumme Gedanken kommen.

Beispiel für gefährliches Verhalten: Beißen

Beißen ist ein bei kleinen Kindern sehr verbreitetes Verhalten. Meistens tritt es während des Zahnens oder bei Frustrationen auf. Wenn dieses Verhalten nicht sofort und mit Nachdruck unterbunden wird, kann daraus eine Gewohnheit werden, die gefährliche Ausmaße annimmt (das kann so weit gehen, dass andere Kinder ins Gesicht gebissen oder Babys gebissen werden).

Als Monica ihrem 16 Monate alten Sohn den Schuh band, biss er sie plötzlich so heftig in die Schulter, dass sie aufschrie. Dann nahm sie sich zusammen und tadelte ihn liebevoll: »Bitte, Lucas! Das ist nicht schön. Mama gefällt es nicht, wenn du beißt.«
Glauben Sie, dass Lucas damit aufhörte? Nein! Er begann bald, jedes Mal zu beißen, wenn er wütend war.

Tipps zum Umgang mit Beißen

So können Sie dieses gefährliche Verhalten schnell stoppen:

Konsequenzen. Wenn ein Kind zubeißt, bevor Sie es verhindern können, braucht es eine Konsequenz. Beginnen Sie bei einem Kind unter zwei Jahren mit einer milden Konsequenz.

Klatsch-Knurren. Im obigen Beispiel kam Monicas Botschaft »Mama gefällt es nicht, wenn du beißt« nicht an, weil sie es viel zu freundlich sagte. Denken Sie daran, dass in emotional aufgeladenen Situationen der Tonfall, in dem etwas gesagt wird, viel wichtiger ist als das, was gesagt wird. Sprechen Sie mit Nachdruck und ernstem Gesicht.

Wenn Sie gerade dazukommen, wie Ihr Kind den Mund öffnet, um eine andere Person zu beißen, klatschen Sie ein paarmal kräftig in die Hände, knurren Sie tief und drohend, wenden Sie eine verzögerte Wiederholung an (Seite 236), und sagen Sie mit hoch gehaltenem Finger laut und deutlich: »Hey... *hey!* Nicht beißen! Nicht beißen!«

Starren Sie Ihr Kind nach der Warnung nicht an. Starren kann bei einem trotzigen Kind zu noch hartnäckigerem Ungehorsam führen!

Freundliches Ignorieren. Nehmen Sie Ihr beißendes Kind sofort aus der Situation. Zeigen Sie ihm kurz »die kalte Schulter«, und bringen Sie dem Kind, das gebissen wurde, Ihr Mitgefühl zum Ausdruck. (Lassen Sie den »Beißer« mit anhören, wie Sie mit seinem Opfer sprechen: »Ich habe ›Nein, nein!‹ gesagt. Ich mag es nicht, wenn Lucas beißt. Kinder müssen Wör-

Herausforderung 4: Aggressives und/oder gefährliches Verhalten

ter verwenden, wenn sie wütend sind. Mir gefällt es, wenn Kinder, die sehr wütend sind, sagen: ›Nein, nein! Das mag ich nicht!‹«) Nach ein- oder zweiminütigem freundlichem Ignorieren nehmen Sie wieder Kontakt zu Ihrem Kind auf, indem Sie es freundlich ansprechen oder mit ihm spielen.

Flüstern Sie später am Tag seinem Teddy zu, dass Sie Beißen nicht mögen. Thematisieren Sie den Zwischenfall im Rollenspiel, und fragen Sie Ihr Kind, was der »Beißer« tun könnte, damit es dem gebissenen Kuscheltier wieder besser geht. Sie können auch ein Märchen erzählen – vielleicht eine kleine Geschichte von einem Hasenmädchen, das traurig war, weil es so oft biss, dass die anderen nicht mehr mit ihm spielen wollten. Seine Mutter zeigte ihm einen besonderen Trick: Jedes Mal, wenn es beißen wollte, sollte es nur die Zähne zeigen und sie dreimal aufeinanderklappern lassen, aber niemals wirklich beißen. Die anderen Häschen fanden das lustig, und alle wollten wieder mit dem Hasenmädchen spielen. Da lächelte es und war von da an glücklich und zufrieden.

Deutliche Konsequenz. Kinder, die fest zubeißen oder »Wiederholungstäter« sind, erhalten eine sofortige Konsequenz wie beispielsweise eine kurze Auszeit (Seite 252), eine reguläre Auszeit oder Vorteilsentzug.

Beispiel für gefährliches Verhalten: Weglaufen

Ein letztes gefährliches Verhalten, mit dem Sie sich möglicherweise konfrontiert sehen, ist das Weglaufen in einem überfüllten Einkaufszentrum oder auf einem Parkplatz. Aus auf der Hand liegenden Gründen ist Weglaufen außer Haus völlig inakzeptabel und muss sofort unterbunden werden.

Tipps zum Unterbinden des Weglaufens

In Situationen, die rotes Licht erfordern, ist einfach keine Zeit, um die Gefühle Ihres Kindes respektvoll anzuerkennen. Wenn Gefahr besteht oder Ihr Kind eine wichtige Familienregel übertritt, kommen *Sie* zuerst an die Reihe!

Klatsch-Knurren. Klatschen Sie laut in die Hände, und knurren Sie. Fordern Sie Ihr Kind dann auf, auf der Stelle stehen zu bleiben. Möglicherweise müssen Sie Ihre Stimme erheben, oder es gelingt Ihnen, durch eine feste Stimme und einen finsteren Gesichtsausdruck seine Aufmerksamkeit zu gewinnen. (Wenn Ihr Kind nicht sofort stehen bleibt und Sie ihm hinterherrennen müssen, behalten Sie den ernsten Gesichtsausdruck bei, damit Ihr Kind nicht denkt, Sie spielen Fangen mit ihm.)

Respektvolle Kontaktaufnahme. Sobald Ihr Kind in Sicherheit ist, ist der Zeitpunkt gekommen, um seine Gefühle anzuerkennen: »Du wolltest den Ball. Du hast gesagt: ›Ball kicken!‹ Du bist gerannt und gerannt... Aber nein! Nicht auf die Straße rennen, nein! Da sind Autos! Autos können Kindern wehtun! Aua!«

Wenn Ihr Kind noch einmal wegzulaufen versucht, ist es Zeit für eine sofortige Konsequenz. (Auf Seite 265 finden Sie eine Empfehlung dazu, wie Sie eine Auszeit verhängen können, wenn Sie sich mit Ihrem Kind außer Haus befinden.)

NACHWORT
Willkommen in der Zivilisation: Ihr zufriedenes, selbstsicheres Kind wird fünf!

Die Reise ist die Belohnung.
Taostisches Sprichwort

Herzlichen Glückwunsch! Sie haben Ihr Kind gerade durch eine der erstaunlichsten, dynamischsten und schwierigsten Entwicklungsphasen seines ganzen Lebens begleitet!

Auf wundersame Weise hat es sich vom Einjährigen (das triumphierend seine ersten Schritte und Worte übte) zum 18 Monate alten Knirps gewandelt (der von seiner neu gewonnenen Freiheit berauscht war und von heftigen Stimmungsumschwüngen gebeutelt wurde), zum Zweijährigen (das die einfachen Regeln der Sprache und sozialen Kooperation lernte), zum Dreijährigen (das sich für Menschen, Spiele, Kunst, Humor und Freundschaft begeisterte) und schließlich zum Vierjährigen (einem jungen Experten auf dem Gebiet der Kunst, des Humors und des Anknüpfens von Freundschaften).

Kein Wunder, dass dies für die ganze Familie eine so anstrengende Zeit war! Und jetzt steht der fünfte Geburtstag Ihres Kindes bevor. Bald wird die Kleinkindzeit hinter Ihnen liegen, und Ihr Kind wird seine lange Reise durch die zivilisierte Welt von uns Großen antreten.

Nachwort

Natürlich liegt immer noch viel Arbeit vor Ihnen, aber Ihr wunderbares Kind ist kein kleines Höhlenkind mehr. Fünfjährige sind in der Lage, sich allerlei neue Kulturtechniken (wie Lesen, Schreiben, Fußballspielen und Waffelnbacken) anzueignen.

Und falls Sie das Kleinkindalter für eine Zeit voller Überraschungen gehalten haben, warten Sie nur einmal ab! In den nächsten Jahren wird Ihr Kind einen ausgeprägten Sinn für Humor entwickeln (Vorsicht, jetzt kommen die Pipi- und Pupswitze an die Reihe!), eine unstillbare Neugier auf die Welt an den Tag legen (»Wieso? Weshalb? Warum?«) und sich in seine Freunde verlieben (»Aber, Mama, ich muss zu dieser Party!«).

Dass Ihr Kind sich weiterentwickelt und reifer wird, bedeutet nicht, dass es aus den in *Das glücklichste Kleinkind* vermittelten Erziehungslektionen herauswächst. Das Knurren werden Sie natürlich viel seltener einsetzen (obwohl Sie während der Teenagerjahre in Versuchung geraten werden, es wieder aus

Nachwort

der Mottenkiste zu holen), aber die grundlegenden Techniken wie die Fastfood-Regel, das Füttern der Parkuhr und Win-win-Kompromisse werden Ihnen während der gesamten Kindheit Ihres Sprösslings gute Dienste leisten. Schließlich ist keiner von uns je zu alt für das Bedürfnis nach respektvoller Anerkennung seiner Gefühle.

Und rechnen Sie nicht damit, dass Sie die Kleinkindsprache zu den Akten legen können, sobald Ihr kleiner Freund die vier Kerzen auf der Geburtstagstorte ausgeblasen hat. Im Lauf der Jahre werden Sie nicht mehr mit dem Finger in der Luft herumstochern und »Du willst! Du willst!« ausrufen, aber Sie werden noch viele Jahre lang kurze Sätze, Wiederholungen und das Spiegeln der Gefühle Ihres Kindes einsetzen, um seine Gefühlsausbrüche zu besänftigen. (Denken Sie daran, dass selbst wir Erwachsenen mit dem emotionalen Aufzug in den Keller fahren, wenn wir aufgebracht sind, und dass wir uns am besten verstanden fühlen, wenn unsere Freunde und Angehörigen unseren weichen Punkt treffen, während sie unsere Gefühle anerkennen.)

Ich hoffe, dass Sie gern auf die Kleinkindzeit zurückblicken werden. Wenn Sie diese Phase durchgestanden haben, können Sie ein wenig aufatmen. Auch die nächsten zehn Jahre bieten besondere Herausforderungen, aber dann beherrschen Sie bereits die wichtigsten Erziehungskompetenzen, die Sie brauchen werden, um hervorragende Eltern zu sein.

Herzlichen Glückwunsch, viel Spaß und gut festhalten! So schnell das Kleinkindalter verging – die Kinderjahre werden noch rasanter verfliegen!

ANHANG A
Die zehn Grundregeln der Kleinkinderziehung

1. Es ist hilfreich, sich Kleinkinder als kleine Neandertaler vorzustellen.
Unsere gurgelnden, grapschenden Kleinkinder können sich recht »unzivilisiert« benehmen. Ihr Gehirn ist noch in der Entwicklung, der für Sprache und Logik zuständige Teil ist unreif, und der emotionale und impulsive Teil sitzt am Steuerknüppel. Selbst *unser* Gehirn verliert einen Großteil seiner sprachlichen und logischen Fähigkeiten, wenn wir emotional aufgewühlt sind (wir werden so wütend, dass wir uns »wie wild gebärden«). Und unsere Kleinkinder agieren in gestresstem Zustand geradezu *prähistorisch!*

2. Es hilft, das Temperament Ihres Kindes zu kennen.
Ist Ihr Kind ausgeglichen? Schüchtern? Lebhaft? Wenn Sie das Temperament Ihres Kindes kennen, können Sie seine Bedürfnisse und Reaktionen besser vorhersehen und bessere Eltern sein.

3. Klopfen Sie sich selbst auf die Schulter. Erziehung ist harte Arbeit.
Kinder zu erziehen ist eine schwierige Aufgabe. Sie müssen

nicht nur mit den Stimmungsschwankungen Ihres Nachwuchses umgehen, sondern sind auch häufig noch mit folgenden Problemen konfrontiert:

- *Sie bekommen nicht genügend Hilfe.* Wenn es Ihnen wie den meisten Eltern von heute geht, besitzen Sie nicht das ausgedehnte Netzwerk von Angehörigen und Freunden, auf das Eltern in früheren Zeiten bei der Kinderbetreuung zurückgreifen konnten. Vielleicht sind Sie auch mit einem Problem unserer heutigen Zeit konfrontiert, das frühere Generationen selten betraf: Vater *und* Mutter müssen ganztägig außer Haus arbeiten.

- *Sie fühlen sich wie ein Versager.* Die meisten Eltern sind beim ersten Kind sehr unerfahren. Kein Wunder, dass uns der Mut verlässt, wenn unsere kleinen Bamm-Bamms die Dinge tun, die für Kleinkinder ganz normal sind: Trotzanfälle haben, sich irrational verhalten und die Grenzen austesten.

- *Bei Ihnen selbst werden irrationale Impulse ausgelöst.* Wundern Sie sich nicht, wenn das Spucken und Schreien Ihres Kindes plötzlich schmerzhafte Erinnerungen an Ihre eigene Kindheit in Ihnen weckt.

- *Möglicherweise passen Ihre Temperamente nicht zusammen.* Steht Ihr Temperament im Widerspruch zu dem Ihres Kindes? Falls ja, atmen Sie tief durch, halten Sie sich die positiven Dinge vor Augen, und konzentrieren Sie sich auf das, was Sie an Ihrem Kind lieben.

4. Treten Sie Ihrem ungestümen Kleinkind gegenüber als *Botschafter* auf.

Sobald Sie sich klar gemacht haben, dass Ihr Kind unzivilisiert ist (besonders wenn es wütend ist), werden Sie verstehen, weshalb Erziehung so schwierig ist. Die meisten erfolgreichen Mütter und Väter reagieren auf die Ausbrüche ihrer Kleinkinder mit einer Mischung aus Respekt, Güte und diplomatischem Grenzensetzen.

Mit anderen Worten: Sie werden am erfolgreichsten sein, wenn Sie sich selbst nicht als »Boss« oder »Kumpel« Ihres Kindes, sondern als kompetenter *Botschafter* des 21. Jahrhunderts sehen.

5. Wenden Sie die *Fastfood-Regel* jeden Tag an.

Aufgewühlte Kleinkinder geraten oft so außer sich, dass sie für unsere ruhigen, erklärenden Worte nur taube Ohren haben. Deshalb *müssen* Sie bei einem Trotzanfall Ihres Kindes eine Minute darauf verwenden, das wiederzugeben, was es Ihrer Meinung nach will und fühlt (um ihm zu helfen, sich etwas zu beruhigen), bevor Sie dazu übergehen, ihm *Ihre* wichtige Botschaft zu vermitteln.

6. Sprechen Sie die Muttersprache Ihres Kindes – *die Kleinkindsprache.*

Die sprachlichen Fähigkeiten von Kleinkindern sind ohnehin noch nicht sehr gut ausgeprägt. Wenn sie sich über etwas aufregen, ringt ihr gestresstes Gehirn noch mehr um Worte. In emotional aufgewühltem Zustand (wenn es wütend, traurig,

verängstigt ist) versteht Ihr Kind Sie daher am besten, wenn
Sie Ihre Aussagen in eine einfache Sprache, die *Kleinkindsprache*, übersetzen. Es ist so einfach wie Bis-drei-Zählen:

- Sprechen Sie in kurzen Sätzen.

- Wiederholen Sie die Sätze mehrmals.

- Setzen Sie eine ausdrucksstarke Gestik und Mimik und den entsprechenden Tonfall ein, um die Gefühle Ihres Kindes in abgemilderter Form wiederzugeben. Auf diese Weise können Sie eine Verbindung zu seinem *weichen Punkt* herstellen.

7. Bestärken Sie Ihr Kind in seinem guten Verhalten (geben Sie *grünes Licht*).

- ***Bonuszeiten.*** Verwöhnen Sie Ihr Kind mindestens 20 Mal am Tag mit kleinen Einheiten *Aufmerksamkeit, Spiel, Lob, indirektem Lob* oder *Handmarkierungen*.

- ***Das Selbstvertrauen stärkende Aktivitäten.*** Geben Sie Ihrem Kind das Gefühl, Sieger zu sein, indem Sie ihm so oft wie möglich *Wahlmöglichkeiten* anbieten und *den Clown spielen*.

- ***Geduldübungen.*** Helfen Sie Ihrem Kind, seine Ausbrüche unter Kontrolle zu bekommen, indem Sie *Geduldübungen* durchführen und es *Zauberatem* lehren.

- ***Rituale.*** Entwickeln Sie schöne Rituale wie *Bettgeflüster* und die *besondere Zeit*, damit sich Ihr Kind kompetent, zufrieden und geliebt fühlt.

- **»Durch die Hintertür« Werte vermitteln.** Lehren Sie Ihr Kind, freundlich und rücksichtsvoll zu sein, indem Sie entsprechende Botschaften über *Märchen* vermitteln, *andere bei gutem Verhalten ertappen* und *Rollenspiele* einsetzen.

8. Schränken Sie störendes Verhalten Ihres Kindes ein (geben Sie *gelbes Licht*).

Alle Kleinkinder trödeln, quengeln und widersetzen sich, aber Sie können diese Verhaltensweisen einschränken, indem Sie *respektvoll Kontakt aufnehmen* (eine Kombination aus *Fastfood-Regel* und *Kleinkindsprache*), *Win-win-Kompromisse* anbieten, um besseres Verhalten zu fördern, und *milde Konsequenzen* (wie *Klatsch-Knurren* oder *freundliches Ignorieren*) folgen lassen, wenn das störende Verhalten weiter besteht.

9. Stoppen Sie inakzeptables Verhalten Ihres Kindes sofort (geben Sie *rotes Licht*).

Wenn Ihr Kind aggressiv ist, etwas Gefährliches tut oder eine wichtige Familienregel übertritt, müssen Sie sofort einschreiten, indem Sie eine deutliche Konsequenz (eine *Auszeit* oder *Vorteilsentzug*) anwenden.

10. Sie können die meisten Trotzanfälle verhindern oder schon im Ansatz beenden.

Sie können die Hälfte der Trotzanfälle Ihres Kleinkindes innerhalb von Sekunden beenden, indem Sie die *Fastfood-Regel* und die *Kleinkindsprache* anwenden. Erstaunlicherweise können Sie aber sogar zwischen 50 und 90 Prozent aller Trotzanfälle verhindern, indem Sie problematische Situationen vermeiden, den ganzen Tag *respektvoll kommunizieren, die Parkuhr füttern* (durch häufige *Bonuszeiten, Clownspielen, Rituale*...) und *Geduldübungen durchführen*.

ANHANG B

Dr. Karps wichtigste Begriffe und Erziehungstipps

Andere bei gutem Verhalten ertappen Ihr Kind auf andere Kinder und Erwachsene aufmerksam machen, die das Verhalten zeigen, in dem Sie Ihr Kind bestärken wollen (Seite 197).

Auszeit Eine kurze Zeit der Isolation zum Unterbinden inakzeptablen Verhaltens (Seite 252).

Besondere Zeit Ein tägliches Ritual, das ein oder zwei kurze (fünf- bis zehnminütige) Abschnitte ungestörter Zuwendung umfasst. Die besondere Zeit ist ein Geschenk, an das viele Menschen auch als Erwachsene noch gern zurückdenken (Seite 182).

Bettgeflüster Ein Ritual zur Schlafenszeit, bei dem Sie Ihr Kind an die vielen schönen Dinge erinnern, die es an diesem Tag getan hat, und sich mit ihm auf den nächsten Tag freuen (Seite 179).

Bonuszeit Füttern der Parkuhr Ihres Kindes durch eine kleine Einheit geschenkter Zeit und Aufmerksamkeit (Seite 138).

Dr. Karps wichtigste Begriffe und Erziehungstipps

Clown spielen Eine beliebte Methode zur Stärkung des Selbstvertrauens, bei der Ihr Kind sich stark und klug fühlen kann, weil Sie sich unbeholfen und schwach darstellen (Seite 161).

Deutliche Konsequenzen Stärkere Strafen, wie Auszeiten und Vorteilsentzug, die sich dazu eignen, inakzeptables Verhalten zu stoppen (Seite 252).

Du-ich-Botschaft Eine gute Möglichkeit, Ihrem Kind durch Formulierungen wie »Wenn du XYZ tust, fühle ich mich…« *Ihren* Standpunkt verständlich zu machen (Seite 85).

Durch die Hintertür Werte vermitteln Die Persönlichkeitsentwicklung Ihres Kindes durch Veranschaulichung wünschenswerten Verhaltens fördern statt durch direkte »Du sollst«-Anweisungen (Seite 188).

Fastfood-Regel Bevor Sie einem emotional aufgewühlten Menschen *Ihre* Sicht der Dinge darlegen, geben Sie zunächst *seine* Gefühle wieder, wobei Sie darauf achten, dies angemessen emotional zu tun, um seinen »weichen Punkt« zu treffen (Seite 69).

Freundliches Ignorieren Kurzes Abwenden und somit Entziehen der Aufmerksamkeit, um störendem Verhalten (wie Quengeln und Trödeln) entgegenzuwirken (Seite 240).

Geduldübungen Eine rasch wirksame Möglichkeit, schon ganz kleine Kinder zu lehren, ihre Bedürfnisbefriedigung aufzuschieben und geduldig zu warten (Seite 168).

Gelbes Licht geben Störendes Verhalten Ihres Kindes einschränken (Seite 199).

Gesicht wahren Beschämen oder Demütigen Ihres Kindes kann zu feindseligen Gefühlen und letztlich *weniger* Kooperationsbereitschaft führen. Wenn Sie ihm die Möglichkeit geben, sein Gesicht zu wahren, bedeutet das, dass seine Würde nicht verletzt wird, auch wenn es seinen Willen nicht durchsetzen kann (Seite 208).

Grünes Licht geben Ihr Kind bestärken, wenn es Verhaltensweisen zeigt, die Sie fördern wollen (Seite 133).

Handmarkierungen Kleine Farbstiftmarkierungen auf der Hand Ihres Kindes, die es für gutes Verhalten bekommt und durch die es den ganzen Tag an diese positiven Erlebnisse erinnert wird (Seite 148).

Hintertür des Verstandes Kleinkinder lernen mehr aus indirekten Botschaften (Märchen, Rollenspielen und Ertappen anderer bei gutem Verhalten), die quasi durch die Hintertür vermittelt werden, als aus langatmigen Erklärungen, da sie eine natürliche Neigung besitzen, nachzuahmen, was sie sehen und mit anhören (Seite 188).

Indirektes Lob Vervielfachen Sie die Wirkung Ihres Lobs, indem Sie Ihr Kind mithören lassen, wie Sie das Lob beispielsweise seiner Oma, seinem Lieblingsstofftier oder jemand anderem zuflüstern – das funktioniert natürlich auch mit Kritik (Seite 144).

Klatsch-Knurren Mehrmaliges lautes In-die-Hände-Klatschen, gefolgt von einem tiefen Knurren, ist zugleich eine Warnung und eine milde Konsequenz, die alle Höhlenkinder verstehen (Seite 234).

Kleinkindsprache Eine besondere Sprechweise, die bei emotional aufgewühlten Kleinkindern eine besonders gute Wirkung erzielt und drei Schritte umfasst: Kurze Sätze, viele Wiederholungen und Widerspiegeln der Gefühle des Kindes in abgemilderter Form, um seinen »weichen Punkt« zu treffen (Seite 101).

Lob Teilen Sie Ihrem Kind mit, dass Ihnen sein Verhalten gefällt, indem Sie ihm im Laufe des Tages eine ausgewogene Mischung aus »Beifall«, Komplimenten und viel sanfter Zustimmung zukommen lassen (Seite 142).

Märchen Gemäß der alten Tradition, durch Geschichten Werte zu vermitteln, erzählen Sie selbst erfundene Geschichten, um ein bestimmtes Verhalten zu beschreiben, das Sie bei Ihrem Kind fördern möchten (Seite 189).

Milde Konsequenzen Geringfügige Konsequenzen (Klatsch-Knurren, freundliches Ignorieren), die eingesetzt werden, um störendes Verhalten einzuschränken (Seite 233).

Parkuhr füttern Indem Sie Ihrem Kind über den ganzen Tag verteilt viele kleine Einheiten Spaß und Aufmerksamkeit zuteilwerden lassen, fördern Sie sein gutes Benehmen (Seite 135).

Problemsituationen vermeiden Sie können Trotzanfälle verhindern, indem Sie häufige Auslöser wie beispielsweise Müdigkeit, Hunger, Koffein, Langeweile, Filme mit aggressiven Inhalten oder Gewaltdarstellungen vermeiden (Seite 294).

Respektvolle Kontaktaufnahme Durch Anwendung der Fastfood-Regel und der Kleinkindsprache mit Ihrem Kind kommunizieren (Seite 203).

Rollenspiel Eine Möglichkeit, Ihr Kind wünschenswerte Verhaltensweisen auf spielerische Weise einüben zu lassen (Seite 194).

Rotes Licht geben Gefährliches oder aggressives Verhalten Ihres Kindes oder Verstöße gegen Familienregeln sofort unterbinden (Seite 245).

Störendes Verhalten »ausbremsen« Eine Möglichkeit, forderndes Quengeln durch Geduldübungen zu umgehen und Ihr Kind zu vernünftigerem Verhalten anzuregen (Seite 229).

Schmusegegenstand Ein kuscheliger »Gefährte«, wie beispielsweise eine weiche Decke oder ein Stofftier, mit dem Ihr Kind schmusen kann, um sich zu beruhigen (Seite 185).

Selbstvertrauen stärken Kleine Aktivitäten, durch die sich Ihr Kind wie ein Sieger fühlt, beispielsweise indem Sie es nach seiner Meinung fragen oder den Clown spielen (Seite 157).

Sportkommentator Eine Rolle, die Sie einnehmen, um die Gefühle Ihres Kindes wiederzugeben, indem Sie sein Verhalten und seine von Ihnen wahrgenommenen Gefühle beschreiben (Seite 112).

Sprecher Eine Rolle, die Sie einnehmen, um die Gefühle Ihres Kindes wiederzugeben, indem Sie an seiner Stelle das aussprechen, was es Ihrer Meinung nach sagen würde, wenn es könnte (Seite 111).

Sternposter Ein Mittel, um die Kooperation bei einem älteren Kleinkind zu fördern, indem bestimmte erwünschte Verhaltensweisen/Tätigkeiten auf einem Wochenplan täglich mit einem Sticker belohnt werden (Seite 149).

Umkehrpsychologie Ihr Kind durch Ausnutzung seines Widerspruchsgeistes dazu bewegen, etwas zu tun, indem Sie es auffordern, es *nicht* zu tun (Seite 231).

Verzögerte Wiederholung Nachdem Sie die Aufmerksamkeit Ihres Kindes durch Klatsch-Knurren gewonnen haben, halten Sie einen Finger hoch und wenden sich einen Augenblick ab. Anschließend knurren Sie noch einmal und wiederholen Ihre Botschaft. Dadurch zeigen Sie Ihrem Kind, dass Sie es ernst meinen, und vermeiden gegenseitiges Anstarren (Seite 236).

Vorteilsentzug Das Entziehen geschätzter Privilegien oder Besitztümer ist eine Möglichkeit, inakzeptables Verhalten zu bestrafen (Seite 268).

Weicher Punkt Richtige Intensität bei der Wiedergabe der Gefühle eines emotional aufgewühlten Menschen durch Tonfall und Mimik. Wenn der weiche Punkt getroffen wird, fühlt sich der Betreffende verstanden und respektiert (Seite 77).

Win-win-Kompromiss Allzu oft wird versucht, Konflikte nach dem Schema »Ich gewinne – du verlierst« zu beenden. Eine bessere Möglichkeit zur Beilegung von Meinungsverschiedenheiten (mit Ihrem Kind oder irgendjemand anderem) besteht darin, Kompromisse zu finden, bei denen *beide* etwas von dem bekommen, was sie wollen (Seite 221).

Wünsche in der Fantasie gewähren Wenn Sie Ihrem Kind einen Wunsch nicht erfüllen können oder wollen, sagen Sie ihm, wie sehr Sie sich wünschen, dass Sie ihm das (und noch viel mehr) geben könnten (Seite 209).

Zauberatem Tiefes Atmen hilft Kindern, Selbstbeherrschung zu entwickeln und Stress abzubauen (Seite 172).

Zeigen, dass Sie an Ihr Kind glauben Eine Methode zur Stärkung des Selbstvertrauens, die darin besteht, dass Sie Ihr Kind nach seiner Meinung fragen, Wahlmöglichkeiten anbieten oder ihm ein wenig Zeit geben, um etwas selbst herauszufinden (Seite 159).

Danksagungen

> *Je mehr sich die Dinge verändern,*
> *desto mehr bleiben sie gleich.*
> Alphonse Karr, französischer Journalist
> aus dem 19. Jahrhundert

Seit meiner Kindheit fasziniert es mich, zu ergründen, wie alles in unserer Welt... einen Sinn ergibt! Wie die gesamte Natur tanzt und herumwirbelt, in verschiedene Richtungen zieht und trotzdem immer wieder außergewöhnliche und unerwartete Wege zurück zu perfekter Harmonie findet.

In meiner fast 30-jährigen Arbeit mit Familien habe ich gelernt, dass auch das Wesen und Verhalten von Kleinkindern immer »einen Sinn ergibt«! Sie tanzen und wirbeln herum, ziehen in verschiedene Richtungen und können doch schnell wieder zur Harmonie zurückgeführt werden – wenn man den Weg kennt. Jahrzehntelang habe ich diesen Weg jeden Tag mit den Kleinkindern beschritten, die mich mit ihren Eltern in meiner Arztpraxis aufsuchten. Und jetzt ist es mir eine große Freude, wie ein Abenteurer, der gerade aus einem unerforschten Land zurückgekehrt ist, die geheimen Dinge, die ich über Kleinkinder herausgefunden habe, mit Eltern, Großeltern, medizinischen Fachkräften, Pädagogen und allen anderen zu teilen, die kleine Kinder lieben.

Danksagungen

Ich bin vielen Menschen zu Dank verpflichtet, die mich mit ihrem Wissen bei meinen Forschungsarbeiten unterstützt und mir geholfen haben, das Kleinkindalter in seiner ganzen Heiterkeit und Schönheit zu sehen: meinem Embryologieprofessor an der SUNY Buffalo, Gordon Swartz (einem muskulösen ehemaligen Boxer mit einer Leidenschaft fürs Unterrichten), Arthur H. Parmelee Jr., meinem Professor für Kindesentwicklung an der UCLA (einem freundlichen, geduldigen Mann mit einem tiefen Einfühlungsvermögen und Verständnis für Kinder) sowie Carl Rogers, Haim Ginott, Thomas Gordon, Francis Ilg, Louise Bates Ames, Adele Faber und Elaine Mazlich, Stephanie Marston, Hans Miller und vielen anderen für ihre prägnanten und erkenntnisreichen Aufsätze und Bücher.

Ich danke auch meiner Seelenfreundin und geliebten Frau Nina für ihre unerschütterliche Liebe und Geduld sowie meiner Tochter Lexi für ihre Gutmütigkeit während der langen Stunden meiner (geistigen oder körperlichen) Abwesenheit, meiner verstorbenen Mutter Sophie, die mich vor vielen Jahren Alphonse Karrs Worte gelehrt und damit den Keim für eine der Grundannahmen dieses Buches gelegt hat, meinem Vater Joe für seine Güte und Fürsorge, meiner inoffiziellen Stiefmutter Celia für ihr großes Herz, Paula Spencer für ihr überragendes Organisations- und Schreibtalent, Margeaux Lucas und C. A. Nobens für ihre außergewöhnliche Fantasie, meiner Agentin Suzanne Gluck, die dafür Sorge getragen hat, dass dieses Projekt stetig voranschreitet, und meiner stets umsichtigen und aufrichtigen Lektorin Beth Rashbaum, die mein ständiges »Was wäre wenn« und »Warum nicht« mit großer (und sehr geschätzter) diplomatischer Gelassenheit ertragen hat.

Meine Wertschätzung gilt auch den zahlreichen Experten, die ihre Erkenntnisse bezüglich der Vermittlung dieser Techniken an mich weitergegeben haben, insbesondere Kyle Pruett, Steven Shelov, Morris Green, Janet Serwint, Martin Stein, Roni Leiderman, Jana Clay und Christine Schoppe Wauls.

Und vor allem danke ich den vertrauensvollen Eltern, die mich als Arzt ihrer Kinder ausgewählt haben und damit einverstanden waren, dass ich mit ihnen in die exotischen Gefilde in den Köpfen ihrer Kleinkinder gereist bin.

Ohne die Hilfe all dieser Menschen wäre dieses Buch nicht möglich gewesen.

Register

Ablenkung 203, 210, 266, 286
Abweichung von Routinen 37
Aggression unter Geschwistern 348ff.
Aggressives Verhalten 246, 302, 347
Aktivitätsniveau 43
Ames, Louise Bates 35
Ampelmethode 132
Andere bei gutem Verhalten ertappen 197, 339, 343, 366
Änderungen in alltäglichen Abläufen 37
Angstbewältigung 315
Ängste 302ff.
Anspannung 295
Anteilnahme 72ff.
Argumentieren 84, 90
Auf Augenhöhe begegnen 110
Aufmerksamkeit 139
Aufmerksamkeitsspanne 35
Ausgeglichene Kleinkinder 39
Ausnahmen von Regeln 217
Auszeit 245, 252ff., 328, 366
Auszeitort 257, 260, 266
Autoritäres Verhalten 63
Autorität 216

Beängstigende Erlebnisse 303, 311
Beißen 351
Belohnungen 146, 169
Beschämung 90, 263f.
Besondere Wörter 193
Besondere Zeit 182, 366

Betreuungsangebote 49, 361
Betteln 199
Bettgeflüster 58, 179, 255, 366
Bewegungsabläufe einüben 152
Bewegungsarmut 295
Bewegungsdrang 35
Bewegungsmuster von Kleinkindern 36
Blockierter Verstand 107
Blockiertes Sprachzentrum 103
Bonuszeiten 133, 138ff., 255, 297, 320, 326, 363, 366
–, Aufmerksamkeit 139
–, Belohnungen 146
–, Berührungen 140
–, Fernsehen 156
–, Handmarkierungen 148
–, indirektes Lob 144
–, Lob 142
–, Spielen 151
–, Sternposter 149
Botschaften für die Hintertür 189ff.
–, andere bei gutem Verhalten ertappen 197
–, bei Ängsten 315
–, besondere Wörter 193
–, indirektes Lob 196
–, Märchen 189
–, Puppenspiele 195
–, Rollenspiele 195
–, selbst erfundene Geschichten 189
Botschafter 46, 362

Register

Clown spielen 162, 196, 233, 255, 320, 367

Dankbarkeit 223
Daumenlutschen 187
Demütigung 245
Denkvermögen fördern 152
Deutliche Konsequenzen 245, 328, 337, 349, 354, 367
Disziplinieren 245, 248
Drohungen 63, 90, 203, 250
Du-ich-Botschaft 85, 210, 325, 367
Durchsetzbare Grenzen 218
Egozentrik 35

Eifersucht auf Geschwister 319
Einfühlungsvermögen 137
Eliot, Lise 34
Eltern als Boss 63
Eltern als Botschafter 46, 64
Eltern als Kumpel 63
Elterngruppen 49
Emotionale Sackgasse 279
Entschuldigung 267
Enttäuschungen 157
Entwicklungspsychologische Merkmale 35
Erinnerungen an Kindheitserlebnisse 53
Ermutigung 301
Erwünschtes Verhalten verstärken 133ff., 363
–, Bonuszeit 138
–, Geduld lehren 167
–, Parkuhr füttern 135
–, Rituale entwickeln 176
–, Selbstvertrauen stärken 157
–, Werte vermitteln 188
Essensverweigerung 341

Fairness 158, 219
Fallbeispiele Kleinkindsprache 114
Familienkonferenz 251
Fantasie 153
Fantasie anregen 190
Fastfood-Regel 69ff., 203, 255, 362, 367
Fernsehen 156
Feste Abläufe 134, 176
Flexible Grenzen 215
Flüstern 84
Forscherdrang 249
Forschergeist in Windeln 34
Freundliches Ignorieren 120, 240, 268, 288, 327, 352, 367
Frustration 99

Gedankenvolle Erziehung 56
Geduld lehren 133, 167ff.
Geduldübungen 168, 229, 299, 305, 329, 333, 363, 368
Gefährliches Verhalten 246, 302, 347
Gefühl von Kompetenz vermitteln 177
Gefühle anerkennen 26
Gefühle ausdrücken 84, 99
Gefühle beschreiben 84
Gefühle und Handeln 87
Gefühle wiedergeben 73ff.
Gehorsam erzwingen 250
Gelbes Licht 199ff., 364, 368, *siehe auch* Störendes Verhalten einschränken
Geräusch-/Geruchsempfindlichkeit 43
Geschichten 155
Gesellschaftliche Spielregeln 26, 134
Gesicht wahren 208, 334, 368

Gesichtsausdruck 73
Gesichtsausdrücke üben 100
Gesprächsmuster 71
Gesten 33, 73, 108
Gewalt 272, 282, 295
Gewinnen lassen 157
Gopnik, Alison 34
Gordon, Thomas 251
Grenzen austesten 51, 215, 324
Grenzen definieren 215
Grenzen setzen 199, 245
Grenzen überschreiten 37
Großfamilie 48
Grünes Licht 133ff., 368, *siehe auch* Erwünschtes Verhalten verstärken
Grundregeln der Erziehung 360

Handmarkierungen 148, 255, 368
Hartnäckigkeit 43
Helfen lassen 159
Herausforderungen für Eltern 47
Herausforderungen für Kleinkinder 28
Howard, Barbara 148
Hunger 294

Ignorieren 90
Ilg, Francis 35
Immunsystem stärken 152
Impulsivität 30, 249
Inakzeptables Verhalten
–, Auszeit 252
–, Definition 246
–, in der Öffentlichkeit 265
–, Ursachen 249
–, Vorteilsentzug 268
Indirektes Lob 96, 308, 315, 340, 369
Inflexibilität 35
Intensität der Gefühle 43, 201
Isolation 48

Kernfamilie 48
Kieferfehlstellungen 188
Kinderbetreuungsnetzwerke 49, 361
Kindergarten 49
Kindersitz-Kämpfe 338
Klare Grenzen 216
Klatsch-Knurr-Warnungen 234ff., 253, 266, 352, 354, 369
Kleine Triumphe 158
Kleine-Erwachsene-Theorie 26
Kleinkinder als Höhlenmenschen 24, 360
Kleinkindsprache 101ff., 203, 362, 369
Knurren *siehe* Klatsch-Knurr-Warnungen
Koffein 295
Kompromisse 223
Kompetenz 177
Konfliktstoff 60
Konfrontationen 63
Konsequentes Verhalten 199, 216, 301
Kooperationsbereitschaft fördern 136, 299
Körperkontakt 84, 140, 287
Körperliche Gewalt 55, *siehe auch* Gewalt, Schlagen
Körpersprache 108
Kreativität 153
Kritik 212
Küchenwecker 171, 230, 252
Kuhl, Patricia 34
Kumpelhaftes Verhalten 63
Kurze Sätze 101, 105, 216
Kuscheln 180

Lächerlich machen 203
Langeweile 29
Laufstall 260
Lebhafte Kleinkinder 41
Lesespiele 154

Liebesentzug 282
Liebevolles Abwenden 241
Linke Gehirnhälfte 30, 77, 105
Lob 142, 308, 369

Machtkämpfe 47, 51, 264, 330
Mäklige Esser 342
Mangel an Aufmerksamkeit 252, 295
Märchen 189, 211, 305, 315, 369
Massagen 140
McGill University 141
Medikamente 251, 295, 330
Meltzoff, Andrew 34
Menschheitsentwicklung im Schnelldurchlauf 24
Milde Konsequenzen 200, 233, 336, 370
Müdigkeit 294

Nachahmungstrieb 137
Nahrungszusatzstoffe 251
Natürlicher Widerspruchsgeist 231
Naturerlebnis 29
Niederlagen 157
Nonverbale Kommunikation 31, 279

Ohrinfektionen 187
Ordnungsliebe 30, 137

Parkuhr füttern 135, 255, 266, 297, 333, 370
Persönlichkeitsunterschiede 60
Phelan, Thomas 26
Positive Formulierungen 93, 214, 321
Positive Vorbilder 214
Privilegien entziehen 268
Problemsituationen vermeiden 294, 329, 370
Projektionen 312
Puppenspiel 195

Quengeln 199, 242, 327

Reaktion auf Fremde 43
Reaktionen abstimmen 110
Reaktive Erziehung 56
Rechte Gehirnhälfte 30, 77
Regelmäßigkeit 43
Regeln 137, 215
Regelübertretungen 247
Reifeprozess 24
Reizüberflutung 29
Respekt 88, 301
Respektvolle Kommunikation 64
Respektvolle Kontaktaufnahme 199, 203ff., 224, 241, 266, 282, 296, 313, 320, 333, 338, 343, 349, 370
Respektvolles Verhalten 61
Respektvolles Zuhören 121, 158
Rituale 134, 314, 320, 363
Rituale entwickeln 176ff.
–, besondere Zeit 182
–, Bettgeflüster 179
–, saugen 187
–, Schmusegegenstände 185
Rollenspiele 195, 211, 271, 315, 321, 339, 370
Rotes Licht 245ff., 364, 370, *siehe auch* Inakzeptables Verhalten

Saft 188
Sarkasmus 91
Saugen 187
Schimpfwörter 87, 91
Schlagen 87, 245, 272
Schlechte Vorbilder 251, 279
Schlechtes Benehmen in der Öffentlichkeit 265
Schmusegegenstände 185, 306, 371
Schnelle »Heilmittel« 97
Schnuller 187

Schreien 203
Schüchterne Kleinkinder 40
Schutzzauber 316
Selbst erfundene Geschichten 189
Selbständiges Handeln zulassen 160
Selbstvertrauen stärken 133, 152, 157ff., 297, 316, 363, 371
–, den Clown spielen 162
–, helfen lassen 159
–, kleine Triumphe gewähren 158
–, respektvoll zuhören 159
–, selbständiges Handeln zulassen 160
–, Wahlmöglichkeiten anbieten 160, 334
Selbstwertgefühl 92
Sicherheit vermitteln 177
Soziale Netzwerke 49, 361
Spielen 151, 301
Spielen im Freien 29
Sportkommentatorrolle einnehmen 112, 206, 371
Spott 91
Sprachentwicklung 33
Sprachentwicklung fördern 152
Sprachvermögen 65, 279
Sprecherrolle übernehmen 111, 206, 371
Standpunkt darlegen 84
Starke Emotionen 70
Sternposter 149, 371
Störendes Verhalten 199, 302, 324
Störendes Verhalten ausbremsen 229 344, 370
Störendes Verhalten einschränken
–, Geduldübungen 229
–, Grenzen definieren 215
–, milde Konsequenzen 233
–, respektvolle Kontaktaufnahme 203
–, Umkehrpsychologie 231

–, Win-win-Kompromisse 219
Stress 29
Stressfaktoren 251

Teenager 80, 201
Temperament 37ff., 360
–, Aufeinandertreffen unterschiedlicher 59
–, Merkmale 43
–, Schnelltest 44
Tipps zum Märchenerfinden 192
Tonfall 73, 108
Träumer 325
Trennungsangst 303
Triebsteuerung 34
Trödeln 199, 324
Trotzanfälle 276
–, Atem anhalten 292
–, beenden 282
–, in der Öffentlichkeit 290
–, Ursachen 278, 283, 294
–, verhindern 102, 364
–, vorbeugen 294
–, Zweck 277
Türöffner 76

Über- und Unterforderung 29, 280
Überempfindlichkeit 40
Überreaktionen 37, 53, 277
Übertreibung 92
Umgang mit Veränderungen 43
Umkehrlob 212
Umkehrpsychologie 229, 231, 325, 343, 371
Umwälzende Veränderungen 319
Unerwartete Veränderungen 178, 295
Unfaire Vergleiche 94
Ungleichgewicht der Gehirnhälften 30

Register

Unhöfliche Ablenkung 94
Unkooperatives Verhalten 302, 331
Unrealistische Erwartungen 216, 250
Unterdrückte Emotionen 87
Unterstützung finden 49, 361
Ursachen inakzeptablen Verhaltens 249

Veränderungen 178, 319
Verbale Angriffe 91
Vergleiche 312
Verhandlungen 221
Verletzende Worte 55, 90
Verletzter Stolz 279
Vermeider 325
Versteckte Nährstoffe 345
Versuchungen 295
Verzögerte Wiederholung 236, 254, 372
Vorherrschende Stimmung 43
Vorteilsentzug 235, 372

Wahlmöglichkeiten anbieten 160, 209, 334
Was geht da drinnen vor? 34
Weglaufen 252, 354

Weicher Punkt 69, 363, 372
Wertevermittlung durch die Hintertür 134, 188ff., 211, 321, 333, 364, 367
Wettspiele 325, 334
Widerspiegeln von Gefühlen 101, 108
Widersprüchliche Botschaften 218
Widerstand 218
Wiederholung 101, 106
Wiederholungsdrang 35
Win-win-Kompromisse 199, 219, 266, 286, 315, 325, 334, 340, 343, 372
Würdevoller Rückzug 279
Wunscherfüllung in der Fantasie 85, 209, 372
Wut kontrollieren 57

Zahnfehlstellungen 188
Zärtlichkeit 141, 287
Zauberatem 172, 299, 316, 332f., 373
Zeichensprache 33, 363
Zeitgefühl vermitteln 177
Zuhören 74, 222
Zurückhaltung bei Streitereien 350

Mit Harvey Karp in magischen fünf Schritten zum Kinderschlaf

Der erfahrene Kinderarzt verrät die richtigen Methoden, um Neugeborenen, Babys und Kleinkindern beim Einschlafen und Schlafen zu helfen. Ob mit den fünf magischen Schritten oder der Drei-Punkte-Routine: so findet die ganze Familie Schlaf und Erholung.

432 Seiten
ISBN 978-3-442-17389-1

www.goldmann-verlag.de
www.facebook.com/goldmannverlag

„Die Bibel aller Eltern."
ELTERN

Damit Eltern besser verstehen, warum ihr Kind quengelt, was in seinem Köpfchen vor sich geht und wie sie ihm helfen können.

352 Seiten
ISBN 978-3-442-16144-7

www.goldmann-verlag.de
www.facebook.com/goldmannverlag